上海大学辅导员思政研究文库

嬗变　融合　精进
——高校辅导员队伍发展研究

马成瑶　著

上海大学出版社
·上海·

图书在版编目(CIP)数据

嬗变 融合 精进:高校辅导员队伍发展研究/马成瑶著. —上海:上海大学出版社,2024.2
ISBN 978-7-5671-4954-0

Ⅰ.①嬗… Ⅱ.①马… Ⅲ.①高等学校-辅导员-工作-研究 Ⅳ.①G645.1

中国国家版本馆CIP数据核字(2024)第056628号

责任编辑 盛国咨
封面设计 倪天辰
技术编辑 金 鑫 钱宇坤

嬗变 融合 精进
——高校辅导员队伍发展研究
马成瑶 著
上海大学出版社出版发行
(上海市上大路99号 邮政编码200444)
(https://www.shupress.cn 发行热线 021-66135112)
出版人 戴骏豪
＊
南京展望文化发展有限公司排版
句容市排印厂印刷 各地新华书店经销
开本 710mm×1000mm 1/16 印张 15.5 字数 254千
2024年2月第1版 2024年2月第1次印刷
ISBN 978-7-5671-4954-0/G·3609 定价 68.00元

版权所有 侵权必究
如发现本书有印装质量问题请与印刷厂质量科联系
联系电话: 0511-87871735

前　言
PREFACE

高校辅导员是中国特色社会主义大学独有的一支人才培养和高校管理队伍，是扎根中国大地办教育的鲜明标识，也是确保人才培养不走样、不变调的政治保证。习近平总书记指出："古今中外，关于教育和办学，思想流派繁多，理论观点各异，但在教育必须培养社会发展所需要的人这一点上是有共识的。""每个国家都是按照自己的政治要求来培养人的，世界一流大学都是在服务自己国家发展中成长起来的。我国社会主义教育就是要培养社会主义建设者和接班人。"[①]新时代，中国特色社会主义大学要牢牢抓住立德树人根本任务，坚持正确的办学方向，负责大学生日常思想政治教育主阵地的高校辅导员队伍责任重大、使命光荣。

回望党的百年发展历程和中国现代高等教育史，在红星闪耀的历史长河中，具有辅导员意蕴和功能的育人队伍可以追溯至1922年由中国共产党创办并主导的第一所红色学府——上海大学时期。彼时的上海大学教师以教员或指导员的身份在校园中、社会上广泛宣传马克思主义，撒播真理的火种。

学界公认的高校辅导员制度源自1953年清华大学首创的政治辅导员，至今已经历70载春秋的变革与发展。70年来，党和政府高度重视辅导员队伍建设，陆续出台一系列指导性、纲领性的文件，不断提高队伍的专业水平和职业能力，保障辅导员工作有条件、干事有平台、待遇有保障、发展有空间。辅导员队伍行远自迩，日新月著。

---

① 习近平.在北京大学师生座谈会上的讲话(2018年5月2日)[M].北京：人民出版社，2018.

2004年,《关于进一步加强和改进大学生思想政治教育的意见》(中发〔2004〕16号)颁布,辅导员队伍迎来了快速发展的春天。为落实16号文件的工作要求,教育部发布《教育部关于加强高等学校辅导员、班主任队伍建设的意见》(教社政〔2005〕2号)。2006年,辅导员队伍建设的第一个全面性、纲领性文件《普通高等学校辅导员队伍建设规定》(教育部令第24号)出台,辅导员的工作要求、职责、配备、选聘、培养、发展、管理、考核有了具体遵循,辅导员开启职业化、专业化发展的元年。辅导员培训基地、博培计划、各类荣誉体系陆续建立,辅导员实现了双重身份、双线晋升,辅导员的发展前景无比明亮。

2012年,党的十八大召开,中国特色社会主义进入新时代,高校辅导员队伍也进入了新的发展阶段。党的十八大以来,党中央持续高度重视高校辅导员工作,教育部和各地方政府不断完善配套政策。2014年,《高等学校辅导员职业能力标准(暂行)》发布,使辅导员有了提高自身专业发展水平的行为准则。2016年12月,全国高校思想政治工作会议召开,习近平总书记出席会议并发表重要讲话,强调:"高校思想政治工作关系高校培养什么样的人、如何培养人以及为谁培养人这个根本问题。要坚持把立德树人作为中心环节,把思想政治工作贯穿教育教学全过程,实现全程育人、全方位育人,努力开创我国高等教育事业发展新局面。"随后,中共中央、国务院印发《关于加强和改进新形势下高校思想政治工作的意见》(中发〔2016〕31号)出台。2017年8月,教育部修订通过《普通高等学校辅导员队伍建设规定》(教育部令第43号)。同年12月,中共教育部党组印发《高校思想政治工作质量提升工程实施纲要》(教党〔2017〕62号)。这些文件政策的出台都是进一步加强高校辅导员队伍建设、提升高校辅导员队伍专业水平和职业能力的重要制度安排。2019年3月18日,习近平总书记在北京主持召开学校思想政治理论课教师座谈会并发表重要讲话。2020年,教育部等八部门联合印发了《关于加快构建高校思想政治工作体系的意见》(教思政〔2020〕1号)。从"三全育人"到思政工作体系的构建,辅导员开展思政育人的同行力量不断壮大,辅导员在多主体间的协同作用凸显。辅导员在思政工作体系中分别承担了主导者、协同者、辅助者等不同角色,每一个角色都具有特定的价值和意义,辅导员队伍发展迎来新挑战和新机遇。

2022年,党的二十大召开。习近平总书记在报告中强调:"全党要把青年工作作为战略性工作来抓,用党的科学理论武装青年,用党的初心使命感召青年,做青年朋友的知心人、青年工作的热心人、青年群众的引路人。"[1]辅导员是开展大学生思想政治教育的骨干力量,是高等学校学生日常思想政治教育和管理工作的组织者、实施者、指导者,是学生成长成才的人生导师和健康生活的知心朋友。经过全党全国各族人民持续奋斗,我们实现了第一个百年奋斗目标,正在意气风发向着全面建成社会主义现代化强国的第二个百年奋斗目标迈进。与此同时,当今世界正在经历百年未有之大变局,中华民族伟大复兴正处于关键时期。新时代社会主义现代化强国的建设事业需要一批能够正确认识世界和中国发展大势、正确认识中国特色和国际比较、正确认识时代责任和历史使命、正确认识远大抱负和脚踏实地[2],德智体美劳全面发展的社会主义建设者和接班人。这是高等教育的使命所在,也是辅导员队伍的核心职责,更是历史赋予辅导员的重任。任重而道远,广大辅导员应以国家之务为己任,不断精进业务、提升能力,为党的教育事业做出应有的贡献。

辅导员队伍在历史嬗变中持续发展,在社会发展中协同多元思政力量,在队伍融合中实现精进。本书旨在梳理高校辅导员队伍建设发展的历史沿革,厘清辅导员在高质量大学生思想政治教育体系中的角色定位和价值体现,分析辅导员工作在新时代、新场域中的新要求和新任务,锚定发展方向、增强发展动能。

全书共分八章。第一章从新民主主义革命、社会主义革命和建设、改革开放和社会主义现代化建设新时期、中国特色社会主义进入新时代这四个历史阶段分析辅导员从建设萌芽到初探再到发展和提高的迭代进程。第二章围绕时代要求、人民期盼、学生需求等多方面探讨新时代对高校辅导员队伍的发展要求。第三章通过实证调研分析辅导员队伍思想政治素质现状、问题及影响因素,从而提出改进举措。第四章基于辅导员队伍自我认知构建辅导员核心能力模型,并通过细分党建能力的应用举例,为辅导员在初级阶段确立专业化发展方向并不断提升职业能力提供技术工具。第五章逐项分析辅导员在"十大育人"体系中的工作内容,为辅导员拓宽工作思路提供参考。第六章围绕"协同"这一关键词展开,从辅导员与思政课教师两支队伍的协同,到辅导员在

---

[1] 习近平.高举中国特色社会主义伟大旗帜为全面建设社会主义现代化国家而团结奋斗——在中国共产党第二十次全国代表大会上的报告(2022年10月16日)[M].北京:人民出版社,2022.
[2] 普通高等学校辅导员队伍建设规定[J].中华人民共和国国务院公报,2017(34):28-32.

思政工作队伍中的整体协同作用，再到辅导员在思政工作体系中的角色和价值，提出辅导员作为思政育人"协同者"的重要作用。第七章和第八章围绕学生社区这一思政育人新场域以及数字化时代带来的新挑战，论述辅导员工作的发展方位。

辅导员是高校中最贴近学生的教师群体，他们用春风化雨般的话语感召青年，用生气蓬勃的活力带动青年，用恪尽职守的工作引领青年。辅导员是党和国家信任的育人队伍，是社会主义大学校园中靓丽的风景。他们用习近平新时代中国特色社会主义思想铸魂育人，他们贯彻党的教育方针，他们落实立德树人根本任务……新时代高校辅导员奋进发展，一直在路上。

作者自2002年起就担任高校辅导员，撰写本书过程中力求将二十余年工作经验融入其中，将理论与实践相结合。希望本书能够帮助辅导员坚定职业自信、锚定职业方向、直面职业挑战。奈何本人学理基础仍显薄弱，行文措辞仍有不足，期待广大读者尤其是各位辅导员同仁能够弃瑕忘过、不吝赐教。期待本书能为丰富辅导员队伍建设理论体系、指导辅导员队伍建设发展贡献绵薄之力，也希望本书能成为辅导员们喜爱的一本小作。

马成瑶

2023 年 12 月

目 录
CONTENTS

第一章　高校辅导员队伍建设发展的历史沿革 …………… 1
　第一节　高校辅导员队伍的建设萌芽阶段 …………………… 3
　第二节　高校辅导员队伍的建设初探阶段 …………………… 7
　第三节　高校辅导员队伍的建设发展阶段 …………………… 12
　第四节　高校辅导员队伍的建设提高阶段 …………………… 18

第二章　新时代对高校辅导员队伍的发展要求 …………… 27
　第一节　百年未有之大变局对辅导员工作提出更高要求 …… 29
　　一、国际局势对辅导员工作的挑战和机遇 ………………… 29
　　二、国内发展对辅导员工作的挑战和机遇 ………………… 31
　第二节　人民对高等教育的期待要求辅导员职业化发展 …… 33
　　一、以德育为基础,筑牢理想信念 ………………………… 34
　　二、以智育为重点,加强学风建设 ………………………… 35
　　三、以体育为保障,强健青年体魄 ………………………… 35
　　四、以美育为抓手,陶冶学生情操 ………………………… 36
　　五、以劳育为途径,强化劳动实践 ………………………… 37
　第二节　学生的多样化发展需要更加专业的辅导员队伍 …… 38
　　一、大学生多样化发展需求分析 …………………………… 38
　　二、围绕学生需求提升职业能力 …………………………… 40
　第四节　"三全育人"的工作要求为辅导员队伍赋予新使命 … 42
　　一、"全员育人",做思想政治工作队伍的协同主力军 …… 43

二、"全过程育人"，做大学生不同成长阶段的参与者 …………… 45
　　三、"全方位育人"，做多方面育人资源要素的整合者 …………… 47
　第五节　数字化时代要求辅导员队伍加速工作创新转型 ………… 48
　　一、数字化时代的内涵和特征 ………………………………………… 49
　　二、数字化时代的机遇和挑战 ………………………………………… 50

第三章　辅导员思想政治素质现状及提升路径 …………………… 53
　第一节　持续提升辅导员的思想政治素质意义重大 ………………… 55
　　一、新时代党对辅导员队伍的必然要求 …………………………… 55
　　二、做好高校学生党建工作的前提条件 …………………………… 55
　　三、有利于辅导员将工作回归本源和初心 ………………………… 56
　第二节　当前高校辅导员思想政治素质的现状分析 ………………… 57
　　一、高校辅导员思想政治素质现状的调研分析 …………………… 57
　　二、高校提升辅导员思想政治素质的工作举措 …………………… 61
　　三、影响高校辅导员思想政治素质的因素分析 …………………… 63
　第三节　提升高校辅导员思想政治素质的改进方向 ………………… 65
　　一、创新辅导员教育培训方式，提升培训实效并固化教育成果 …… 66
　　二、增强辅导员整合协同能力，激发思政工作队伍的发展潜能 …… 67
　　三、改革辅导员队伍管理制度，激励个体自我教育的行动自觉 …… 69

第四章　辅导员职业核心能力模型的构建发展 …………………… 71
　第一节　辅导员职业核心能力模型的构建背景 ……………………… 73
　　一、辅导员队伍建设发展具有显著特征 …………………………… 73
　　二、辅导员职业能力标准明确发展方向 …………………………… 74
　第二节　辅导员职业核心能力模型的构建过程 ……………………… 76
　　一、辅导员职业核心能力的自我认知分析 ………………………… 76
　　二、辅导员职业核心能力模型的示意图表 ………………………… 80
　　三、辅导员职业核心能力模型的应用价值 ………………………… 83
　第三节　学生党建工作胜任特征模型应用示例 ……………………… 88
　　一、职业能力标准下的学生党建工作胜任特征 …………………… 89
　　二、辅导员开展党建工作胜任特征要素的提取 …………………… 89

三、辅导员开展党建工作胜任特征的要素列表 …………… 94
四、辅导员开展党建工作胜任特征的应用价值 …………… 97

第五章 辅导员在"十大"育人体系中的作用发挥 …………… 99
第一节 统筹推进课程育人与着力加强科研育人 …………… 101
一、课程育人的内涵与辅导员参与课程育人工作 ………… 101
二、科研育人的内涵与辅导员参与科研育人工作 ………… 105
第二节 扎实推动实践育人与深入推进文化育人 …………… 108
一、实践育人的内涵与辅导员参与实践育人工作 ………… 109
二、文化育人的内涵与辅导员参与文化育人工作 ………… 112
第三节 创新推动网络育人与大力促进心理育人 …………… 117
一、网络育人的内涵与辅导员参与网络育人工作 ………… 118
二、心理育人的内涵与辅导员参与心理育人工作 ………… 121
第四节 切实强化管理育人与不断深化服务育人 …………… 124
一、管理育人的内涵与辅导员参与管理育人工作 ………… 125
二、服务育人的内涵与辅导员参与服务育人工作 ………… 128
第五节 全面推进资助育人与积极优化组织育人 …………… 131
一、资助育人的内涵与辅导员参与资助育人工作 ………… 132
二、组织育人的内涵与辅导员参与组织育人工作 ………… 135

第六章 思想政治工作体系中的辅导员队伍发展 …………… 141
第一节 辅导员与思想政治理论课教师的协同发展 ………… 143
一、辅导员与思政课教师协同工作的现实意义 …………… 143
二、辅导员与思政课教师协同工作的基本形态 …………… 144
三、辅导员与思政课教师协同工作需改进之处 …………… 151
四、辅导员与思政课教师协同工作的推进路径 …………… 152
第二节 高校思政工作队伍之间辅导员的协同作用 ………… 155
一、高校思想政治工作队伍协同合作的现实意义 ………… 155
二、高校思想政治工作队伍协同合作的关键力量 ………… 157
三、以辅导员为核心促进思政工作队伍协同发展 ………… 162
第三节 辅导员在思想政治工作体系中的角色价值 ………… 165

一、辅导员在高校思想政治工作体系中的职能定位 …………… 165
　　二、辅导员在具体思想政治工作项目中的责任归属 …………… 167
　　三、辅导员在高校思想政治工作体系中的价值体现 …………… 170

第七章　辅导员在社区育人新场域中的工作创新 ………………… 175
第一节　高等教育的发展与社区功能变化的分析与考察 ………… 177
　　一、高校学生社区物理环境与育人功能的提升 ………………… 177
　　二、基于五所高校学生社区育人机制情况分析 ………………… 180
　　三、高校大学生社区育人机制创新的发展方向 ………………… 188
第二节　新时期辅导员"新三同"工作机制的内涵和意义 ……… 191
　　一、"一线规则"是"新三同"的核心 ………………………… 192
　　二、主动适应学生成长场域变化 ………………………………… 193
　　三、有效促进师生共成长齐进步 ………………………………… 194
第三节　"新三同"工作机制推进过程中面临的现实问题 ……… 195
　　一、场域功能供给与学生发展需求不平衡 ……………………… 195
　　二、学生成长发展与育人资源融入不适配 ……………………… 196
　　三、育人资源力量聚集与育人协同不充分 ……………………… 197
第四节　新时期高校辅导员"新三同"工作机制创新方向 ……… 198
　　一、优化空间阵地，改善硬件基础，提升思政育人空间能级 … 198
　　二、注重文化浸润，打造特色品牌，营造零距离全景式空间 … 200
　　三、强调全程陪伴，提升协同育人，满足学生全面发展需求 … 202
　　四、健全管理服务，强化制度供给，推动形成科学治理体系 … 203

第八章　数字化转型时代辅导员工作的未来发展 ………………… 205
第一节　大学生思想政治教育数字化转型的背景意义 …………… 207
　　一、高校思想政治教育数字化转型的提出背景 ………………… 207
　　二、数字中国建设要求各行业探索数字化转型 ………………… 208
　　三、高质量思想政治教育发展呼唤数字化转型 ………………… 209
第二节　辅导员工作在数字化转型背景下的推进思路 …………… 209
　　一、以战略高度看待数字化转型达成认知共识 ………………… 210
　　二、从线性思维到生态思维升级思政教育形态 ………………… 210

三、以人为本，不断迭代数字技术应用逐步转型 …………… 211
　第三节　大学生思想政治教育数字化转型的应用场景 ………… 212
　　一、为思想政治理论课的改革创新注入新动能 ………………… 213
　　二、为日常思政教育工作转型升级开辟新路径 ………………… 214
　　三、为思政工作队伍深度协同育人提供新方案 ………………… 215

附录1　高校辅导员思想政治素质现状调查问卷 ………………… 217
附录2　高校辅导员职业核心能力的调查问卷 …………………… 224

参考文献 ………………………………………………………………… 226

后　记 …………………………………………………………………… 232

第一章

高校辅导员队伍建设发展的历史沿革

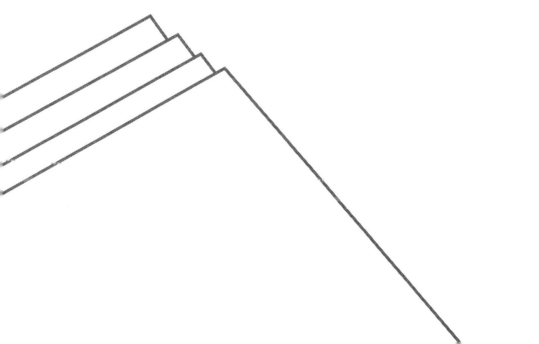

第一节　高校辅导员队伍的建设萌芽阶段

1919年至1949年是新民主主义革命时期,高校辅导员队伍建设进入萌芽阶段。在中华人民共和国成立初期,清华大学建立了政治辅导员制度。然而政治辅导员制度不是凭空而来的,它与中国共产党在新民主主义革命时期领导高校的经历密切相关。高校辅导员制度的萌芽可以追溯到新民主主义革命时期,高校辅导员工作的起源应向前推进到上海大学初创时期。①

中国共产党成立后,为了广泛宣传马克思主义,急需各方面的领导干部。党在培养干部方面主要采取了三种形式。第一种,通过党的报刊和进步杂志以及重大政治经济事件来进行爱国主义教育和中国革命教育。第二种,通过青年团的组织和团所出版的相关刊物来教育和培育青年积极参加革命斗争。第三种,创办新型高等学校来教育青年和培养干部。在革命根据地和解放区反复的办学实践中,各新型高等学校形成了特有的教学制度、教育理论、学生管理方式,为中国革命培养了大量人才。

1922年10月23日成立的上海大学是在中国共产党领导下建立的一所高等学府,其承担着宣传马列主义、进行革命教育、培养优秀干部、提高学生乃至社会的政治觉悟和思想水平的重任。1923年8月2日,上海大学社会学系创办人和系主任瞿秋白在《民国日报》上发表《现代中国所当有的"上海大学"》一文,强调"切实社会科学的研究及形成新文艺的传统……亦就是'上海大学'所以当有的理由"。上海大学的办学就是为了培养社会科学和文艺两方面的战斗干部。上海大学创办后,中国共产党便依托学校开展了丰富的思想政治工作,高校辅导员制度也由此萌芽。比如中国妇女运动的杰出领导人杨之华在上海大学学习期间,系统地接受了马克思主义理论的教育,树立了共产主义的信仰,以炽热的革命热情和非凡的工作能力参加了大量活动。其中在1924年上海大学成立的平民学校中,杨之华担任教员,同时还担任二级四班甲组的指导员。② 像杨之华这样,任教同时担任指导员的上大师生不在少数,指导员这

---

① 周良书,朱平,俞小和等.中国高校辅导员工作史论[M].北京:人民出版社,2016.
② 胡申生.他们从上海大学(1922—1927)走进新中国[M].上海:上海大学出版社,2021.

一职务在某种意义上已经代表了辅导员制度的萌芽。

上海大学的教学管理系统严密,注重政治教育。上海大学设立文艺院、社会科学院和自然科学院。文艺院分设中国文学、俄国文学、英国文学、法国文学、德国文学、绘画和音乐七系;社会科学院分设经济、社会、政治、哲学、法律、史学、教育和商业八系;自然科学院分设数学、物理、化学、生物学四系。各系所设教学计划,在我国高等学校史上具有重要地位。其中,社会学系是中国共产党早期党员和领导人担任教员最多的一个系。瞿秋白是系主任,邓中夏、蔡和森、张太雷、恽代英、施存统等都曾在社会学系任教。在学生中,该系的党团员人数也是最多的。[①] 在马克思主义思想引领下,社会学系的教学计划着重社会发展史、社会主义和政治经济学等科目,重视劳动问题、农民问题、妇女问题等社会问题的研究,倡导用科学的方法整理史料,掌握中国社会发展状况。此外,上海大学还要求各系注重"现代政治"的学习,在各系都专设"现代政治"这一课程。所有系都必须组织现代政治研究会,每周进行自由讨论的集会。在文艺方面,上海大学教授田汉曾在抗日战争时期,组织抗敌演剧队、抗敌宣传队,团结地方戏曲艺人开展抗日宣传活动。

上海大学具有活泼民主的校风,学生自主学习,提出问题,讨论问题。上海大学的特色还体现在社会学系的教师经常带领学生去参观工厂和农村。在学校浓厚的政治氛围下,学生的政治觉悟较高,不仅学习革命理论,还关心国家政治形势。学生吸收知识的方法也不局限于书本学习,还从革命实践中锻炼和丰富学识。1923年4月以后的上海大学,集中了邓中夏、瞿秋白、恽代英、张太雷、蔡和森、施存统等一批中国共产党早期党员和领导人,他们在课内外教授和宣传马克思列宁主义,在中国共产党的领导下开展革命运动。施存统在上海大学期间的重要贡献之一就是积极有效地宣传马克思列宁主义。他一方面通过授课来宣传和普及马列主义,如他在讲"社会运动史"这门课时,依据马克思主义的唯物史观,尤其是马克思的阶级斗争学说,将社会运动定义为"凡一切被压迫阶级对压迫阶级的反抗和斗争"。另一方面,他根据党组织的决定,撰写相关文章宣传马列主义,如在《民国日报》上撰文介绍瞿秋白的著作《社会科学概论》。此外,他还到工人中去讲社会思想史,提高工人的思想觉悟和认识水平。众多学生接受了系统的马克思列宁主义教育,也积极投身到革

[①] 张元隆.上海大学与现代名人 1922—1927[M].上海:上海大学出版社,2011.

命实践中并得到了锻炼。① 上海大学是五卅运动的策源地,上海大学师生在中国共产党的领导下积极投身到这场轰轰烈烈的革命浪潮中,担当起这次反帝爱国运动的主力和先锋,在革命实践中经受了磨炼和考验,政治思想觉悟和能力有了新的提高。

抗日战争时期,中国人民抗日军政大学作为中国共产党培养抗日军政干部的学校,其"战时"管理的特征促成高校辅导员角色初显。随着抗日民主根据地的建立,抗战教育蓬勃发展。中国共产党十分重视人才的培养,重视干部的教育,一批新型的革命大学在这一时期建立起来。革命大学在抗日革命根据地实行适应战争需要的教学和管理方式,进行高校教育,培养既懂革命理论又能解决革命实际问题的优秀干部。抗日战争时期影响较大的干部学校有中国人民抗日军政大学、延安大学、华北大学等。②

在这特殊的社会环境下,学校的教育、教学和管理方式呈现出四大显著特点。第一,注意理论与实际的结合。例如,抗日军政大学强调在全部教学过程中要做到理论联系实际,要"原则化,通俗化,具体化,中国化"。第二,贯彻少而精的原则。由于战争形势的紧迫性,在课程设置和教材编选方面,各校都切实贯彻少而精这一原则。第三,坚持教育与生产劳动相结合。把生产劳动纳入教育计划,教员、职员、学员均需参加常规性生产劳动。第四,重视思想政治教育。对学生进行形势和任务教育、党的政策教育、思想品德教育、革命传统教育。抗日军政大学在大学生思想政治教育的方式和方法上创造了许多宝贵的经验,尤其是在青年学生工作方面,经验更加丰富:采取政治上的民主方式、开展必要的军事活动和体力劳动的锻炼、领导同志作报告、开展广泛的课外活动提高宣传教育的质量、深入群众与关心群众等。解放区的革命大学普遍具有上述特点,其所形成的学校特殊的教育和管理体制被称为"延安体制"。这一体制不仅培养了一大批干部和各种人才,还为解放区的大学以及各地解放后兴办的社会主义高等教育提供了办学和管理经验。③

抗日军政大学尤其注重思想政治教育,要求理论联系实际。其主要的课程分为两大类:政治课程和军事课程。政治课程有中国问题、社会科学概论、

---

① 苗体君.中共最早党员施存统的起伏人生[J].党史博采(纪实),2010(8):18-21.
② 俞启定.中国教育简史[M].北京:中央广播电视大学出版社,1999.
③ 万广远.抗大一分校敌后办学实践研究[D].山东大学,2023.

哲学、政治工作等。在政治课程中,老师在讲授"中国问题"时,要求学员明确认识中国社会的半殖民地半封建社会性质,在此基础上建立起反帝反封建的革命观点。师生在非战备行军时亦沿途开展宣传工作。其他如居民的政治工作,关于瓦解敌军、争取伪军的宣传方法等,也都结合实际进行研究。

抗日军政大学要求学员参与生产劳动,在劳动中形成艰苦朴素的工作作风,始终把转变学员的思想放在一切工作的首位,引导学员把艰苦的生产同驱除日寇、解放中国的革命任务联系起来。抗日军政大学的师生一面学习一面劳动,培养了大批不但会打仗、会做群众工作、而且能劳动会生产的好干部。

政治上的一致是抗日军政大学团结的基础。师生彼此最关心的问题是政治思想上的进步。他们不仅在每周生活检讨会上开展批判和自我批评,纠正错误倾向,在学习、工作和生活的一切场合都注重思想上的互帮互助。学员每到一地,都要帮助群众干活,向群众做宣传,同时向群众学习,作调查研究。"救亡室"是抗日军政大学最活跃的群众组织,开展着各种形式的抗日宣传活动和思想教育活动。"救亡室"主办的墙报响应党的号召,配合形势,每期都能够抓住一个中心问题进行宣传动员。"救亡室"还推动大唱革命歌曲,举办军政问答会、讲演会、座谈会、晚会、各类展会,组织军事体育比赛。① 这所有的活动,都是密切配合政治教育和课程学习的,积极促进学员德、智、体全面发展。

1948年,为了适应新形势新要求,华北联大和北方大学合并为华北大学。华北大学的主要任务是吸纳新解放区和非解放区的学生,对学生进行马克思列宁主义和毛泽东思想教育,把他们培养成建设新中国的优秀干部。学校共设四部两院。第一部是政治学院,"给入学的知识青年普及马列主义及毛泽东思想的基本知识的教育,初步奠定革命的人生观,了解中国共产党的纲领及政策,体会革命者应有的工作作风"是其主要任务。第二部是教育学院,它的任务是"专门培养中等学校之师资及其他教育干部"。第三部是文艺学院,以"培养为工农兵服务的文艺干部"为目标。第四部是研究部,以"研究一定的专门问题及培养、提高大学素质"为目标。两院是农学院和工学院:农学院主要培养农业建设人才,工学院的任务是"培养新民主主义国家工业建设人才"。② 两个学院都规定学生入校后先集中进行8个月的政治教育。学院吸取华北大学

---

① 邓小平.邓小平文选第一卷[M].北京:人民出版社,1994.
② 降瑞峰,刘晓阳.华北大学的办学经验及其对建设中国特色社会主义大学的启示[J].北京教育(高教),2017(9):110-112.

第一部的政治学习经验,组织学生学习革命史和党史。政治学习以自学为主,学生自主学习文件,边读边议,提出问题、组织讨论,开展专题辩论。教员教学方法灵活,讲述问题清楚,深入浅出,尤其重视讨论,用民主的自由讨论的方法让大家畅所欲言,解除学生思想方面的顾虑。教员最后还针对大家提出的问题进行总结,与同学分别谈心,听取反应,进一步做细致的思想工作。朋友式的讨论活动是当时政治思想教育工作的重要手段。师生之间、朋友之间建立深厚友谊,学生在政治上显著提高。学校建立"学习辅导制度",把每门课程的讲授和自学均列入教学计划,按所授课程,分别指导学生的学习思想、态度与方法,帮助学生对全课程的系统了解。当学生遇到本课程较为深入的问题或与本课程有联系的其他问题时,也能得到教师的指导。通过师生之间面对面的交流与沟通,特别是教师的言传身教,有利于调动学生的学习积极性和主动性,进而建立尊师爱生的新型师生关系。[①]

在新民主主义革命时期,虽然没有明确提出"辅导员"这一职业概念,但在这一时期从事思想宣传的工作者就是"辅导员"这一角色的萌芽。这一时期,进行宣传和教育工作的主要载体是学校,在中国共产党的领导下,学校强调马列主义教育,始终把政治教育摆在首位。实施教育的主体主要是学校的教师(员),教师(员)根据战争和革命形势的需要对学生(员)进行思想政治教育。

第二节 高校辅导员队伍的建设初探阶段

1949 年至 1978 年是社会主义革命和建设时期,高校辅导员建设开始了初步的探索。中华人民共和国成立后,党和国家为巩固政权展开了一系列制度改造,颁布了新的教育方针,确立了高等教育发展新模式,高校辅导员制度也得以建立。起源于清华大学的政治辅导员制度被推广至全国,高校辅导员制度得以基本形成。与此同时,在十年社会主义建设期间,高校辅导员的工作受"左"的错误思想的影响,逐渐走向"政治化"道路。随后的"文化大革命",更使得高校辅导员工作经历了曲折发展,为高校辅导员工作提供了教训与警示。

[①] 马志清.华北大学工学院办学指导思想与实践[EB/OL].(2023-03-10). https://www.bit.edu.cn/xww/xwtt/a39254.htm.

中华人民共和国成立之初,百废待兴,党的首要任务是巩固新生政权,完成社会主义改造,确立社会主义基本制度。国家急需一批人才进行党的思想政治工作,为镇压反革命、土地改革、"三反""五反"运动、抗美援朝、"三大改造"等发挥思想引领和动员作用。因此,国家采取多种措施,并展了教育改造整顿工作。我国高校废除了中华人民共和国成立以前的组织机构和制度,实行校长负责制,逐步建立了高校思想政治工作的人才队伍、组织机构和相关制度。1951年,我国先后出台《关于加强对学校政治思想教育的领导的指示》和《关于全国工学院调整方案的报告》,指出在全国各工学院试行政治辅导员制度,"设立专人担任各级政治辅导员,主持政治学习、思想改造工作"[①],这也是"政治辅导员"这一概念的首次出现。

1952年,教育部发布的《关于在高等学校有重点地试行政治工作制度的指示》中强调,"全国高等学校在思想改造学习后,应有准备地在校内设立政治工作机构,其名称可称为政治辅导处"[②],设立该机构以达到在高校中建立政治工作制度、改进思想政治教育、传播马克思列宁主义和毛泽东思想的目的。该指示对政治辅导处的人员构成及工作职责作了明确规定,特别指出:辅导员应由具有一定理论水平和政治品质优良者充任,既负责学生的政治理论学习,又需组织关注学生的社会生活。该指示的颁布为高校辅导员制度建设奠定了良好基础。

1953年,清华大学根据这一指示,在全国高校中率先建立了"双肩挑"的政治辅导员制度,辅导员承担业务工作的同时负责学生的思想政治教育工作。在清华大学率先建立政治辅导员制度并非偶然,清华大学素有革命之传统。1952年之前就将学习马克思主义理论与社会改革结合起来。1953年,党提出了过渡时期的总路线,开始实行第一个五年计划,急需人才,学校在读学生迅速增多,思想政治工作任务艰巨,学生政治辅导工作缺口较大。对此,时任清华大学负责人的蒋南翔先生提出设立学生半脱产的政治辅导员制度,并于1953年4月批准实施。关于设立政治辅导员制度,清华大学向中央高等教育部、中央人事部作了请示报告,提出了挑选学习成绩好、政治觉悟高的党团员担任辅导员,每周进行24小时工作,延长一年学习年限,从三年级学

---

① 中央人民政府教育部.关于全国工学院调整方案的报告[J].江西政报,1952(4):75-76.
② 何东昌.中华人民共和国重要教育文献(1949—1975)[M].海口:海南出版社,1998.

生中通过多方考核层层选拔出 25 人,采取半脱产模式,与学生们同吃同住同学,深入了解学生的思想学习情况的制度方案。第一批高校政治辅导员由此诞生。清华大学的辅导员制度具有其鲜明特色,最突出的是"双肩挑"模式,即一方面做好学生的思想政治教育工作,另一方面自身进行教学、专业学习,做到了言传身教。这种模式还是一种特殊的人才培养方式,将任用和培养有机结合,辅导员在这种模式下合理安排自身学习和工作,也促进了个人发展。① 清华大学的这一制度模式符合新中国教育培养"又红又专"人才的目标,确立了一支稳定的辅导员工作队伍,加强学生思想政治工作,并在实践过程中积累了丰富经验,引起党和国家的高度重视,一些高校也纷纷效仿,逐步推广至全国。

1956 年,我国三大改造完成,初步建立起社会主义制度。1956 年 9 月,党的第八次代表大会召开,大会强调了在新的历史阶段我国思想政治教育的极端重要性,促进了辅导员制度的进一步发展。1957 年 4 月,党中央发出《关于整风运动的指示》,强调整风运动是一次既严肃认真又和风细雨的思想教育运动。各高等学校相继于 9 月进入整风和改进阶段。② 整风运动在高等学校广泛开展起来,但仅进行半个月就出现许多批判意见,情况愈演愈烈,造成了思想混乱。同年 5 月,毛泽东《事情正在起变化》一文的发表标志着从整风运动到反右派斗争的展开,针对国内的政治形势,许多高校都设立了政治辅导处。③ 在 1958 年的"大跃进"中,展开了一场轰轰烈烈的教育革命。

1958 年 9 月 19 日,我国出台了《中共中央 国务院关于教育工作的指示》,指出党的教育工作方针是教育为无产阶级的政治服务,教育与生产劳动结合,强调了党的领导,在课程设置上将生产劳动设为正式课程,要求每个学生必须参加。就学生工作方面,明确表示:"学校党委,应当配备党员去领导年级和班级的工作、配备党员去做政治思想工作、学校的行政工作和生产管理工作。"同时,学校党委应当在教师中经常注意进行思想改造的工作,注意培养新生力量。该指示还设定了师资选拔的条件,强调政治思想条件、学识水平和解决实

---

① 江宇辉,冉锐,白本锋.清华大学"双肩挑"政治辅导员制度的建设历程、成效与经验[J].北京教育,2020(9):24.
② 唐正芒,胡燕.略论一九五七年至一九五八年的全民整风运动[J].中共党史研究,2006(3):66-76.
③ 李捷.毛泽东著作辞典[M].杭州:浙江人民出版社,2011:419.

际问题的能力。① 这些都进一步凸显了辅导员的重要性。此后,全国高校开始普遍设立了学生专职政治辅导员。为了纠正高校工作中反右派斗争以来出现的一些错误,中共中央于1959年6月17日批转共青团中央书记处《关于对学生进行思想政治教育中几个问题的报告》,指出党的教育方针的贯彻执行使得学校的思想政治工作有很大的加强,取得了显著的效果,但工作上形式主义和"左"的简单化的现象有所滋长,并表示学校相关工作的人员应以教学为中心,不要只追求表面上的轰轰烈烈,搞过多的活动反而会影响学生的学习,在帮助学生思想进步方面应当经常进行深入细致的思想教育工作。② 同年6月18日,中共中央批转教育部党组、共青团中央《关于学校进行评比竞赛和建立教学秩序的报告》指出:"现在的任务,是进一步学会领导教学,提高教学质量。最重要的是措施,是把正常的教学秩序建立起来。"③这两个文件为高校辅导员工作重新指明方向,同时,各级教育部门及各高校党委也在总结历史经验的基础上,积极探索高校学生工作的新途径,于是起源于清华大学的学生辅导员制度重新得到重视,在新的历史条件下有了新发展。

1961年,党的八届九中全会提出了"调整、巩固、充实、提高"的八字方针。为贯彻落实这一方针,党中央总结中华人民共和国成立以来高等教育事业的发展经验,于1961年9月批准试行《中华人民共和国教育部直属高等学校暂行工作条例(草案)》(简称"高教六十条"),标志着高校政治辅导员开始走向职业化、制度化。"高教六十条"系统地总结了中华人民共和国成立后我国高等教育工作的经验和教训,指出高等学校的基本任务是贯彻执行教育为无产阶级的政治服务、与生产劳动相结合的方针,为社会主义建设培养所需的各种专门人才,使受教育者在德、智、体几方面都得到发展,成为有社会主义觉悟的有文化的劳动者。并就教学工作、生产劳动、研究生培养、科学研究工作、教师和学生、物质设备和生活管理、思想政治工作、领导制度和行政组织、党的组织和党的工作等方面作了详细规定,尤其在高校的思想政治工作方面,明确表示思想政治工作需在学校党委员会的领导下进行,任务是在全校师生员工中宣传

---

① 中国共产党中央委员会、国务院关于教育工作的指示[J].中华人民共和国国务院公报,1958(27):583-587.
② 刘光.新中国高等教育大事记1949—1987[M].长春:东北师范大学出版社,1990:151.
③ 中国青年工作年鉴编辑委员会.中国青年工作年鉴1988[M].北京:中国青年出版社,1991:480.

党的思想、总路线和各项方针政策,不断提高师生的思想政治觉悟和道德品质,团结全校师生并充分调动他们的积极性,保证学校的教学工作和其他各项工作任务的完成。① 以上这些都为辅导员的工作指明了方向。"高教六十条"更是明确表明:为了加强思想政治工作,在一、二年级设政治辅导员或者班主任,从专职的党政干部、政治理论课教师和其他青年教师中挑选有一定政治工作经验的人担任。同时,要逐步培养和配备一批专职的政治辅导员。② 这是在中共中央文件中第一次正式提出要设置高校专职政治辅导员。

1964年,教育部在《关于加强高等学校政治工作和建设政治工作机构试点问题的报告》中就关于改高等教育部党组为党委制,在高等教育部建立政治部的问题作了详细阐述,指出各试点学校需设政治部,班级配备政治辅导员或班主任,以平均每一百个学生至少配备一人为标准,且纳入编制计划内。该报告对政治辅导员的来源、编制等问题作了明确的规定。1965年,教育部出台《关于政治辅导员工作条例》,这是我国第一次专门对高校政治辅导员工作制定的条例,对高校政治辅导员的地位、作用、工作、待遇等进行了界定。1965年8月20日,教育部出台了《高等学校学生班级政治辅导员工作条例(草案)》,这是新中国成立以来第一个专门针对高等学校学生班级政治辅导员工作的文件,进一步明确了政治辅导员的身份职责、选拔条件、素质水平、工作内容等,并指出政治辅导员在工作中必须树立优良的工作作风,不断改进工作方法。③ 该工作条例(草案)的出台,标志着高校政治辅导员工作向专业化迈进,全国各高校普遍开始建立辅导员制度。至1966年,全国各类高校的政治辅导员制度普遍建成,意味着高校辅导员制度基本成型。

正当辅导员制度不断深化发展之时,国内政治环境的突变使我国的辅导员制度建设和队伍培养遭到前所未有的打击。从1966年起,受"左"的错误思想的发展,我国发动了持续十年的"文化大革命"。这一时期,高等教育管理体制也遭到严重破坏,高校辅导员的工作停滞,党和国家没有出台关于高校政治辅导员的政策文件,辅导员制度直到"文化大革命"后才逐渐恢复。

---

① 北京师大高等学校干部进修班教育系.教育基本原理文集 上[M].北京:人民出版社,1978:41-65.
② 中央档案馆,中共中央文献研究室.中共中央文件选集(1949.10—1966.5)[M].北京:人民出版社,2013.
③ 顾明远.教育大辞典[M].上海:上海教育出版社,1998.

在社会主义革命和建设时期,高校辅导员制度不断建立和发展,逐步走向职业化、制度化的轨道,虽经历曲折,但也为日后该制度的发展积累了宝贵经验,奠定了坚实基础。

第三节 高校辅导员队伍的建设发展阶段

1978年至2012年是改革开放和社会主义现代化建设新时期,高校辅导员队伍建设进入快速发展阶段。党的十一届三中全会作出了以经济建设为中心、实行改革开放的历史性决策,高校辅导员工作与高等学校教育体制得到了恢复,服务于改革开放和现代化建设事业。21世纪以后,我国步入发展新时期,高校辅导员建设全面走向专业化、职业化,相关政策制度也得以不断完善。

以邓小平为代表的共产党人针对"两个凡是"的方针,在党内开展了真理标准问题大讨论的思想解放运动。1978年12月,党的十一届三中全会召开,确立了解放思想、实事求是的思想路线,为高校辅导员制度的重新确立提供了思想保障。1978年教育部起草修订了《全国普通高等学校暂行工作条例》,明确要恢复在一、二年级设立政治辅导员的决定,并指出辅导员由党政干部、政治理论课教师和青年教师中挑选出的政治觉悟高、作风正派、联系群众、有一定政治工作经验的人担任,定期轮换。① 以文件形式为高校辅导员制度的恢复提供了保障,这也标志着高校政治辅导员工作开始重入正轨。

1980年4月,教育部、共青团中央印发《关于加强高等学校学生思想政治工作的意见》,指出"各校要根据具体情况建立政治辅导员制度或班主任制度"。政治辅导员需做到思想政治工作和坚持业务学习、教学任务兼顾,这是对"双肩挑"模式的肯定和恢复。文件还规定了政治辅导员的工作任务,肯定了高校辅导员的历史贡献,恢复了辅导员的名誉。1981年出台的《高等学校学生思想政治工作暂行规定》明确了政治辅导员队伍的师资来源,规定高校辅导员要实行专兼职结合。② 这一阶段,高校辅导员制度得以重新恢复

---

① 何东昌.中华人民共和国重要教育文献(1949—1975)[M].海口:海南出版社,1998.
② 教育部思想政治工作司.加强和改进大学生思想政治教育重要文献选编(1978—2014)[M].北京:知识产权出版社,2015.

与建立。

1984年,教育部调整了高校学科设置,批准在12所院校设立思想政治教育专业。同年,教育部批准清华大学等6所高校开办该专业第二学士学位班。为高校培养专业的思想政治教育人才,推动辅导员队伍走向专业化、科学化,教育部颁布了《关于加强高等学校思想政治工作队伍建设的意见》,对高等学校思想政治工作队伍的结构、专职思想政治工作人员的素养、培训发展、待遇表彰等方面提出意见,并指出高年级大学生、研究生可兼任政治辅导员,进一步强调高等学校的思想政治工作队伍必须实行专职和兼职相结合。1986年,中共中央、国务院批转《国家教委关于加强高等学校思想政治工作的决定》的通知,要求各高等学校尽快配齐在班级从事学生思想政治工作的政治辅导员。随后出台的《关于选配品学兼优的应届毕业生充实高等学校思想政治教育工作队伍的通知》和《关于高等学校学生思想政治工作兼职人员若干问题的规定》,解决了辅导员队伍的职称待遇问题,强调注重区分专兼职辅导员,明确了"专兼结合"的类别构成。1987年颁布的《中共中央关于改进和加强高等学校思想政治工作的决定》开始着手辅导员的队伍建设工作,针对辅导员工作各方面作了更进一步的要求,奠定了辅导员工作的制度基础。① 以上文件的颁布使政治辅导员制度在高校恢复并进一步落实,更重要的是在队伍的专业化建设等方面取得了一定进展。

20世纪90年代初,党中央在总结东欧剧变、苏联解体的教训基础上,加强了对高校学生的思想政治教育,高校的政治辅导员队伍的建设日益得到重视,主要体现在其工作的规范化和常规化上。1989年12月,共青团中央下发《关于加强和改进思想政治工作的十点意见》,明确提出加强青年思想政治工作的干部队伍建设。1990年,我国正式设立思想政治教育专业硕士点,从某种程度上为辅导员自身专业化发展提供了途径。1993年,中组部、中宣部、国家教委发布了《关于新形势下加强和改进高等学校党的建设和思想政治工作的若干意见》,对政治工作队伍提出了严要求和高标准,同时要求在力所能及的范围内提高其生活待遇。② 1994年,党中央召开第二次全国教育工作会议,印发了《中共中央关于进一步加强和改进学校德育工作的若干意见》,明确要求完善

---

①② 教育部思想政治工作司.加强和改进大学生思想政治教育重要文献选编(1978—2014)[M].北京:知识产权出版社,2015.

德育队伍的专业职务系列、待遇等。1995年,国家教育委员会颁布试行《中国普通高等学校德育大纲》,要求以1∶120—1∶150的专职政工人员与学生的比例配备工作人员,并指出辅导员是日常思想政治教育的直接组织者和协调者,大纲中还涵盖了辅导员的工作职责、激励制度等方面的内容。[1] 1996年,我国正式设立马克思主义理论与思想政治教育学科博士点,加强专业学科建设,开辟了成规模、正规化培养思想政治教育专业人才的有效途径。这些文件及措施的出台解决了不同时期高校辅导员队伍建设存在的问题,为辅导员开展工作、成长发展提供了较为充分的保障,有力推动了辅导员队伍建设,辅导员队伍的质量与水平明显提高。1999年,《中共中央关于加强和改进思想政治工作的若干意见》颁布,该意见从纲领性角度指导了高校对辅导员工作的新探索。[2] 2000年,教育部党组发布《关于进一步加强高等学校学生思想政治工作队伍建设的若干意见》,重申辅导员要专兼结合,提出实践锻炼是培养学生思想政治教育工作人员的有效途径。[3] 2001年,教育部印发《关于加强普通高等学校大学生心理健康教育工作的意见》,首次明确指出辅导员需关注学生心理问题,维护学生心理健康。该意见对辅导员工作职责提出了新的要求。[4]

党的十六大确立了全面建设小康社会的奋斗目标,社会主义现代化建设也进入了新时期。胡锦涛同志在全国宣传思想工作会议上明确指出:"思想政治工作说到底是做人的工作,必须坚持以人为本。"[5]为贯彻以人为本的思想,2004年8月26日,中共中央、国务院出台了《关于进一步加强和改进大学生思想政治教育的意见》(中发〔2004〕16号),即中央"16号文件"。"16号文件"是新时期思想政治教育工作的纲领性文件,对我国高校面临的思想政治教育形势、加强改进的原则、基本任务、方法途径作了全面阐述,其中强调要大力加强

---

[1] 中国普通高等学校德育大纲[J].中国高等教育,1996(2):4-7.
[2] 教育部社会科学司.普通高校思想政治理论课文献选编(1949—2008)[M].北京:中国人民大学出版社,2008.
[3] 教育部思想政治工作司.加强和改进大学生思想政治教育重要文献选编(1978—2014)[M].北京:知识产权出版社,2015.
[4] 中华人民共和国教育部.教育部关于加强普通高等学校大学生心理健康教育工作的意见[J].思想理论教育导刊,2001(4):4-6.
[5] 胡锦涛在全国宣传思想工作会议上发表重要讲话强调 坚持用"三个代表"重要思想统领宣传思想工作 为全面建设小康社会提供科学理论指导和强大舆论力量[N].人民日报,2003-12-08(01).

大学生思想政治教育工作队伍建设,指出:"思想政治教育工作队伍是加强和改进大学生思想政治教育的组织保证。大学生思想政治教育工作队伍主体是学校党政干部和共青团干部,思想政治理论课和哲学社会科学课教师,辅导员和班主任。""16号文件"明确了辅导员在思想政治教育中的重要地位,指出"辅导员、班主任是大学生思想政治教育的骨干力量,辅导员按照党委的部署有针对性地开展思想政治教育活动",肯定其发挥的重要作用。"16号文件"强调了辅导员队伍的配比和要求:"要采取有力措施,着力建设一支高水平的辅导员、班主任队伍。院(系)的每个年级都要按适当比例配备一定数量的专职辅导员,每个班级都要配备一名兼职班主任,鼓励优秀教师兼任班主任工作。"还提出了完善辅导员的福利待遇、激励机制,指出"辅导员、班主任工作在大学生思想政治教育第一线,任务繁重,责任重大,学校要从政治上、工作上、生活上关心他们,在政策和待遇方面给予适当倾斜"①,为高校辅导员队伍走向专业化和职业化奠定了重要基础。此外,"16号文件"中均用"辅导员"一词,标志着辅导员工作定位的转变和职责的拓展。

2005年1月,教育部颁布《关于加强高等学校辅导员班主任队伍建设的意见》,首次提出要统筹规划专职辅导员的发展,鼓励和支持一批骨干辅导员攻读相关学位和业务进修,长期从事辅导员工作,向职业化、专家化方向发展。②这是教育部第一次以正式文件形式指出辅导员队伍建设中职业化、专家化的发展要求,适应了新形势下加强和改进大学生思想政治教育的需要。文中提出专职辅导员总体上按1∶200的比例配备,保证每个院(系)的每个年级都有一定数量的专职辅导员。2005年12月7日,时任中共中央总书记、国家主席胡锦涛在中央办公厅《督促检查情况》(第34期)上批示:"必须从思想认识、体制机制、明确政策、培养人才等方面采取有力措施,调动广大辅导员的积极性,提高辅导员工作的水平。"③

2006年4月27日至28日,教育部于上海召开了中华人民共和国成立以来第一次全国高校辅导员队伍建设工作会议,研究部署辅导员队伍建设工作,

---

① 中共中央国务院发出《关于进一步加强和改进大学生思想政治教育的意见》[N].人民日报,2004-10-15.
② 教育部关于加强高等学校辅导员、班主任队伍建设的意见[J].中华人民共和国教育部公报,2005(3):39-41.
③ 陈希.深入贯彻落实科学发展观 努力把辅导员队伍建设推向新的阶段:在北京高校辅导员工作会议上的讲话[J].北京教育(德育),2009(1):4-6.

会上强调专职辅导员要深入开展思想教育、心理健康教育、职业生涯规划、学生事务管理等方面的工作,并指出:完善辅导员队伍选聘机制、管理机制、培养机制和发展机制,也就是在"高进、严管、精育、优出"四个关键环节上构建长效机制,不断加强辅导员队伍建设。① 教育部随后出台了《普通高等学校辅导员队伍建设规定》(中华人民共和国教育部令第 24 号,简称"24 号令"),进一步表明辅导员的地位和作用,指出:高等学校应当把辅导员队伍建设作为教师队伍和管理队伍建设的重要内容。加强辅导员队伍建设,辅导员是高等学校教师队伍和管理队伍的重要组成部分,具有教师和干部的双重身份。辅导员是开展大学生思想政治教育的骨干力量,是高校学生日常思想政治教育和管理工作的组织者、实施者和指导者。辅导员应当努力成为学生的人生导师和健康成长的知心朋友。"24 号令"提出了普通高等学校辅导员队伍工作的五大要求和八大职责,明确了高等学校"要按师生比不低于 1∶200 的比例设置本、专科生一线专职辅导员岗位。辅导员的配备应专职为主、专兼结合,每个院(系)的每个年级应当设专职辅导员";制定了选聘规则,即辅导员应当"政治强、业务精、纪律严、作风正",要有学历、专业背景和岗位技能要求,采取组织推荐和公开招聘相结合的方式进行。"24 号令"还提出专职辅导员可兼任学生党支部书记、院(系)团委(团总支)书记等相关职务,承担相关课程的教学工作。"24 号令"对辅导员的培养与发展也做了详细规定,指出高等学校要成立专职辅导员专业技术职务聘任委员会,负责本校专职辅导员专业技术职务聘任工作,根据辅导员的任职年限及实际工作表现给予相应待遇,让辅导员享有专任教师培养同等待遇,合理设置专职辅导员的相应教师职务岗位,鼓励、支持辅导员进行学科的研究,建立辅导员培训和研修基地,承担所在区域内高等学校辅导员的各类培训,让优秀辅导员参加国内国际交流、考察和进修深造,高校负责对辅导员进行系统培养等来提高辅导员技能,促进其发展。此外,"24 号令"还要求各高等学校要制定辅导员工作考核的具体办法,健全辅导员队伍的考核体系。教育部设立"全国高校优秀辅导员"称号,定期评选表彰优秀辅导员。各地教育部门和高等学校要将优秀辅导员表彰奖励纳入各级教师、教育工作者表彰奖励体系中,按一定比例评选,统一

---

① 切实推进高校辅导员队伍建设 为加强大学生思想政治教育提供坚强的组织保证:周济部长在全国高校辅导员队伍建设工作会议上的报告[J].高教领导参考,2007(3):4-15.

表彰。①"24号令"深入推动辅导员建设专业化发展,鼓励辅导员从事一些科研工作提升专业学术水平,设置辅导员专项课题,为其专业化发展提供政策倾斜与支持。"24号令"还就新形势细化了辅导员的职责,如化解学生矛盾冲突、维护校园安全稳定、落实好资助经济困难大学生等。可见"24号令"是辅导员工作的又一纲领性文件,在高校辅导员制度的建设和队伍的发展中具有里程碑意义。

2007年起,教育部及各部门依托高校建立了一批辅导员培训和研修基地,启动了辅导员博士专项招生培养、国内访学及挂职锻炼等计划,开展辅导员专项课题申报、精品项目培育、职业能力大赛等活动,着力加强辅导员的专家化建设。2008年以来,为充分发挥优秀辅导员的榜样作用,肯定其工作,激发更多辅导员的积极性和创造性,在教育部思想政治工作司的指导下,全国高校辅导员工作研究会和《中国教育报》共同举办了"全国高校辅导员年度人物"评选活动及年度人物颁奖典礼。每年通过评选产生"全国高校辅导员年度人物"十人和提名奖、入围奖人员若干,开展优秀辅导员先进事迹全国巡讲活动,表彰在一线默默无闻、勤恳工作且有突出贡献的优秀辅导员,并通过"立德树人"高校辅导员先进事迹报告团、"中国大学生在线"网络投票、"全国高校辅导员年度人物"颁奖晚会、"全国高校优秀辅导员"表彰、出版《全国高校辅导员先进事迹选编》等形式将优秀辅导员们的典型事迹进行广泛的推广和宣传,这些举措和活动从各方面完善了辅导员的奖励评价机制。② 2008年7月10日,中国高等教育学会辅导员工作研究分会成立大会在山东大学召开,会议选举了理事单位、常务理事单位,选举成立了研究分会组织机构。首个全国性的高校辅导员的学术团体——中国高等教育学会辅导员工作研究分会正式成立,会议还通过了《中国高等教育学会辅导员工作研究分会章程》。③ 中国高等教育学会辅导员工作研究分会的成立标志着高校辅导员有了自己的行业组织归属,也为全国高校辅导员提供了一个工作研究和学术交流的有效平台,有力地推动了我国高校辅导员制度的不断向前和良性发展。从2009年开始,中国高等教

---

① 普通高等学校辅导员队伍建设规定[J].中华人民共和国国务院公报,2007(22):8-10.
② "立德树人"高校辅导员先进事迹报告团巡回报告活动在有关省市及高校开展[J].高校辅导员,2010(1):65.
③ 加强理论研究 提升实践能力 中国高教学会辅导员分会成立[EB/OL].(2008-07-11). http://www.moe.gov.cn/jyb_xwfb/gzdt_gzdt/moe_1485/tnull_36953.html.

育学会辅导员工作研究分会便开始运作并开展了"全国高校辅导员工作优秀论文评选"等一系列活动,到2010年,全国多数高校都建立了辅导员协会。以上这些都表明了我国辅导员工作正逐步细化,辅导员队伍建设向职业化、专业化发展。

2010年后,高校辅导员工作得以从各方面深化发展。2011年4月2日,教育部印发了《教育部高校辅导员培训和研修基地建设与管理办法(试行)》和《教育部高校辅导员培训和研修基地建设与管理基本标准(试行)》,对进一步加强辅导员培训基地建设与管理、提高辅导员培训质量提出要求。2012年起,我国开始举办辅导员职业能力大赛等活动,有效激发辅导员职业能力建设的潜力。在提高理论研究水平上,2010年教育部将《高校辅导员学刊》和《高校辅导员》两本杂志确定为高校辅导员工作研究指导性期刊,从2011年起在教育部人文社科研究专项"高校思想政治工作"中设立辅导员专项,2011年批准97项,涵盖各个方面,2012年又批准了100项。在完善辅导员的激励与评价机制上,我国针对高校辅导员持续开展评选优秀先进,出台相关政策完善高校辅导员职务职称评定。

改革开放和社会主义现代化建设新时期,高校辅导员建设逐步走向并全面深化专业化发展,提高了辅导员职业水平,细化了辅导员的工作职责,辅导员职业化程度也越来越高,辅导员建设工作取得很大进展,但存在一些问题与不足,伴随着我国进入新时代,这些问题逐步解决,辅导员制度和队伍的建设也逐步完善。

第四节 高校辅导员队伍的建设提高阶段

2012年以来,中国特色社会主义进入新时代,高校辅导员队伍也在不断建设提高。党的十八大以来,党中央持续高度重视高校辅导员工作,教育部和各地方政府不断完善配套政策,解决了高校辅导员职业发展中的一系列问题,加大力度构建高校辅导员职业能力培养体系。教育部和各地主管部门加大对高校辅导员职业理论研究,提高高校辅导员工作理论研究水平,进一步完善高校辅导员职业的激励与评价机制,深入开展高校辅导员专业化、职业化工作。

2012年,教育部思政司督察和评估了教育部二十一个辅导员培训和研修基地,并就基地建设开展了一系列调查研究。教育部思政司指出,要从优化政策、机制、环境和提高队伍自身素养两个方面,按照立标准、建机制、提质量、促发展的总体思路,提高辅导员队伍建设的科学化水平。① 同年,由教育部思政司主办、全国高校辅导员工作研究会承办的"全国高校辅导员职业技能竞赛"正式启动。大赛的宗旨是以赛代训、以赛代练,在赛场的激烈角逐中展现辅导员昂扬的精神风貌、崇高的道德品质和精湛的职业能力,着力营造辅导员着眼学生成长成才、立足工作岗位、提升职业能力的浓厚氛围。该大赛内容包括基础知识测试、主题班会、案例分析、自我形象展示、网络写作、谈心谈话、理论宣讲等,涵盖了高校辅导员工作的主要内容。

2013年5月,教育部制定了《普通高等学校辅导员培训规划(2013—2017年)》(以下简称《规划》)。《规划》再次明确高校辅导员的定位,提出高校辅导员是高校教师队伍和管理干部队伍的重要组成部分,是开展大学生思想政治教育和促进校园和谐稳定的骨干力量。《规划》要求落实立德树人根本任务,以促进辅导员专业化、职业化和可持续发展为导向,以构建完善的培训体系为基础,以提高培训能力为重点,以创新培训方式为手段,以提高培训质量为目标,努力造就一支"政治强、业务精、纪律严、作风正"的高水平辅导员队伍,为不断提升大学生思想政治教育科学化水平、全面提高高等教育质量提供坚强的思想政治保障和人才支持。培训内容包括思想政治理论教育、专业素养提升、职业能力培养三个方面。第一,思想政治理论教育。辅导员要更深层次地学习马克思主义基本理论和党的创新理论,进行形势与政策教育。第二,专业素养提升。要注重提升高校辅导员的职业道德素质、科学文化素质和思想政治教育专业素质。第三,职业能力培养。高校辅导员必须具备思想政治教育基本能力、大学生党建工作、学生事务管理、心理健康教育、运用网络能力、职业生涯规划等能力。② 同年,为促进辅导员工作实践与科研相结合,提高辅导员的工作效率,提升辅导员的整体素质,辅导员"名师工作室"模式在多省逐步推开。例如,2013年起,山东省委高校工委与教育部高校辅导员培训和

---

① 冯刚.在教育部高校辅导员培训和研修基地工作会议上的讲话[J].高校辅导员学刊,2012(5):1-3,104.
② 中共教育部党组关于印发《普通高等学校辅导员培训规划(2013—2017年)》的通知[EB/OL].(2013-05-06).http://www.moe.gov.cn/srcsite/A12/moe_1407/s3017/201305/t20130506_151815.html.

研修基地(山东大学)联合,深入实施"名师工作室"计划,以优化顶层设计、强化精心培育、深化品牌效应为主攻方向,扎实推动辅导员队伍专业化、职业化。

2014年3月27日,教育部发布《高等学校辅导员职业能力标准(暂行)》(以下简称《职业能力标准》)。《职业能力标准》指出,高校辅导员是高校教师队伍和管理队伍的重要组成部分,具有教师和干部的双重身份,是开展大学生思想政治教育的骨干力量,是高校学生日常思想政治教育和管理工作的组织者、实施者和指导者,应将爱国守法、敬业爱生、育人为本、终身学习、为人师表作为职业守则,不断拓宽知识储备,努力提高职业素养和职业能力。《职业能力标准》从初、中、高三个能力级别,对高校辅导员在思想政治教育、党团和班级建设、学业指导、日常事务管理、心理健康教育与咨询、网络思想政治教育、危机事件应对、职业规划与就业指导、理论与实践研究等九方面的工作内容进行了梳理和规范,对辅导员在不同职业功能上应具备的能力和理论知识储备提出了明确要求。① 《职业能力标准》的制定增强了辅导员职业的社会认同,强化了辅导员队伍建设的政策导向,丰富了辅导员工作的专业内涵,规范了辅导员的工作范畴。

2015年1月19日,中共中央办公厅、国务院办公厅印发《关于进一步加强和改进新形势下高校宣传思想工作的意见》(以下简称《意见》),就进一步加强和改进新形势下高校宣传思想工作、全面推进高校意识形态工作作了全面部署。《意见》强调要配齐建强高校宣传思想工作队伍,统筹推进高校党政干部和共青团干部、思想政治理论课教师和哲学社会科学课教师、辅导员班主任和心理咨询教师等宣传思想工作骨干队伍建设。② 同年9月发布的《中共中央宣传部 中共教育部党组关于加强和改进高校宣传思想工作队伍建设的意见》对高校辅导员工作提出了具体要求,从制度上推进辅导员职业化步伐。第一,要切实落实党和国家的相关要求和规定,配齐建强思想工作队伍。第二,要健全完善国家示范培训、升级分批培训、学校全员培训三级培训体系,抓好思想政治理论课教师社会实践研修基地、辅导员培训和研修基地建设。第三,要加

---

① 教育部关于印发《高等学校辅导员职业能力标准(暂行)》的通知[EB/OL].(2014-03-27).http://www.moe.gov.cn/srcsite/A12/s7060/201403/t20140327_167113.html.
② 中办国办印发《关于进一步加强和改进新形势下高校宣传思想工作的意见》[N].中国青年报,2015-02-20(03).

大表彰力度,建立健全学校宣传思想工作队伍的表彰奖励办法,严格落实辅导员"双重身份、双线晋升"和辅导员专业技术职务单列指标、单设标准、单独评审政策。①

2016年12月7日至8日,全国高校思想政治工作会议在北京召开。习近平总书记在会上发表重要讲话,强调高校思想政治工作关系高校培养什么样的人、如何培养人以及为谁培养人这个根本问题,要坚持把立德树人作为中心环节,把思想政治工作贯穿教育教学全过程,实现全程育人、全方位育人,努力开创我国高等教育事业发展新局面。高校的思想政治工作直接关系到大学生的思想形成、道德培养、价值取向,做好思想政治工作要坚持马克思主义指导,贯彻党的教育方针,始终坚持社会主义办学方向,加强和改进新形势下的思想政治教育工作。习近平总书记的讲话充分肯定了高校思想政治工作取得的成绩,回答了高校教育改革和高校思想政治教育工作的一系列问题。习近平总书记指出,长期以来,高校思想政治工作队伍兢兢业业、甘于奉献、奋发有为,为高等教育事业发展作出了重要贡献。要拓展选拔视野,抓好教育培训,强化实践锻炼,健全激励机制,整体推进高校党政干部和共青团干部、思想政治理论课教师和哲学社会科学课教师、辅导员班主任和心理咨询教师等队伍建设,保证这支队伍后继有人、源源不断。②

2017年2月,中共中央、国务院印发《关于加强和改进新形势下高校思想政治工作的意见》(以下简称《意见》)。《意见》强调了高校的重要使命,在人才培养、科学研究、文化继承与创新、社会服务、国际交流等方面肩负重任。高校思想政治工作的成效事关学校办学、高校党的领导、中国特色社会主义事业的发展,是一项重大的政治任务和战略工程。《意见》由七部分组成:一是高校思想政治工作的重要意义和总体要求,二是强化思想理论教育和价值引领,三是发挥哲学社会科学育人功能,四是加强对课堂教学和各类思想文化阵地的建设管理,五是加强教师队伍和专门力量建设,六是推进高校思想政治工作改革创新,七是加强和改善党对高校的领导。《意见》指出,要加强教师队伍和专

---

① 中共中央宣传部 中共教育部党组关于加强和改进高校宣传思想工作队伍建设的意见[EB/OL].(2015 - 09 - 30). http://www.moe.gov.cn/srcsite/A12/moe_1416/s255/201510/t20151013_212978.html.
② 倪邦文.适应新的形势 做好"人的工作"——学习习近平总书记在全国高校思想政治工作会议上的重要讲话[N].光明日报,2016 - 12 - 24(07).

门力量建设。高校思想政治工作队伍和党务工作队伍具有教师和管理人员双重身份,要纳入高校人才队伍建设总体规划,形成一支专职为主、专兼结合、数量充足、素质优良的工作力量。①

2017年8月31日,教育部发布《普通高等学校辅导员队伍建设规定》(中华人民共和国教育部令第43号,简称"43号令")。"43号令"指出,辅导员是开展大学生思想政治教育的骨干力量,是高等学校学生日常思想政治教育和管理工作的组织者、实施者、指导者。辅导员应当努力成为学生成长成才的人生导师和健康生活的知心朋友。要求高校把立德树人作为中心环节,把辅导员队伍建设作为教师队伍和管理队伍建设的重要内容,整体规划、统筹安排,保证辅导员工作有条件、干事有平台、待遇有保障、发展有空间。"43号令"明确指出辅导员的主要工作职责是思想理论教育和价值引领、党团和班级建设、学风建设、学生日常事务管理、心理健康教育与咨询工作、网络思想政治教育、校园危机事件应对、职业规划与就业创业指导、理论和实践研究。高等学校应当按总体上师生比不低于1:200的比例设置专职辅导员岗位,按照专兼结合、以专为主的原则,足额配备到位。② "43号令"的出台,是深入贯彻落实习近平总书记重要讲话精神和中央系列决策部署的重要举措,是进一步加强高校辅导员队伍建设、提升高校辅导员队伍专业水平和职业能力的重要制度安排。

2018年9月10日,习近平总书记出席全国教育大会并发表重要讲话,在我国第34个教师节之际,向教师和教育工作者致以诚挚的问候。"教师是人类灵魂的工程师,是人类文明的传承者,承载着传播知识、传播思想、传播真理,塑造灵魂、塑造生命、塑造新人的时代重任。"习近平总书记肯定了广大教师为国家和民族作出的重大贡献。他指出:"要深化教育体制改革,健全立德树人落实机制,扭转不科学的教育评价导向,坚决克服唯分数、唯升学、唯文凭、唯论文、唯帽子的顽瘴痼疾,从根本上解决教育评价指挥棒问题。""在实践中,我们就教育改革发展提出一系列新理念新思想新观点,主要有以下几个方面,坚持党对教育事业的全面领导,坚持把立德树人作为根本任务,坚持优先发展教育事业,坚持社会主义办学方向,坚持扎根中国大地办教育,坚持以人

---

① 中共中央国务院印发《关于加强和改进新形势下高校思想政治工作的意见》[N].人民日报,2017-02-28(02).
② 普通高等学校辅导员队伍建设规定[J].中华人民共和国国务院公报,2017(34):28-32.

民为中心发展教育,坚持深化教育改革创新,坚持把服务中华民族伟大复兴作为教育的重要使命,坚持把教师队伍建设作为基础工作。""要把立德树人融入思想道德教育、文化知识教育、社会实践教育各环节。"他强调:"思想政治工作是学校各项工作的生命线,各级党委、各级教育主管部门、学校党组织都必须紧紧抓在手上。要精心培养和组织一支会做思想政治工作的政工队伍,把思想政治工作做在日常、做到个人。"①

2019年3月18日,中共中央总书记、国家主席、中央军委主席习近平在北京主持召开学校思想政治理论课教师座谈会并发表重要讲话。他强调,办好思想政治理论课,最根本的是要全面贯彻党的教育方针,解决好培养什么人、怎样培养人、为谁培养人这个根本问题。提出思政教师要做到"六个要",坚持"八个统一"。"六个要"即思政教师政治要强、情怀要深、思维要新、视野要广、纪律要严、人格要正。"八个统一"即在对学生进行思想政治教育时,要坚持政治性和学理性相统一,坚持价值性和知识性相统一,坚持建设性和批判性相统一,坚持理论性和实践性相统一,坚持统一性和多样性相统一,坚持主导性和主体性相统一,坚持灌输性和启发性相统一,坚持显性教育和隐性教育相统一。② 高校辅导员作为思政教师的重要组成部分,要注重自身素质的提高,严格要求自己。

2019年6月,中宣部教育部联合发布2019年"最美高校辅导员""最美大学生"名单③,首次从历届在岗的"高校辅导员年度人物"中评选出10名"最美高校辅导员"。辅导员是离大学生最近的人,走在思想政治教育的最前沿,能帮助学生排忧解难、拨开迷雾、找准方向,是学生的知心朋友,也是学生的人生导师。"最美高校辅导员"用既有意义又有意思、既营养又对味的教育方式,在学生工作的具体实践中创新方式、与时俱进,培育时代新人。

2020年4月22日,教育部等八部门联合印发《关于加快构建高校思想政治工作体系的意见》(教思政〔2020〕1号),明确提出了加快构建高校思想政治工作体系的目标任务:健全立德树人体制机制,把立德树人融入思想道德、文

---

① 习近平.坚持中国特色社会主义教育发展道路 培养德智体美劳全面发展的社会主义建设者和接班人[N].人民日报,2018-09-11(01).
② 习近平.用新时代中国特色社会主义思想铸魂育人 贯彻党的教育方针落实立德树人根本任务[N].人民日报,2019-03-19(02).
③ 中宣部教育部联合发布2019年"最美高校辅导员""最美大学生"名单[N].中国教育报,2019-06-22(01).

化知识、社会实践教育各环节,贯通学科体系、教学体系、教材体系、管理体系,加快构建目标明确、内容完善、标准健全、运行科学、保障有力、成效显著的高校思想政治工作体系。在理论武装体系方面,要加强政治引领;在学科教学体系方面,要办好思想政治理论课;在日常教育体系方面,要深化实践教育;在管理服务体系方面,要提高管理服务水平,加强群团组织建设,推动"一站式"学生社区建设,完善精准资助育人;在安全稳定体系方面,要强化高校政治安全,加强国家安全教育,筑牢校园安全防线,健全安全责任体系;在队伍建设体系方面,要建设高水平教师队伍;在评估督导体系方面,要构建科学测评体系,完善推进落实机制,健全督导问责机制;在组织领导和实施保障方面,要加强党的全面领导,加强基层党的建设,强化工作协同保障。①

2020年12月,第八届全国高校辅导员素质能力大赛颁奖暨2020年全国高校辅导员队伍建设成果展示在浙江大学紫金港校区举行。教育部副部长出席总结颁奖活动并指出,新时代高校辅导员必须具备对党忠诚的坚定信念、爱国奉献的优秀品德、情系学生的崇高师德、甘为人梯的高尚志趣、勉励进取的精神面貌以及育人育才的素质能力。高校辅导员是学生人生的引路者、青春的筑梦人,是让党放心、受学生欢迎的育人骨干和中坚力量。希望高校辅导员提升政治能力,以旗帜引领方向。政治立场要明确,要坚定马克思主义信仰。希望高校辅导员改进教育方法,以需求驱动供给。适应时代要求,创新教育方法,根据现实环境和学生的需求,选择合适的方法。希望高校辅导员厚植爱生情怀,以真情凝聚人心,真挚的师生情谊有利于辅导员以情化人,引导学生。②

2021年7月12日,中共中央、国务院印发《关于新时代加强和改进思想政治工作的意见》,强调要构建共同推进思想政治工作的大格局;完善领导体制和工作机制,完善党委统一领导、党政齐抓共管、宣传部门组织协调、有关部门和人民团体分工负责、全党全社会共同参与的思想政治工作大格局;打造专兼结合的工作队伍,配齐配强思想政治工作骨干队伍,充实优化兼职工作队伍,不断壮大志愿服务工作队伍;有计划有步骤地开展全员培训,深化思想政治工

---

① 教育部等八部门关于加快构建高校思想政治工作体系的意见[J].中华人民共和国教育部公报,2020(4):23-27.
② 第八届全国高校辅导员素质能力大赛圆满落幕[EB/OL].(2020-12-31).http://www.moe.gov.cn/jyb_zzjg/huodong/202012/t20201231_508376.html.

作人员专业技术职务评聘制度改革,培养思想政治工作的行家里手。①

2022年10月,党的二十大胜利召开。习近平总书记在党的二十大报告中强调:"全党要把青年工作作为战略性工作来抓,用党的科学理论武装青年,用党的初心使命感召青年,做青年朋友的知心人、青年工作的热心人、青年群众的引路人。"②辅导员队伍做的就是青年工作,党的二十大报告中有关青年工作的目标和要求为辅导员工作的进一步发展指明了方向,要健全用党的创新理论武装全党、教育人民、指导实践工作体系;用社会主义核心价值观铸魂育人,完善思想政治工作体系,推进大中小学思想政治教育一体化建设。

2023年10月7日至8日,全国宣传思想文化工作会议在北京召开,党中央正式提出并系统阐述了习近平文化思想,为我们在新时代继续推动文化繁荣、建设文化强国、建设中华民族现代文明提供科学行动指南。我们要坚持不懈用习近平新时代中国特色社会主义思想凝心铸魂,在真学真懂真信真用、深化内化转化上下功夫;巩固壮大奋进新时代的主流思想舆论,以强信心为重点加强正面宣传,提高舆论引导能力;广泛践行社会主义核心价值观,改进创新精神文明建设工作;促进文化事业和文化产业繁荣发展,推动中华优秀传统文化保护传承;加强和改进对外宣传工作,增强中华文明传播力影响力;坚决有效防范化解意识形态风险,敢于亮剑、敢于斗争;加强党对宣传思想文化工作的全面领导,落实政治责任,勇于改革创新,强化法治保障,建强干部人才队伍,为担负起新的文化使命提供坚强政治保证。要以钉钉子精神把各项任务要求落到实处,不断增强工作能力本领,提高工作质量效能,在建设社会主义文化强国、建设中华民族现代文明的奋斗和实践中展现新气象新作为。③文化育人,特别是在高校校园文化的营造过程中,辅导员承担着重要的角色,发挥着重要的作用,习近平文化思想的提出,也对辅导员的专业化发展提供了更加广阔的空间和舞台。

中国特色社会主义进入新时代,高校辅导员制度朝着更加职业化、专业化的方向发展。习近平总书记关于教育的重要论述,党中央和教育部发布的各

---

① 中共中央国务院印发《关于新时代加强和改进思想政治工作的意见》[J].思想政治工作研究,2021(8):18-19.
② 二十大报告中关于教育的这些话掷地有声[N].学生导报,2022-10-24(A01).
③ 深入学习贯彻习近平文化思想——论贯彻落实全国宣传思想文化工作会议精神[N].人民日报,2023-10-11(01).

项新政策都在不断细化和深化高校辅导员制度。高校辅导员职业化是大势所趋,严格的职业资格认证、明确的工作规范、专业的培训、规范的教育体系和教育工作对象是高校辅导员制度发展的必然要求。高校要在制度建设上深入推进,不断在实践的基础上总结经验,逐步完善。随着我国高等教育事业的发展,高校辅导员专业化职业化程度也必将越来越高。

第二章

新时代对高校辅导员队伍的发展要求

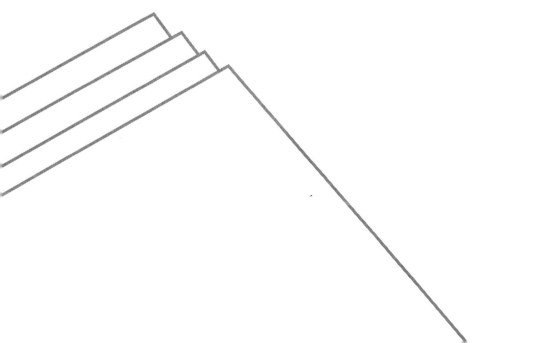

第一节　百年未有之大变局对辅导员工作提出更高要求

2017年2月,中共中央、国务院印发《关于加强和改进新形势下高校思想政治工作的意见》,强调了高校肩负的重要使命,高校的思想政治工作事关办什么样的大学、怎样办大学的根本问题,事关党的领导,事关中国特色社会主义事业后继有人,明确指出加强和改进高校思想政治工作是一项重大政治任务和战略工程。① 在新形势下,对高校辅导员思想政治工作的要求也越来越高。2018年6月,习近平总书记在中央外事工作会议上指出:"当前,我国处于近代以来最好的发展时期,世界处于百年未有之大变局,两者同步交织、相互激荡。"② 今天,世界和中国的局势发生着巨大而深刻的变化。在变局之中,危机并存,祸福共生,高校辅导员的思政工作也应"在变局中开新局"。

一、国际局势对辅导员工作的挑战和机遇

习近平总书记强调,意识形态工作是党的一项极端重要的工作,是为国家立心、为民族立魂的工作。③ 纵观当前的国际局势,各国政治、经济、文化、军事等方面的交流更加频繁。伴随着文化多元化发展,各国意识形态斗争尤为激烈。在国际大变局的背景下,辅导员工作的挑战与机遇并存。

当今世界正经历着百年未有之大变局,经济全球化遭遇逆流,霸权主义、单边主义、贸易保护主义抬头,但世界多极化和经济全球化趋势不可逆转,国际经济、政治、文化、安全格局正在进行深刻调整。随着中国日益强大,围绕意识形态、发展道路、政治制度方面的较量愈发激烈。部分西方国家企图"唱衰中国""质疑中国",否认中国在推动世界经济增长中作出的贡献。经济全球化为文化多元化提供前提和基础,各国各民族的文化相互交融,交流更加频繁。

---

① 中共中央国务院印发《关于加强和改进新形势下高校思想政治工作的意见》[N].人民日报,2017-02-28(02).
② 习近平在中央外事工作会议上发表重要讲话 强调坚持以新时代中国特色社会主义外交思想为指导 努力开创中国特色大国外交新局面[J].党政干部参考,2018(13):3.
③ 中央党史和文献研究院.习近平关于社会主义精神文明建设论述摘编[M]北京:中央文献出版社,2022.

各国在继承本民族优秀文化的过程中兼收并蓄吸收他国优秀文化,拓宽文化视野,更好地继承和发展优秀传统文化。但文化的交流与交锋是并存的,思想文化领域的斗争更加深刻复杂,价值观的较量日益凸显。

部分西方传统强国谋划意识形态战略,意图占领文化制高点。当前,部分西方国家采用信息化手段,通过电影、电视、音乐、图书、网络、视频等载体,鼓吹西方文化,削弱中国文化安全和利益,企图在文化、思想等意识形态上遏制、削弱、瓦解中国。

错误思潮影响大学生的意识形态,高校辅导员面临着大学生理想信念动摇的挑战,政治引领意识和能力有待提升。中国面临着更加复杂严峻的意识形态环境,部分西方国家采取更隐蔽、多元化的方式,渗透资本主义意识形态,影响青年大学生的思想,影响大学生的思想认识、价值判断和价值选择。

意识形态是国家利益与国家安全的重要组成部分,关系到国家稳定和发展。部分西方国家制造假新闻诬蔑中国,个别政治势力不尊重事实,杜撰并传播有关中国的谣言,在贸易、科技、文化等多方面渗透资本主义意识形态。如通过互联网对中国的大学生宣扬历史虚无主义、新自由主义、普世价值论与宪政民主论等,通过"颜色革命"的手段,诱导民众对国家现有政权产生敌对情绪,这些是思想政治教育面临的重大挑战。因此,高校辅导员思政工作的政治引导功能有待加强,要引导大学生警惕外部势力的"糖衣炮弹",坚守思想防线。

近年来中国的发展迅猛,国际地位不断攀升,经济实力和综合国力显著提高,国际影响力不断提升。对于中国的发展,国际社会有各种不同的声音,既有肯定,也有误解。有些国家甚至故意抹黑中国,散播"中国威胁论""中国崩溃论""中国掠夺论"等。然而中华人民共和国成立以来,党和国家的事业取得了历史性的成就,中国共产党带领人民奋发图强、艰苦创业,中华民族迎来了从站起来、富起来到强起来的伟大飞跃。

习近平总书记指出:"当今世界,要说哪个政党、哪个国家、哪个民族能够自信的话,那中国共产党、中华人民共和国、中华民族是最有理由自信的。"[①]高校辅导员应顺势而为,拓宽思政工作的广度和深度,帮助青年大学生了解国际

---

① 习近平.在庆祝中国共产党成立95周年大会上的讲话(2016年7月1日)[J].求是,2021(8):4-20.

环境,辩证看待社会热点;让青年大学生知道党和国家事业的历史性成就和变革,从而进一步坚定中国特色社会主义道路自信、理论自信、制度自信、文化自信;引导大学生自觉肩负起讲好中国故事的重任,向世界讲清楚中国共产党为什么能、马克思主义为什么行、中国特色社会主义为什么好,为实现"两个百年"奋斗目标、实现中华民族伟大复兴做出贡献。

在国际大变局的背景下,意识形态的斗争给高校辅导员工作带来了严峻的挑战,但也为进一步讲好中国故事、坚定"四个自信"提供了新的机遇,为辅导员提升政治引领力、意识形态工作能力、社会主义核心价值观的教育能力提供了新的平台和窗口。

二、国内发展对辅导员工作的挑战和机遇

当前中国已是世界第二大经济体,外资流入全球排名第一。在中国共产党的领导下,中国特色社会主义进入新时代,中国全面消除了绝对贫困,谱写了人类反贫困历史的恢宏篇章,取得了脱贫攻坚的胜利,完成了全面建成小康社会的第一个百年目标,步入全面建设社会主义现代化强国的时代。在这样的国内大环境下,辅导员工作面临一系列挑战,也出现了许多机遇。

2020年12月3日,习近平总书记在中共中央政治局常委会会议中指出:"经过8年持续奋斗,我们如期完成了新时代脱贫攻坚目标任务,现行标准下农村贫困人口全部脱贫,贫困县全部摘帽,消除了绝对贫困和区域性整体贫困,近1亿贫困人口实现脱贫,取得了令全世界刮目相看的重大胜利。"①脱贫攻坚的胜利,为全面建成小康社会奠定了坚实的基础,彻底改变了农村落后的面貌,提高了人民群众的生活水平,增强了人民群众的获得感、幸福感、安全感。当前我们正处于实现第一个百年奋斗目标后乘势而上开启全面建设社会主义现代化新征程、进军第二个百年奋斗目标的关键时期。在国内外环境更加复杂严峻的形势下,中国始终坚持创新、协调、绿色、开放、共享的新发展理念,贸易保持逆势增长势头,吸引外资能力不断增强,持续推进高水平对外开放,经济呈现持续稳定恢复、稳中向好的积极态势,正迈步走向高质量发展。

中国共产党正处于中华民族伟大复兴战略和百年未有之大变局的交汇

---

① 顾仲阳.目标任务如期完成[N].人民日报,2020-12-23(08).

期。百年来,中国共产党带领人民取得了革命、建设、改革的伟大成果,实现从站起来到富起来再到强起来的伟大飞跃,越来越接近中华民族伟大复兴的目标。在百年历程中,中国共产党不断总结历史经验,全心全意为人民服务,坚持人民立场,探索跳出"历史周期律"的成功道路,为党团结带领人民应对百年未有之大变局、夺取中国特色社会主义的新胜利提供条件。

随着国内经济的高速发展,人民群众生活水平发生了翻天覆地的变化。社会上滋生出的个人主义、功利主义等错误思想却在很大程度上影响着大学生的世界观、价值观和人生观。高校辅导员面临大学生价值观迷失的困境。

首先,在社会主义现代化的建设进程中,党和国家事业取得革命性成就,社会生产力、生活水平日益提高,物质财富不断丰富。随着经济体制和政治体制改革进入到关键阶段,形成了以按劳分配为主体的多种分配方式相结合的生产方式,在这种情况下,也形成了利益诉求的多元化,使得社会中的利益团体的价值取向也出现了多元化,人们对于传统的思想观念、行为准则以及价值观产生质疑并且提出自身的经济政治要求,因此对我国主导的主流意识形态带来了前所未有的挑战。① 大学生主体意识觉醒的同时,也伴随着自我认知异化的挑战。个人主义、功利主义等错误思想使大学生在发展过程中迷失自我,对于物质世界和经济生活过分推崇,对于科技理性和消费主义盲目膜拜,出现追求功利享乐、取向低俗、价值判断和价值选择偏差等一系列问题,把个人利益与国家利益、社会利益孤立开,成为精致的利己主义者。

其次,在"泛娱乐化"的社会背景下,文化娱乐和商业发展深入融合产生了"泛娱乐化"产业,在资本的控制下娱乐产业日趋变质,一部分受到"泛娱乐化"倾向影响的大学生群体,沉溺于被建构的"娱乐景观"无法自拔,热衷从众跟风,逐渐思维同质化,沦为信息奴隶。② 大众文化滑向庸俗,文化艺术性丧失,从而使得接触这些文化的受众审美降低。这些对大学生三观的树立以及理想信念的形成产生极大的消极影响。

最后,在新媒体迅速发展的时代,大学生不可避免地对其产生依赖性,甚至会沉迷其中并逐渐丢失独立思考的能力。新媒体的开放性和虚拟性使

---

① 常晨晨.非主流意识形态价值观对当代大学生的影响及教育对策研究[J].西安电子科技大学学报(社会科学版),2018(4):86.
② 李紫娟,李海琪.网络"泛娱乐化"倾向对青年大学生的危害及其应对[J].中国青年社会科学,2021(6):56-62.

得法律和道德难以监控,国内一些虚假、反动言论和观点皆来源于虚拟的网络空间,很容易导致大学生价值观紊乱,影响大学生思想意识的健康发展。

高校辅导员要用习近平新时代中国特色社会主义思想武装大学生,用信息技术的发展助推思政工作创新。中华人民共和国成立以来,人民生活水平实现了由贫困到温饱再到小康的跨越。社会主义在中国焕发出强大的生机与活力并不断开辟发展新境界,也为世界解决人类问题提供了中国智慧、中国方案。中国特色社会主义的一系列成就激励着大学生用科学的思想武装头脑,召唤着大学生积极投身中国特色社会主义伟大实践,为实现伟大复兴的中国梦贡献力量。现代信息技术在思政工作中的运用,实现了教学资料的共享,丰富了思想政治教育教学方式。高校辅导员应抓住这些机遇,实现思政工作水平的提高,努力克服新媒体对大学生产生的消极影响,引导正确的社会舆论,捍卫社会主义意识形态,坚定大学生的理想信念。

第二节　人民对高等教育的期待要求辅导员职业化发展

党的十九大明确指出,要"培养德智体美劳全面发展的社会主义建设者和接班人"。2018年,习近平总书记在全国教育大会上全面阐释了"培养德智体美劳全面发展的社会主义建设者和接班人"的内涵、要求和重要举措。① 2019年,中共中央、国务院印发《中国教育现代化2035》,提出了推进教育现代化的八大基本理念,其中就包括更加注重以德为先,更加注重全面发展。② 2020年印发的《深化新时代教育评价改革总体方案》进一步强调改革学生评价,促进德智体美劳全面发展。③ 国家和社会对高等教育的要求更加具体明确,对高等教育培养全面发展的人才的期待越来越高,这就迫切需要更加专业化职业化的辅导员队伍。

---

① 习近平.坚持中国特色社会主义教育发展道路 培养德智体美劳全面发展的社会主义建设者和接班人[N].人民日报,2018-09-11(01).
② 中共中央、国务院印发《中国教育现代化2035》[J].中华人民共和国教育部公报,2019(C1):2-5.
③ 中共中央 国务院印发《深化新时代教育评价改革总体方案》[J].中华人民共和国教育部公报,2020(11):2-7.

一、以德育为基础,筑牢理想信念

"大学之道,在明明德,在亲民,在止于至善。"高校人才培养的质量不仅仅取决于专业教育,更在于德育教育。我国的高等教育培养过程中常常出现教育和德育"两张皮"的现象,即专业教育与德育教育分而治之,专业教育归专业培养,德育教育归思政工作,这导致"重成才,轻成人"的问题比较突出。

为此,《教育部关于加快建设高水平本科教育全面提高人才培养能力意见》强调"坚持立德树人,德育为先"的原则,把立德树人作为检验学校一切工作的根本标准,贯穿学校建设和管理的各领域、各方面、各环节。① 中共中央办公厅、国务院办公厅在《加快推进教育现代化实施方案(2018—2022年)》中也强调推进教育现代化的首要任务就是实施新时代立德树人工程,指出要提升高等学校思政工作质量,加强体育美育劳动教育。2019年2月,中共中央国务院印发《中国教育现代化2035》,提出了推进教育现代化的理念,其首要理念就是"注重以德育为先"。《中国教育现代化2035》明确了现代德育的重要内容,将理想信念教育、爱国主义教育、道德品质教育、知识能力教育等纳入现代德育体系,同时提出了达成德育目标的实施路径和方法,全方位协同推进,协调各方面力量,促进教育治理体系和治理能力现代化快速形成。② 大学生德育现代化的实质就是在"立德树人"的任务引领下,培养适应时代发展、社会所需的人才。

德育教育是高校辅导员的重要工作内容,辅导员站在德育工作的最前线,其德育工作的能力很大程度上影响着德育的质量和效果。培养现代化所需要的德才兼备的人才,辅导员需要调动现有德育资源、各方面力量,引导学生形成正确的道德认知,能够自觉地按照新时代中国特色社会主义的道德要求进行自我审度、自我教育和自我实践。随着高等教育的普及,大学生的入学人数逐年增长,对高校的德育工作的开展和推进提出了更高的要求,高校辅导员的任务艰巨,使命光荣。

---

① 教育部关于加快建设高水平本科教育全面提高人才培养能力的意见[J].中华人民共和国国务院公报,2019(3): 34-41.
② 中共中央、国务院印发《中国教育现代化2035》[J].中华人民共和国教育部公报,2019(C1): 2-5.

二、以智育为重点,加强学风建设

在"五育"教育中,智育是最吃重的一个部分。"智育"的内涵深刻而广泛,其平台和载体以及育人资源在高校中是最为丰富的。党中央在制定"十四五"规划前的建议中就明确提出要"提高高等教育质量,分类建设一流大学和一流学科,加快培养理工农医类专业紧缺人才""加强创新型、应用型、技能型人才培养""支持发展高水平研究型大学,加强基础研究人才培养"。[①] 2021年9月,习近平总书记在中央人才工作会议上指出,要下大力气全方位培养、引进、用好人才,走好自主培养之路。在全面建设社会主义现代化国家的时代背景下,人才是社会建设的重要资源,是衡量综合国力的重要指标,必须深入实施人才强国战略。[②] 坚实的专业知识是人才培养的重点,面对专业人才、创新人才紧缺的情况,辅导员应主动加强对大学生的"智育"教育。

在高校人才培养体系中,"智育"往往被定义为专业教师的专长,通过课程讲授、项目指导的过程丰富学生的知识体系和创造能力。高校辅导员在学生"智育"工作中的角色和作用应受到关注。在现代化教育实践中,辅导员应以专业的知识和能力,充分尊重学生个性化发展需求,引导学生形成正确的自我认知,明确学业目标,制定科学的学业规划,给学生提供专业的学业指导;针对不同学习能力、学业基础的学生进行有针对性的分类指导,为"学优生"提供更多开创性、挑战性学习的机会,为"学困生"提供学业帮扶、提升学业成绩……这些都是辅导员在学生"智育"工作中的重要工作内容。

三、以体育为保障,强健青年体魄

习近平总书记在全国教育大会上对体育教育提出享受乐趣、增强体质、健全人格、锤炼意志的"四位一体"目标。在传统的体育对于人的综合发展的作用中,往往将增强体质、缓解压力作为基础性的作用。事实上,体育运动中对人体自身机能极限的挑战,对坚持运动恒心的考验,都能在健全人格、锤炼意志方面产生关键性的作用。"四位一体"的学校体育教育的目标是对现行体育

---

① 中共中央关于制定国民经济和社会发展第十四个五年规划和二〇三五年远景目标的建议[J].中国民政,2020(21):8-21.
② 深化人才发展体制机制改革——论学习贯彻习近平总书记中央人才工作会议重要讲话[N].新华日报,2021-10-01(6).

教育的一次全面而深刻的改革,从根本上改变了对学校体育面貌和体育内涵等一系列问题的认识。

2020年10月,中共中央办公厅、国务院办公厅印发了《关于全面加强和改进新时代学校体育工作的意见》,强调学校体育是实现立德树人根本任务、提升学生综合素质的基础性工程,是加快推进教育现代化、建设教育强国和体育强国的重要工作;清晰地界定了学校体育课的内容,明确提出了学校体育教学改革的方式,要求学校体育教育要立足于教会学生健康知识、基本运动技能和专项运动技能;强调面向人人的体育竞赛是体育课程的重要内容,使学生在竞赛中达到锤炼意志、健全人格功能;要求完善学生体育评价机制、体育教师岗位评价机制、学校体育工作督导评价机制,提升学生的综合素质,加快推进教育现代化以及建设教育强国和体育强国的重要任务。[①]

高校辅导员虽然大部分没有体育相关学科背景,但是在实际工作中仍然大有可为。高校辅导员可在学校体育节等活动中积极动员大学生参加比赛,在提升大学生体质的同时增强大学生的集体荣誉感和自豪感;在主题教育活动中组织大学生到户外开展趣味运动会等体育项目,增强集体凝聚力;在重大国际体育赛事活动时,结合辅导员工作特长,组织学生学习我国体育健儿突破自我、为国增光的光荣事迹,激发学生的运动兴趣,提升学生的爱国情操……凡此种种都是辅导员能够结合日常工作、有的放矢开展"体育"育人工作的有效途径。

四、以美育为抓手,陶冶学生情操

在传统的片面认识中,人们往往认为美育就是一种专长、特长,是吹拉弹唱或是描画山水人物,将美育等同为艺术教育。实际上,艺术教育只是美育教育的一种方式,美育的本质是情感的培育,其最终目的是培养人认识美、鉴赏美、创造美的能力,解放人的精神,陶冶人的情操。

2020年10月,中共中央办公厅、国务院办公厅印发了《关于全面加强和改进新时代学校美育工作的意见》,就全面贯彻党的教育方针,加强和改进新时代学校美育工作进行了系统设计和全面部署。明确以立德树人为根本,以社

[①] 中共中央办公厅 国务院办公厅印发《关于全面加强和改进新时代学校体育工作的意见》《关于全面加强和改进新时代学校美育工作的意见》[J].中华人民共和国国务院公报,2020(30):20-26.

会主义核心价值观为引领,以提高学生审美和人文素养为目标,弘扬中华美育精神,以美育人、以美化人、以美培元,把美育纳入学校人才培养全过程,贯穿学校教育各学段。[①] 美育教育最核心的价值就是提升学生深层次的综合素质。通过了解艺术的知识和技能塑造审美和人文素养,提升学生体验美、欣赏美的能力,使学生都能掌握一到两项艺术的特长。美育教育要教会学生美育的基本知识,使学生具备欣赏和体验艺术作品的能力,同时教会学生掌握艺术技能,形成艺术特长。

"美育"能影响一个人的审美、情操、胸怀。各高校因其办学资源的不同,并非每一所高校都有美术学院、音乐学院、电影学院等传统意义上能够提供丰富且专业的"美育"资源学科支持的部门,这对高校辅导员的"美育"工作提出了更高要求。高校辅导员应当主动作为,积极动员学生参加各类艺术类社团等学生团体,为学生提供各类"美育"咨询,在各类学生课外活动中动员有一技之长的学生充分展示艺术特长。更为重要的是,在日常思想政治教育中,高校辅导员要注重通过弘扬和学习中华优秀传统文化、革命文化和社会主义先进文化等优质文化资源来引导学生感受我国独有的文化之美。

五、以劳育为途径,强化劳动实践

长期以来,各地区和学校坚持教育与生产劳动相结合,在实践育人方面取得了一定成效。同时也要看到,近年来一些青少年中出现了不珍惜劳动成果、不想劳动、不会劳动的现象,劳动的独特育人价值在一定程度上被忽视,劳动教育正被淡化、弱化。

对此,2020年3月20日中共中央、国务院发布《关于全面加强新时代大中小学劳动教育的意见》,强调劳动教育是中国特色社会主义教育体系的重要内容,直接影响着学生的劳动精神面貌、劳动价值取向和劳动技能水平;要把劳动教育贯穿到人才培养的全过程,使大中小各学段相互衔接,家庭、学校、社会相互配合,劳动教育与德育、智育、体育、美育相互渗透与融合;紧密结合社会发展实际和学生生活实际,发挥家庭的基础作用、学校的主导作用、社会的支持作用;创新劳动教育形式和体制机制,以实践行动来强化认知,注重实践性

[①] 中共中央办公厅 国务院办公厅印发《关于全面加强和改进新时代学校体育工作的意见》《关于全面加强和改进新时代学校美育工作的意见》[J].中华人民共和国国务院公报,2020(30):20-26.

和实效性,促进学生在实践中形成马克思主义劳动观,树立正确的劳动理念,坚持劳动平等观,弘扬勤俭、奋斗、创新、奉献的劳动精神,提高劳动能力。①

高校辅导员应在劳动周或劳动月等主题活动中主动作为,结合学生实际情况,设计组织既契合新时代青年人喜好特点、又能凸显劳动育人实效的系列活动。此外,高校辅导员也应注重创新创业,重视新知识、新技术、新方法的应用,结合学科特点和专业性质开展实习实训、社会实践、勤工助学等,使学生在劳动实践的过程中积累职业经验,树立正确的择业观,提升劳动能力,增强学生投身公共服务的劳动意识和主动作为的奉献精神。

第三节 学生的多样化发展需要更加专业的辅导员队伍

新时代大学生的发展呈现多层次的格局、多样化的趋势,对自身的发展有更高要求,主要体现在精神文化方面、个性发展方面、能力发展方面有更新更多元化的需求。辅导员作为高校中最为贴近学生的教师群体,应当坚定"以学生为中心"的育人理念,针对学生现实需求,围绕学生、关照学生、服务学生,为学生成长保驾护航,不断提升自身职业能力。

一、大学生多样化发展需求分析

多样化发展是大学生发展的必然趋势,大学生多样化发展需求主要体现为精神文化需求、个性发展需求和能力发展需求。

1. 精神文化的需求

精神文化需求是人们维持、满足自我精神世界和实现自我全面发展的需要。新时代大学生群体的精神需求日益多元化、复杂化,从大学生人生观、价值观、政治观、道德观等思想观念切入,更有助于把握其矛盾内核与施力方向。② 当代大学生在人生观上,基本具有比较明确的人生目标,有自己的追求,

---

① 中共中央 国务院关于全面加强新时代大中小学劳动教育的意见[J].中华人民共和国教育部公报,2020(3):2-6.
② 周鉴.基于大学生精神需求的高校思政课供给侧改革研究[J].学校党建与思想教育,2021(14):59-61.

对人生的规划有大致的方向。他们深刻认识到学好专业知识练就真本领的重要性,有强烈的意愿去实现自我价值,大部分学生具有坚定的理想信念。在价值观上,新时代大学生普遍对社会主义核心价值观有较为深刻的认识,并能够主动接受社会主义核心价值观教育。在政治观上,大学生关心时政类新闻,关注国内国际重大事件,对时政热点有自己的看法,并经常和同学讨论时政话题。在道德观上,大学生积极帮助他人,参与志愿活动和公益服务,弘扬民族精神和时代精神,赞赏道德模范和英雄人物事迹。在情感上,大学生希望被他人关爱和理解,得到他人的认可和鼓励,建立良好的人际关系和社会关系。同时,大学生精神文化需求也有娱乐化、表层化的倾向。大学生的娱乐消遣方式主要包括追星、上网、看电影、追剧、听音乐、打游戏,娱乐生活具有广泛性和浅表化的特点,渴望得到高层次的精神上的满足,但在当下泛娱乐化的社会环境中得不到满足。在竞争日益激烈的社会中,大学生的精神追求也有现实化、功利化的倾向。通过艰苦奋斗才能取得成功的远大人生理想和现实社会中通过捷径就能获取大量财富和成功的个别案例让部分大学生无所适从,在价值观上出现摇摆。

2.个性发展的需求

个性的概念在社会学、伦理学和心理学层面都有阐述,但马克思主义人学视野中对个性的理解是不一样的,他强调人的个性发展的价值归因是"自由个性"。在马克思主义人学视野中,个性是一个具体的历史的范畴,主要体现在个体在生活学习实践中逐步形成的相对固定的个体主体性与个体差异性的统一,以及在特定的场域中社会性与个体性的统一。从思想政治教育的维度出发,个性具有丰富的内涵意蕴,个性的本质规定是主体性,以差异性为特征而存在,个性是通过社会性来实现的。① 改革开放以来,我国社会生产力和人民生活水平不断提高,为大学生自我发展、自我完善提供了环境保障,大学生的眼界不断扩宽,个性不断发展。当代大学生正值个性发展的关键时期,新时代大学生的个性呈多样化发展,每个大学生都有丰富的差异性。在信息技术高度发展的时代,大学生思维更加活跃,追求精神独立,表现欲望更加强烈,个体意识逐步增强,个性发展的需求越来越凸显。当代大学生有自己的专长和兴趣,有强烈的意愿做自己感兴趣的事,在专长和兴趣中体现其独特

---

① 王菁菁.大学生个性发展与高校规范教育平衡点探析[J].江苏高教,2018(12):103.

性。个性意味着创新,受长期应试教育的影响,部分大学生的思维比较压抑,创新意识和批判精神得不到充分的释放。在建设现代化强国的时代,国力全面提升,各行各业高速发展,社会需要特色更加鲜明、能力全面发展且具有个性能够创新的人才。同时,个性化发展也是培养创新型人才的必要条件,而创新型人才正是助力创新型国家建设的关键。可见,无论是国家需要还是社会发展都在推动大学生的个性发展,各行各业的创新需求也在不断增强。

3. 能力发展的需求

2021年4月19日,习近平总书记在清华大学考察时强调:"广大青年要肩负历史使命,坚定前进信心,立大志、明大德、成大才、担大任,努力成为堪当民族复兴重任的时代新人,让青春在为祖国、为民族、为人民、为人类的不懈奋斗中绽放绚丽之花。"①新时代对大学生提出了新要求。目前大学生已经认识到建设现代化强国需要高质量的人才,对专业知识与技能提高的需求强烈,不断加强对理论知识的学习,积极投入实践锻炼;对专业发展方向以及生涯指导的需求更加迫切,希望得到分层指导,尽快明确未来发展方向,制定学习规划,确立发展目标。除了学习专业知识和技能,当代大学生还注重多种知识和能力的学习与培养,追求卓越,不将自己定义为专门人才,而是希望自己成为复合型人才,以应时代之需。

二、围绕学生需求提升职业能力

2018年9月10日,习近平总书记在全国教育大会上强调培养新时代青年要遵循"六个下功夫",即要在坚定理想信念上下功夫,要在厚植爱国主义情怀上下功夫,要在加强品德修养上下功夫,要在增长知识见识上下功夫,要在培养奋斗精神上下功夫,要在增强综合素质上下功夫。②"六个下功夫"对高校辅导员工作提出了具体要求。

1. 政治要强,在坚定理想信念上下功夫

理想信念是共产党人精神之"钙",没有了理想信念,理想信念不坚定,精

---

① 高众.深入学习贯彻习近平总书记在清华大学考察时重要讲话精神[N].人民日报,2021-04-24.
② 习近平.坚持中国特色社会主义教育发展道路 培养德智体美劳全面发展的社会主义建设者和接班人[N].人民日报,2018-09-11(01).

神上就会缺"钙",就会得"软骨病"。对于当代大学生来说,理想信念尤为重要,大学生首先要树立共产主义远大理想和中国特色社会主义共同理想。要求学生坚定理想信念,辅导员自身就必须有坚定的政治立场和马克思主义信仰,加强理论学习,以身作则,做学生的榜样。

2. 情怀要深,在厚植爱国主义情怀上下功夫

爱国是一个人最深沉的情感,爱国主义教育是贯穿大学生教育始终的一项思想政治教育,是培养德智体美劳全面发展的社会主义建设者和接班人的基本素质,要明确"为国奋斗"的国家情怀,磨炼"永久奋斗"的意志品质,让爱国主义在大学生思想中扎根。[①] 辅导员的工作要有温度、有情怀,要热爱辅导员工作,有敬业精神,采取多种方式传递爱国主义精神。要培育大学生的爱国奋斗精神,要将"爱国"作为"奋斗"的不竭动力和价值指引,将"奋斗"作为"爱国"的集中体现和实践表征,探索大学生爱国奋斗精神培育的价值取向、核心素养及实践进路,提出富有针对性的教育策略,为培养担当民族复兴大任的时代新人凝聚强大精神力量。

3. 自律要严,在培养大学生责任感上下功夫

新时代大学生肩负着实现中华民族伟大复兴的重任。辅导员应当在思想上和行为上以身作则、严格自律,自觉担负工作使命,学习时代楷模,艰苦奋斗,以自身的实际行动影响学生。通过有效的责任感教育,提高大学生的责任感水平,帮助大学生形成良好的人格品质和正确的"三观",走出以自我为中心的极端,关心他人,乐于助人,获得和谐的人际关系,促进大学生增强服务社会的意识,积极主动参与社会实践活动,在实践中发掘自身的价值,引导大学生形成明确的奋斗目标,在目标的指引下保持积极健康的生活态度。[②]

4. 人格要正,在加强品德修养上下功夫

引导大学生"扣好人生的第一颗扣子",加强社会主义核心价值观教育,提高大学生思想品德修养,树立正确的世界观、人生观和价值观。[③] 高校辅导员必须具备高尚的人格和崇高的道德品质,以自身的人格和道德修养感化学生,在平日和学生的接触中用高尚的品德修养和道德情操潜移默化地影响学生,

---

① 王宝鑫.新时代大学生爱国奋斗精神培育研究[J].思想政治教育研究,2021(4):125-128.
② 陶金花.他律与自律:大学生责任感教育的路径[J].学校党建与思想教育,2020(19):50.
③ 习近平总书记嘱咐我们"人生的扣子从一开始就要扣好"——习近平与大学生朋友们(十八)[J].中国青年,2020(18):9-13.

在学生心里埋下真、善、美的种子。

5．思维要新,在增长知识上下功夫

大学生的全面发展必须具备广博的知识和见识,要善于把握不同领域的知识,更新知识结构,提高思维的广度和深度。高校辅导员要做到与时俱进,不断创新,将创新思维方式运用到日常工作中。要通过自我学习、工作实践不断更新知识,完善知识体系,为学生的学习提供帮助和指引。

6．视野要广,在增强学生的综合能力素质上下功夫

在竞争日益激烈的时代,培养德智体美全面发展的大学生必须注重综合素质的提升,要培养学生的综合能力,而非局限于关注学生的专业成绩,要培养学生学习之外的各方面综合能力。高校辅导员要有大局意识和国际视野,深刻把握新时代人才培养的方向和要求,注重大学生综合能力的培养,使大学生的发展满足社会发展的需要,做好大学生成长成才的引路人。

新时代对高校辅导员工作提出了新要求,高校辅导员要承担培育时代青年的重任,要不断坚定政治立场,提高政治引领力,围绕学生成长的精神文化需求、个性发展需求和能力提升需求,在不断夯实基础工作的同时,创新工作方式方法,为培养德智体美劳全面发展的大学生而不懈努力。

第四节 "三全育人"的工作要求为辅导员队伍赋予新使命

2016年12月7日至8日,习近平总书记在出席全国高校思想政治工作会议时发表重要讲话,指出"要坚持把立德树人作为中心环节,把思想政治工作贯穿教育教学全过程,实现全程育人、全方位育人,努力开创我国高等教育事业发展新局面"[①]。随后,中共中央、国务院印发《关于加强和改进新形势下高校思想政治工作的意见》(中发〔2016〕31号),明确将"坚持全员全过程全方位育人"作为加强和改进高校思想政治工作的五项基本原则之一。[②] 习近平总

---

① 习近平.把思想政治工作贯穿教育教学全过程 开创我国高等教育事业发展新局面[N].人民日报,2016-12-09(01).
② 中共中央国务院印发《关于加强和改进新形势下高校思想政治工作的意见》[N].人民日报,2017-02-28(02).

书记十分关注高校思想政治工作"培养什么样的人、如何培养人以及为谁培养人"这个根本问题,多次在全国高校思想政治教育工作会议、学校思想政治理论课教师座谈会等会议上强调"三全育人"的重大意义和要求。在教育部和全国高校的积极推动下,我国高等教育形成了"三全育人"格局,高校辅导员作为高校思想政治教育工作队伍的重要组成之一也被赋予了新使命。

一、"全员育人",做思想政治工作队伍的协同主力军

"全员育人"强调育人的主体要素,以"全员"为主体,相互协作完成育人工作。根据国家相关育人文件和发展要求来看,"全员"包括了学校、家庭、社会以及学生自身等能够发挥思想政治教育作用的所有人员。校园中除了习近平总书记提出的七支队伍即包括辅导员在内的党政干部、共青团干部、思政课教师、哲社课教师、班主任和心理咨询教师之外还包括后勤工作人员、寝室管理员、行政人员等与学生学习和生活息息相关的人员。家庭主要以父母等直系亲属为主,社会成员主要包括优秀校友、社会知名人士、英雄模范等人员,最后还有学生自身的主观教育的作用。

2017年颁布的《高校思想政治工作质量提升工程实施纲要》提出,要充分发挥课程、科研、实践、文化、网络、心理、管理、服务、资助、组织等方面工作的育人功能,挖掘育人要素,完善育人机制,优化评价激励,强化实施保障,切实构建"十大"育人体系,这为多支思政工作队伍协同开展工作提供了保障。高校辅导员作为这些队伍中的关键一员,发挥着重要的协同作用。在"全员育人"背景下的辅导员不再是一人独担的"全能超人",而是联络协同各教育主体的主力军,能够使得各方同向同行,提高队伍整体的思想政治素质,发挥育人的最大合力作用。

1. 协同校内各岗位人员合力育人

辅导员要协调高校内部所有教职员工、教辅人员围绕育人核心开展工作。在高校的思想政治教育工作中,思想政治理论课专任教师负责思政课程主渠道,辅导员负责日常思想政治教育主阵地,这两支队伍是思政育人的核心力量。在与高校的思想政治理论课专任教师的协同中,辅导员应加强与思政课教师的沟通,帮助其提高学生对思想政治教育内容的认同,寻求最佳合作模式,深化双方对育人理念的认同。辅导员作为构建"大思政课"育人新格局重

要力量,既是学生日常事务的管理者,又是学生思想政治方向的引领者。① 同时,辅导员还要与各党团干部、党团组织人员协同发挥组织育人作用,与行政管理部门协同强化管理育人,与网络管理部门协同做好网络育人,与宣传等部门协同营造校园文化氛围推进文化育人,联络科研管理人员加强科研育人,与心理健康中心保持沟通加强心理育人等,协调各方发挥全员育人作用。辅导员还要做好与校园中的后勤人员的协调工作,与学生宿舍管理人员及时沟通了解和处理学生相关情况,与安全保障相关人员合作开办讲座等加强师生安全意识,与医务室人员沟通、了解流行性疾病防控等卫生工作内容,关爱学生健康。除此之外,辅导员还可与食堂服务人员、图书馆管理人员等共同营造舒适的校园生活环境,帮助学生养成良好的生活习惯,促进学生的身心健康。

2. 联络学生家长构建家校协同育人模式

辅导员是学生家长与学校之间沟通交流的桥梁。辅导员可以通过家长更好地了解学生心理与学习生活状态,促进家校对学生的共同关注。家长对学生的性格、心理、生活习惯了解的最为深刻,增进与家长的沟通,一方面有利于时刻关注学生的状态,另一方面也有利于让家长了解学生的在校情况。其次,辅导员可推进多项家校协同育人措施的制定与实施。如制作"家校联系一本通",其涵盖的校史校情、校纪校规、学籍管理等内容便于家长了解学校及学校的育人模式,还可提供院长邮箱、官方微信、新生家长QQ群、辅导员电话等常用联系方式,便于家校联系。制作"给家长的一封信",举办与家长相关的讲座,解答家长对学校育人的困惑,提升家长对孩子的教育能力和关注度。同时,还可以搭建网络平台,使家长能够了解学生的在校情况,能够对孩子进行实时鼓励、教育等。在学生遇到突发事件或在学校学习生活中遭遇危机之时,辅导员与家长的密切联系就显得更加重要,辅导员必须通过家校共同合作来及时、有效地化解危机,护航学生学习生活,使其健康成长。

3. 协同社会各方力量共同推进育人工作

高校辅导员要引导学生学习社会上的一些模范人物,以此为榜样激励自身,如学习"共和国勋章"获得者孙家栋院士激励更多有航天梦想的年轻人继续努力前行,学习钟南山先生高龄仍站在抗击疫情的一线为人民服务,学习我

---

① 牛小侠,王庆琦.新时代高校构建"大思政课"育人新格局的内涵及路径探析[J].思想理论教育导刊,2022(11):85.

国奥运健儿为国争光、努力拼搏的风采与精神，还有很多道德模范、优秀人士的案例都能对学生起到很好的思想政治教育作用，能够有效增强学生的政治意识与爱国情怀。高校辅导员还可以促进学校与企业展开合作育人。社会人士具有丰富的社会经验，辅导员可组织一些优秀社会人士来学校开展生涯类的讲座，为学生成长成才、步入社会提供一些建议。特别是具有多年带班经验的辅导员，可以动员自己已经毕业的学生回到学校，在升学规划、就业择业等方面给予在校学生更加有针对性的意见和建议。

4. 加强学生朋辈引领和自我教育

大学生自我教育作为知识传授教育的重要补充，对于大学生群体的心理、思想和观念的形成至关重要。新时代要落实立德树人根本任务，需要充分培育大学生自我教育能力，坚持知智并授，并不断探索和创新知智并授的实施路径。① 朋辈在学生成长中发挥着重要作用，高校辅导员应注重高年级学生对低年级学生的带动和引领作用，要注重选拔优秀的高年级学生担任班级导师、社区辅导员、兼职辅导员等朋辈导师角色，并为这些同学的工作搭建平台，做好保障。让学生在朋辈的引领下充分发展、展现自我。此外，高校辅导员还需引导学生进行自我教育，让学生形成自我学习的主观意识与能力，帮助学生做好自我教育、自我管理、自我服务、自我监督，引导学生做校园学习生活的主人翁。

二、"全过程育人"，做大学生不同成长阶段的参与者

全程育人是指学生从入学到毕业，大学生思想政治教育工作要覆盖到整个教育过程的每个环节、每个时段，使大学生思想政治教育从纵向上审视，不断线、不留白。② "全过程育人"强调辅导员育人的时间要素，辅导员要做大学生不同成长阶段的关注者，做到时时育人，根据学生不同阶段的特征及发展需求形成全过程育人的链条。全过程育人背景下的辅导员工作更符合学生特点，更具针对性时效性。

1. 要扣好学生入学的第一个扣子，帮助学生适应校园生活

新生初入大学，面对全新的环境，需要快速完成过渡和适应。大学与高

---

① 石磊,金炜康.大学生自我教育的实施路径[J].中国高等教育,2022(2):59.
② 胡守敏.新时代背景下高校"三全育人"研究[J].学校党建与思想教育,2019(14):69.

中教学模式有着很大差异,一些诸如"高中卖命学,进了大学就可以尽情玩乐"的错误观念也影响了学生对大学的认知。因此辅导员帮助学生正确认识大学、解决在大学应当如何学等问题尤为重要。辅导员可通过组织参观或线上介绍大学环境,帮助学生熟悉校园生活,讲解学校管理制度、培养方式,帮助其遵守学校规章制度,解读学生培养计划,帮助学生完成课程选择与设置,组织优秀学长分享个人成长经验与学习方法以引导学生认真学习、积极生活,通过分析专业发展前景让学生更加热爱专业、更好地适应校园学习生活。

2. 要在学段中期关注学生成长变化,协助其提升自我

辅导员是学生成长的全程陪伴者、引导者,需时时刻刻关注其变化。学生在经过一段时间的学习成长过程后,可能对学业存在困惑,对专业也有了新的认识,需要辅导员及时引导,协助其做好职业生涯规划。辅导员应关心学生的心理健康,及时疏导学生的负面情绪;通过奖助学金的评定机制肯定学生,鼓励学生不断提升自我等。此外,辅导员还可通过党支部、班团组织督促学生进行自我管理、自我教育,帮助学生养成良好的习惯,在学段中期取得更好的学习成绩、度过更加充实的大学生活。

3. 要做好学生毕业就业工作,帮助学生适应社会

在学生在校最后一年,辅导员需要做好学生相关毕业就业指导工作,做到"早重视、早动员",帮助学生树立正确的就业观,帮助其认识就业环境,端正态度,放下身段,摒弃不良的择业现象和心态,激励学生投身为祖国、人民奋斗的事业中去。辅导员要培养学生主动就业意识,结合个人专长选择职业,帮助其解读国家相关就业政策,鼓励学生结合自身情况进行创新创业。[①] 辅导员应搭建线上线下就业平台,整合就业资源,完善就业招聘信息,提供就业培训讲座,供学生进行择业就业;做好毕业生的教育管理工作,引导学生平安离校、文明离校、温暖离校,为学生顺利毕业,成功就业保驾护航。在学生毕业成为校友之后,辅导员也要关注学生就业后的情况,及时回访做到全过程育人。辅导员是学生从入学到毕业全过程的陪伴者与关注者,针对不同阶段、不同学生的特点,需要因时制宜,因材施教。辅导员帮助学生顺利渡过大学学习生活的最后

---

① 胡元涛.辅导员如何助力学生"精准就业"——毕业季有感[J].中国大学生就业,2018(12):16.

阶段,站好最后一班岗,助力学生实现个体发展目标,做好踏入社会的准备,帮助学生二次转型,让学生能够满怀对学校的感激与眷恋走出校园,满怀信心地去建设祖国的大好河山。

三、"全方位育人",做多方面育人资源要素的整合者

"全方位育人"强调了高校辅导员育人的空间要素,要求高校思政工作做到处处育人,打破传统的课堂教育模式,运用多种教育资源,将其充分优化整合,通过校内校外、课内课外、线上线下等形式全方位进行教育活动,进而推动学生的综合发展。辅导员要准确把握大学生思想政治教育面临的新情况,着眼于"全方位育人",切实形成全社会关心大学生思想政治教育的合力,不断开创大学生思想政治教育新局面。①

1. 关注学生第一课堂

辅导员可以走进学生课堂,关注了解学生学业情况。辅导员在自己承担的形势与政策课、活动课、实践课、主题教育课程中了解学生的思想动态、听课需求等,并且有针对性地开展育人工作。辅导员可以走进思想政治教育必修课课堂,在加强自身理论学习的同时,通过与师生的交流进一步了解学生情况。此外,辅导员还可以旁听一些学生的专业必修课程,以知晓学生的学习态度、个人困惑,及时帮助学生排解不良情绪,鼓励学生勇于克服学业困难并多与老师沟通,关注学生学业进展,及时发现学生的学习问题,及时加以干预,施以援手。

2. 组织校园文化活动

在校园中组织丰富多彩的校园文化活动,打造文化育人平台。辅导员是校园各项活动的发起者、组织者、实施者,应当推进校园文化育人平台的搭建,推动文化活动的开展,弘扬中华优秀传统文化,使其创新性转化、创造性发展。辅导员通过班团文化建设、文化活动营造浓厚文化氛围,让学生感受并学习革命文化、社会主义先进文化,从而丰富校园文化;通过潜移默化、耳闻目染的方式增强学生文化自信,在校园中做到以文化人、以文育人。

3. 进驻学生生活园区

高校学生社区和生活园区是学生学习和生活的重要场所,辅导员践行"一

---

① 全哲洙.积极探索"全方位育人"的大学生思想政治教育新路子[J].求是,2005(16):55.

线规则",要开展"一站式"学生社区综合管理模式建设试点工作。辅导员是社区学生日常思想政治教育的骨干力量,更要做到常态化联系社区学生,倡导进驻社区,在社区针对性开展党建与思想政治工作,建设社区服务大厅、文化中心等场所解决社区学生思想、学习、生活等实际问题,在社区中协同各支育人力量做好工作的同时,充分调动学生主体的能动性,建立学生园区自治管理机构,引导学生进行自我管理。①

4. 整合社会育人资源

2019年3月,习近平总书记在学校思想政治理论课教师座谈会上强调:"要坚持理论性和实践性相统一,用科学理论培养人,重视思政课的实践性,把思政小课堂同社会大课堂结合起来,教育引导学生立鸿鹄志,做奋斗者。"②辅导员应当整合社会资源,积极组织学生参与专业实践和社会实践。辅导员通过专业实习实训等实践模式,使学生更好地运用课堂所学知识去融入社会;通过如支教、红色宣讲、下乡调研等社会实践方式,激发学生爱国情感,使其积极投身社会主义建设,达到思想政治教育的目的。此外,辅导员还可以通过组织学生参与志愿者活动、义工活动、校企合作等活动强化学生的使命担当。辅导员要在各场域发挥实践育人作用,做各方育人资源要素的整合者,做到"全方位育人"。

第五节 数字化时代要求辅导员队伍加速工作创新转型

当今社会已经步入数字化时代,数字化技术运用在人们的生产生活中随处可见,学生已成为运用数字化产品的主力军,数字生活对学生的思想和行为产生了一定程度的影响。因此高校辅导员要了解数字化时代的内涵和特征,并在数字时代的大背景下主动学习,主动创新求变,才能提升育人成效。

---

① 张彦坤,武宏飞,侯梦雪.辅导员工作精品化项目建设视阈下高校学生生活园区文化培育探析[J].思想政治教育研究,2016(2):119—123.
② 习近平.用新时代中国特色社会主义思想铸魂育人 贯彻党的教育方针落实立德树人根本任务[N].人民日报,2019-03-19(02).

一、数字化时代的内涵和特征

数字化时代是在信息化时代的基础上发展而来的,随着生产力和科学技术的不断发展,人们已不再满足于简单的人与人之间的信息交流,开始对除人之外的万物互联、整体资源整合优化等问题做进一步的探究,于是物联网、云计算、大数据、人工智能、5G 等技术应运而生。物联网实现了物与物的互通,云计算被用于处理这些海量数据,人工智能开始出现在人们生活的方方面面,这些技术的成熟都标志着我们正在进入一个全新的数字化时代。

1. 数字化与数据化的方式密切相关

从技术角度给数字化进行一个综合概括,数字化是以大数据、云计算、5G、物联网、人工智能等数字技术为手段,把社会现象和各种信息转化为可以度量的数据或数据模型,再转化用 0 和 1 表示的、可由计算机识别的二进制代码,从而进行分析和处理的过程。[①] 数字化时代便可以理解为由包含信息、知识、思想和创新的连续数据流所定义的时代。它的特点是创新技术的快速发展,人工智能、自动化和数字平台普及。全球数字化深入渗透到公共生活的各个领域,不仅改变了世界的经济愿景,也改变了世界的社会愿景。[②] 新技术的应用促进了生产要素和生产方式的变化,极大地提高了生产效率,也改变了社会结构和社会整体运行方式,促进了不同组织间的协同整合。数字化转型就是在信息技术应用不断创新和数据资源持续增长的双重叠加作用下经济、社会和政府的变革和重塑过程。指国家运作系统中的政治、经济、文化、社会、生态文明建设的全域数字化。[③]

2. 数字化时代具有显著特征

一是主体更具广泛性。数字化时代改变了信息化时代信息传递主要在局部、单个系统应用中的局限性,更强调各个部门信息的整合与利用,立足整体加强优化,充分挖掘数据的价值,使得数据资源充分利用。如物联网技术实现了万物互联,织就了一张巨大的数据网络,连接起各主体,使得资源利用最大

[①] 徐建峰.数字化时代下资本主义新变化研究[D].广西师范大学,2021.
[②] Yuan Zhang. Analysis of the Digital Transformation Development Path for Travel Enterprises[J]. Open Journal of Applied Sciences,2023(8):1370-1386.
[③] 翟云,蒋敏娟,王伟玲.中国数字化转型的理论阐释与运行机制[J].电子政务,2021(6):67.

化。二是交流更具互动性。数字化时代打破了各部门、各系统之间的壁垒,以较低成本、较快速度实现了平台自身与外界的交流互动,改变了信息化时代简单的交流、缺少相应技术平台的局面,如 5G 技术的应用使得信息、数据的传递更为快速、便捷。三是对象更具虚拟性。数字化时代伴随着人工智能、VR 等技术的出现与发展,人的主体性逐渐被削弱,交往方式转变也从原先的实体性交往方式逐渐向虚拟交往方式转变,虚拟空间使得人的异化更为复杂,对数字化的依赖也逐渐增强,给人类文明、社会稳定带来一定挑战。

二、数字化时代的机遇和挑战

数字化时代给辅导员工作带来了很多机遇与挑战,促进辅导员工作的创新转型。高校辅导员应当自觉树立数字化意识,顺应时代发展,以学生为本,关注其身心健康,做好相关思想政治教育工作。

1. 要增强数字化意识,学习掌握技术技能

我国已步入了数字化时代,部分辅导员依旧采用单一、传统的工作方式开展思想政治教育工作,对数字化时代的认识存在不足,这使得这些辅导员不能有效使用整合性强的数字化资源助力工作,事务性工作负担无法得到有效减轻。同时,大学生作为数字化时代的活跃使用者,如果辅导员不会使用数字化资源,没有数字化思维,会与学生产生一定隔阂,削弱教育的实效性,辅导员工作的权威性也会有所损失。对此,以辅导员为代表的思政教育工作者应当加强数字化意识,建立精准思政的教育理念,根据学生群体特点科学区分思政对象,学习掌握相关技术技能,提升自身数字素养。[①] 辅导员应当积极参与数字化的相关培训,从中了解数字化工具的重要性,提高运用数字化工具的能力,通过系统地学习与训练,增强自身对大数据时代的适应能力。辅导员要对学生使用的数字化工具进行深入了解,自觉学习巩固数字化工具的使用技能,善于用数字化方式创新个人工作的方式方法。辅导员要培养自身的数字化思维,养成数字化交流方式,针对不同学生的问题和特点灵活运用数字化技能,及时总结经验,善于发现自身在使用数字化工具时存在的问题,思考数字化时代给大学生带来思想、道德、思维方式等方面的变化及存在的问题,探索解决

---

① 袁芳.数字经济背景下精准思政的特点、动因和发展策略[J].思想理论教育,2020(12):104-106.

相关问题的方法,提高工作效率。

2. 要搭建网络平台,强化思想引导

数字化时代使得数据流通更便捷、迅速。一方面,数字信息资源极为庞杂,对于处于青春期的大学生而言真伪难辨,容易被误导,也容易受多元信息影响主流价值观,这些都增大了辅导员思想引导工作的难度。另一方面,数字化时代信息的整合性、交互性极大拓宽了学生获取信息的渠道,学生的信息收集能力有所增强,削弱了辅导员的权威性。面对这些数字化时代所带来的挑战,辅导员可以推动构建网络监管平台,协助相关人员加强网络监管,打通技术管理之间的隔阂,切实提升网络安全能力;组织网络素养教育的相关课外活动,以网上网下融合的方式结合转换运用数字化相关实例,贴近学生实际,宣传网络道德,加强理论灌输引导,端正学生的思想与行为。辅导员也可以组织开设与数字化信息、技能相关的讲座沙龙,加强学生对数字化信息的正确使用方式,提高自身的权威性,构建师生间的共同话题,提升学生对辅导员的认同。

3. 要加强人文关怀,提升工作亲和力

数字化时代具有更强的虚拟性、隐蔽性。数字化技术减少了辅导员与大学生之间面对面交流的机会。在虚拟世界中,大学生由原来的单一实体转变为多个虚拟个体,削弱了辅导员对学生思想状况、生活和学习状态了解的程度和真实性。同时,数字化技术的广泛应用使得学生容易对虚拟世界产生依赖,其思维方式也发生了一定改变。人工智能等技术在某种程度上削弱了人的主体性,人的异化也更为复杂,给人文精神带来一定冲击。辅导员应当成为大学生思想政治教育数字化新形态的践行者、培养数字时代创新人才的推动者,与人工智能赋能终身学习的受益者。[①] 面对上述现实问题,辅导员可以搭建多样的数字化交流平台,以学生所接受和喜爱的方式定期与其进行沟通,在此平台上关注学生动态,了解其个人发展。此外辅导员还可以增加与学生面对面交流的机会,促进学生的真情流露,多开展一些人文活动,在现实交流中增进情感。辅导员应时常关注数字化时代的发展动态,思考自身所处数字化环境中所面临的问题和挑战,结合学生所反馈的情况寻求解决方案。微信等即时通信工具的广泛使用不能代替辅导员和学生之间面对面的沟

---

① 唐知然.高校辅导员数字胜任力的价值意蕴与提升方略[J].思想理论教育,2023(12):100.

通和交流。辅导员既要掌握信息工具,主动适应数字化时代的技术发展,又不能做"数字辅导员""键盘辅导员",要坚持传统的诸如谈心谈话等育人方式,用面对面的交流、心贴心的沟通建立起与学生之间的互信关系,才能使得各项育人工作特别是管理工作更加顺利开展。

第三章

辅导员思想政治素质现状及提升路径

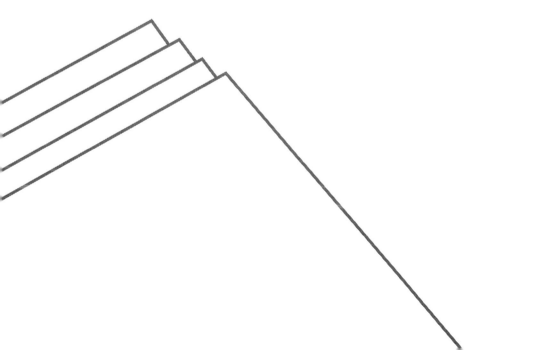

第一节　持续提升辅导员的思想政治素质意义重大

2016年12月,习近平总书记在全国高校思想政治工作会议上强调,高校教师要坚持教育者先受教育,努力成为先进思想文化的传播者、党执政的坚定支持者,更好地担起学生健康成长指导者和引路人的责任。作为高校思政育人重要力量的辅导员,坚守着大学生日常思想政治教育主阵地,必须先受教育,不断提升思想政治素质,才能践行立德树人的根本任务。高校辅导员应加强自我学习和自我修养,不断提升思想政治素质,而各级主管部门也应有计划、有步骤地做好辅导员的相关教育培训工作。

一、新时代党对辅导员队伍的必然要求

中国特色社会主义进入新时代,意味着中国特色社会主义道路、理论、制度、文化不断发展。党的十九大报告第二部分"新时代中国共产党的历史使命"中指出,"全党要更加自觉地增强道路自信、理论自信、制度自信、文化自信";第七部分"坚定文化自信,推动社会主义文化繁荣兴盛"中指出"广泛开展理想信念教育,深化中国特色社会主义和中国梦宣传教育,弘扬民族精神和时代精神"[①]。新时代,高校辅导员的思想政治素质必须进行有针对性的新思考、新考量。不同的历史时期和发展阶段,思想政治教育的环境不同、对象不同,对辅导员的思想政治素质的要求也在不断变化,只有紧随时代发展步伐,不断赋予思想政治教育与时俱进的新的时代意义与内涵,持续提升高校辅导员思想政治素质,才能达到加强和改进新形势下高校思想政治工作的目的。随着党的二十大胜利闭幕,在进入全面建设社会主义现代化国家、向"第二个百年"奋斗目标进军新征程中,辅导员须聚焦立德树人根本任务,继续秉持"为党育人、为国育才"的初心和使命。

二、做好高校学生党建工作的前提条件

自1990年起,中共中央组织部、中共中央宣传部、中共教育部党组每年召

---

① 本书编写组.十九大以来重要文献选编 上[M].北京:中央文献出版社,2019.

开一次全国高等学校党的建设工作会议,明确提出,高校肩负着学习研究宣传马克思主义、培养中国特色社会主义事业建设者和接班人的重大任务。强化党对高校的领导,强化和改进高校党的建设,是办好中国特色社会主义大学的根本保证。办好中国特色社会主义大学,要坚持立德树人,把培育和践行社会主义核心价值观融入教书育人全过程;强化思想引领,牢牢把握高校意识形态工作领导权。习近平在全国高校思想政治工作会议上的发言中强调要加强高校党的基层组织建设,创新体制机制,改进工作方式,提高党的基层组织做思想政治工作的能力。① 辅导员是我国高校开展大学生基层党的组织建设的主要力量,在学生入党的过程中扮演着引路人、联系人、谈话对象以及介绍人等多个重要角色。基层学生党支部书记也多由辅导员担任或虽由学生担任但仍由辅导员做指导。辅导员在高校学生党建工作中扮演着不可替代的重要角色。辅导员的思想政治素质直接影响着大学生党建工作的效果,对党牢牢把握高校意识形态领导权有重要意义。

三、有利于辅导员将工作回归本源和初心

在中共中央、国务院印发的《关于加强和改进新形势下高校思想政治工作的意见》(中发〔2016〕31号)中提出,要强化理想信念教育,坚定四个自信,提升教师思想政治素质,造就"四有"好老师。② 党的二十大大报告在文末提到,"青年强,则国家强。当代中国青年生逢其时,施展才干的舞台无比广阔,实现梦想的前景无比光明。全党要把青年工作作为战略性工作来抓,用党的科学理论武装青年,用党的初心使命感召青年,做青年朋友的知心人、青年工作的热心人、青年群众的引路人。广大青年要坚定不移听党话、跟党走,怀抱梦想又脚踏实地,敢想敢为又善作善成,立志做有理想、敢担当、能吃苦、肯奋斗的新时代好青年,让青春在全面建设社会主义现代化国家的火热实践中绽放绚丽之花"③。在这一段论述中,体现了党中央对青年一代的期

---

① 习近平在全国高校思想政治工作会议上强调:把思想政治工作贯穿教育教学全过程 开创我国高等教育事业发展新局面[N].人民日报,2016-12-09(01).
② 中共中央国务院印发《关于加强和改进新形势下高校思想政治工作的意见》[N].人民日报,2017-02-28(02).
③ 习近平.高举中国特色社会主义伟大旗帜为全面建设社会主义现代化国家而团结奋斗——在中国共产党第二十次全国代表大会上的报告(2022年10月16日)[M].北京:人民出版社,2022.

待和重视。辅导员队伍在青年大学生思想政治教育中扮演着不可替代的重要角色。专业背景不同使得辅导员队伍的思想政治理论素养参差不齐。辅导员多因事务工作的繁杂性而忽略了思想政治教育理论的学习,薄弱的学理基础必须依靠对辅导员进行常态化的思想政治教育来补足。一名合格的辅导员应具备过硬的思想政治素质。但是,繁杂的事务性工作往往让辅导员深陷其中,辅导员工作的多功能性甚至已经让部分辅导员淡化了自己的思想政治教育这个工作属性,模糊了自己的工作定位。提升高校辅导员思想政治素质有助于辅导员队伍回归思想政治教育的工作属性,积极引导学生不断追求更高的目标,使他们中的先进分子树立共产主义的远大理想,确立马克思主义的坚定信念。

第二节 当前高校辅导员思想政治素质的现状分析

为清楚了解上海各高校辅导员队伍思想政治素质现状,笔者对复旦大学、上海交通大学、同济大学、华东师范大学、上海大学、华东政法大学、华东理工大学、上海政法学院、上海音乐学院、上海工程技术大学、上海电机学院、上海师范大学、上海海洋大学、上海立信会计金融学院、上海海事大学、上海邦德职业技术学院、上海电子信息职业技术学院等19所不同类型的上海高校的辅导员队伍进行了问卷调查,共有29名"985"高校、57名"211"高校和135名普通高校的共221名辅导员参与了此次问卷调研。

一、高校辅导员思想政治素质现状的调研分析

辅导员队伍是大学生日常思想政治教育主阵地的"守护人"。国家从保证学生与辅导员的配备比例到大力提升辅导员队伍的培训力度,提出辅导员职业化、专业化发展的具体要求,提出培养"专家化"辅导员的建设口号,辅导员队伍建设取得了长足的进步和丰硕的成果。调研显示,当前高校辅导员思想政治素质基本符合相关规定要求,但仍需持续提高。

辅导员队伍自成立之初就肩负着光荣的政治使命,因此,以政治素质为首的思想政治素质一直是辅导员入职的首要考量因素,也是各部门、各高校常抓

不懈的队伍建设要点。在全国高校思想政治工作会议上,习近平总书记指出:"高校思想政治工作队伍兢兢业业、甘于奉献、奋发有为,为高等教育事业发展作出了重要贡献。"这极大地肯定了高校辅导员队伍的工作成绩。因此,高校辅导员队伍的思想政治素质在整体上是合格、可信并且过硬的。但是,随着时代的进步,环境在变化,要求在提高,辅导员队伍的思想政治素质也在经历新的变革和考验,必须常抓不懈、不断提升才能满足新时代的新要求。问卷显示,221名参与调研的辅导员中,有62人认为高校思想政治工作者思想政治素质亟待提高,有155人认为有必要提高,仅有4人认为无所谓或者不需要提高。可见,辅导员队伍对于自身的思想政治素质的提升有着非常迫切的需求。

思想政治教育者的素质主要是指教育者履行职能必须具备的思想、政治、道德、知识、能力等各方面基本条件的总和。[①] 作为高校思想政治教育的最主要力量之一,高校辅导员所必须具备的基本素质中,政治素质首当其冲,思想素质和道德素质也尤为重要。

1. 政治素质方面

高校辅导员队伍是一支有着政治标签和使命的队伍,思想政治教育的阶级性特征决定了政治素质是高校辅导员应当具备的最基本素质,也是高校辅导员的核心素质。政治素质主要包括政治信念、政治观点、政治立场、政治品德、政治鉴别力和政治敏感性等几个方面,主要表现在要有坚定的共产主义信念、正确的政治立场、较高的政治和政策水平。

在调研中,有94%的辅导员对马克思主义发展前途充满信心或者比较有信心;在对2018年是马克思诞辰多少周年一题的回答中,有96.38%的辅导员回答正确。可见辅导员队伍从整体而言,是具有较高的政治素质和良好的政治知识的。但是,从个体来说,仍然有少数辅导员在政治素质方面有所欠缺,主要表现在政治敏感性不高和政治理论知识储备不足两个方面。

政治敏感性不高方面,在一道对辅导员是否参加过看相、到寺庙烧香拜佛、算命或做礼拜的问题中,仅有75.57%的辅导员表示从未参加过上述活动,有19.91%的辅导员表示曾经到寺庙烧香拜佛。已加入中国共产党是高校辅导员的入职条件。党章明确规定,共产党员不能信仰宗教。习近平总书记曾

---

① 陈万柏、张耀灿.思想政治教育学原理(第三版)[M].北京:高等教育出版社,2015:154.

在全国宗教工作会议上强调:"共产党员要做坚定的马克思主义无神论者,严守党章规定,坚定理想信念,牢记党的宗旨,绝不能在宗教中寻找自己的价值和信念。"①有些辅导员错误地认为在寺庙中跟风烧香拜佛并不代表信仰了宗教,对自己没有严格要求,思想上放松了警惕,殊不知自己的这些行为都是降低政治敏感性的表现,不仅会动摇自己的共产主义信仰,若是被学生知晓,更会在很大程度上降低自己开展思政工作的说服力。

政治理论知识储备不足方面,有33%的辅导员感觉在日常思想政治教育过程中,自己的政治理论知识储备比较匮乏,有3%的辅导员认为自己的政治理论知识储备非常匮乏。政治理论知识储备匮乏主要表现在对思想政治教育专业基本理论、基本知识和基本方法的学习不够系统,对马克思主义中国化的相关理论及知识的学习不够深入,对大学生思想政治教育工作实务相关知识的学习不够全面,对新时代党的相关理论知识创新的解读能力不足等几个方面。理论知识的匮乏让辅导员开展思想政治教育工作成为"无本之木,无源之水",没有内涵的空洞说教对于随时、随地甚至"随手"都可以获取新知的新时代大学生来说是软弱无力的,这不仅降低了辅导员开展思想政治教育工作的有效性,更限制了辅导员队伍的专业化发展。

2. 思想素质方面

高校辅导员开展思想政治教育旨在塑造大学生良好的思想品德,因此辅导员本身必须首先具备良好的思想素质。思想素质主要包括思想观念、思维方式和思想作风几个方面。②

总的来说,当代高校辅导员队伍能够解放思想,根据社会经济、政治的发展以及社会生活的变化,根据新时代的要求,自觉更新思想观念;能够与时俱进,运用科学的思维方式解决思想政治教育中的新问题;在时代变迁中,始终能够坚持良好的思想作风,身体力行去感染学生、影响学生。

但是,在社会经济高度发展的新时代,高校辅导员的思想观念也在不断地经受冲击和考验,在时代的拷问下,部分辅导员的价值观念开始摇摆,一些诸如艰苦朴素、严于律己的思想作风也逐渐被追求安逸、贪图享乐的生活态度所侵蚀。在调研中,有76.47%的辅导员对自己的工作时常会有工作烦琐、

---

① 习近平在全国宗教工作会议上强调:发展中国特色社会主义宗教理论 全面提高新形势下宗教工作水平[N].人民日报,2016-04-24(01).
② 张振平.当代大学生思想素质教育论[M].长沙:湖南科学技术出版社,2005.

薪酬平平的感受,有46.61%的辅导员认为辅导员工作晋升机会少、占用时间多,仅有37.1%的辅导员选择了只求带好学生、为祖国培养人才,不看重小我。由此可见,在现实和理想之间,部分辅导员已经逐渐淡忘了初心,开始向现实低头。

辅导员的言语与行为对大学生有着潜移默化的深刻影响,必须不断提升辅导员的思想素质,才能引导大学生在速成主义、利己主义、"佛系"生活观、快餐式生活泛滥的当下,培养正确的思想观念,树立远大理想,帮助大学生通过不断地奋斗来实现人生价值。

3. 道德素质方面

思想和道德相辅相成,相互联系,但思想偏向认识层面,道德偏向行为层面。良好的道德意识、道德品质能够引导人们产生良好的道德行为。良好的道德素质本身就是一种强大的教育力量,是辅导员开展思想政治教育活动的重要条件。高校辅导员必须具备高尚的道德品质,成为社会道德的示范者,才能在传统道德观念被不断冲击和挑战的当下,言传身教地去教育和培养大学生自觉用道德的标尺来调节和约束自己的行为,守住做人做事和成人成事的底线,成为具有高尚道德情操的栋梁之材。[①]

调研显示,有91.4%的辅导员认为以身作则、为人师表是必备的道德素质,其次是热爱教育事业、热爱学生、大公无私、乐于奉献、清正廉洁、艰苦奋斗等。有72.85%的辅导员认为自身的道德素质比较高,有24.43%的辅导员认为自身的道德素质非常高,可见绝大部分的辅导员都认为自身道德素质是过硬的。有97.74%的辅导员认为自身道德素质对大学生德育工作有比较大的影响,可见辅导员也都能够认识到自身道德素质建设的重要性。

但是,在对是否喜欢辅导员这份工作的调研中,有19.46%的辅导员选择非常喜欢自己的工作,66.51%的辅导员选择比较喜欢,但有10.41%的辅导员对自己的工作持无所谓的态度,甚至有3.62%的辅导员表示并不喜欢自己的工作。这一调研结果表面看来似乎已经较为令人满意,但是仔细思量,却并不尽然。按照目前教育部规定1∶200的比例要求,每1名辅导员能够影响到的大学生群体都在百人以上。这样的工作性质,要求辅导员必须高度认同并且热爱自己的职业,对工作要持有极端负责的态度,更要尊重自己工作。只有这

---

① 齐爱花.当代大学生道德素质教育理论与实践研究[M].北京:冶金工业出版社,2020.

样,才能让大学生产生亲近感、信任感,才会对辅导员发出的思想政治教育信息做出正确、积极的回应,教育成果才会更有实效。因此,辅导员身处高校思想政治教育的"道德要塞",对自身的道德素质必须有最为严格的要求,必须自觉提升,保持本色,成为道德楷模。

二、高校提升辅导员思想政治素质的工作举措

党和国家历来高度重视高校思想政治工作,也非常重视思想政治工作队伍建设,着力培养素质优良的高校辅导员队伍。各地区、相关部门和部分高校在提升辅导员思想政治素质方面积极主动开展工作,创造了许多成功做法,积累了许多宝贵经验。通过对清华大学、复旦大学、上海交通大学、北京科技大学、上海大学、同济大学、上海师范大学等高校进行调研,按照形式、内容的不同情况,提升辅导员思想政治素质的工作方法大致分为融入日常培训和轮岗挂职的理论教育、实践锻炼法,基于特色活动或者项目的榜样示范、自我教育法。以上工作方法经过长时间的实践检验,对提升高校辅导员思想政治素质确有实效,应深入挖掘内涵,总结经验,进行推广。

1. 融入日常培训和轮岗挂职的理论教育、实践锻炼

目前,职能部门和大部分高校都已经意识到提升高校辅导员思想政治素质的重要意义,采用多种方式将思想政治素质教育融入辅导员的日常教育培训中,并且拉动资源、创造机会推荐辅导员进行校内、校外的轮岗挂职,通过理论学习和研讨向辅导员队伍灌输理论知识,通过实践锻炼引导辅导员在实践中提升政治素质、规范品行。

用集中培训的方式提升高校辅导员思想政治素质是最基本也是最常用的方法。目前,相关培训大多以理论教育为主,也会安排一些实践锻炼环节。比如,复旦大学除推荐辅导员参加上海市各类专题培训、全国高校辅导员骨干培训班培训外,定期带领辅导员赴兄弟高校以及海外高校进行考察交流,并建立了学校—上海市—教育部三级层层递进、岗前培训—日常培训—专题培训—职业化培训四种类型、教学—科研—实践交流三位一体的全方位全过程辅导员培训体系;同济大学依托该校的上海市辅导员培训基地,每年开展两期专题培训,同时积极开展校内日常培训,每学期双周(共计 8 周)周五下午为辅导员业务培训时间,邀请专家开展政治理论学习、专业技能提升、思政课题指导等培训;华东师范大学、上海交通大学、上海大学、上海财经大学等高校都建立了

岗前培训、日常培训、专题培训和高级研修相结合的辅导员培训体系,融合校内外培训教育资源不断提升辅导员的理论素养、实践能力和业务水平。在各种分类、分层的培训中都会或多或少地安排诸如马克思主义理论、习近平新时代中国特色社会主义思想以及时政解读方面的,以提升辅导员政治素质为主的内容,起到了提升辅导员队伍思想政治素质的作用。

在实践锻炼方面,除了各高校选派优秀辅导员赴教育部相关司处挂职、中国高等教育学会辅导员工作研究分会组织的辅导员国内高校交流活动、市教委组织的辅导员赴各级政府机关挂职锻炼外,各高校都积极为辅导员提供各种实践机会。同济大学建设辅导员基地化实践培养体系,让年轻辅导员进一步接受锻炼和培养。学校在甘肃省定西市建立辅导员西部锻炼基地。每年新留校的本科生专职辅导员必须进行为期3个月的挂职锻炼,青年辅导员们在实践中开阔了眼界、磨炼了意志、增长了才干,有效提升了思想觉悟,增强了为国家培养合格建设者和接班人的责任感和紧迫感。

2. 基于特色活动和工作项目的榜样示范、自我教育

除了常用的教育培训和挂职锻炼之外,面向辅导员群体开展的一些特色活动和工作项目也对提升辅导员的思想政治素质产生了积极的作用。在诸如全国/市级辅导员年度人物评选、辅导员职业能力大赛、辅导员优秀论文评选、优秀辅导员校园巡讲、辅导员队伍建设年度表彰会等各类特色工作的开展,促进了辅导员队伍职业化、专业化,提升了辅导员工作彰显度,同时也为辅导员队伍树立了一批具有榜样示范作用的标杆,引领辅导员不断自我激励、自我提升。与此同时,诸如辅导员沙龙、工作室、现场会等各种由辅导员基于自我教育和自我提升的需要而参加的各类特色活动,也有效地引导着辅导员通过自我学习、朋辈互助等方式提高自身的思想政治素质。

清华大学为了增强辅导员之间的思想交流开展了辅导员早餐会和午餐督导会,通过实效化的主题设计、专业化的嘉宾和轻松愉悦的小规模交流方式,强化了辅导员队伍的工作意识、提高了业务水平和个人素养;[①]华东师范大学每年举办思政工作年会,对一年来辅导员队伍各块相关工作进行总结、梳理,将高等教育发展大局、大学生思想动态特征以及队伍建设举措等信息及时传递给辅

---

① 史宗恺等.又红又专 全面发展——清华学生工作巡礼[M].北京:清华大学出版社,2014.

导员队伍,促进辅导员队伍发展提升;上海师范大学每两年组织开展"上海师范大学十佳辅导员"和"上海师范大学辅导员十佳创新工作项目"评选和表彰,并通过建立辅导员培养基金,为辅导员制定个性化培养方案;上海海事大学创建"辅导员示范岗",发挥优秀辅导员的示范作用,以榜样的力量引领辅导员队伍不断发展;北京科技大学等高校成立了辅导员工作室、辅导员协会或辅导员沙龙,依托这些组织举办各类提升辅导员素养和工作能力的相关活动,提升了辅导员对于职业的认同感、归属感、幸福感,激发广大辅导员的积极性和创造性,增强了主体意识。

在特色活动和工作项目中,各类思政研究成果评选很大程度上激发了辅导员队伍自主学习、自我教育提升的热情和积极性。除全国辅导员论坛征文、市级优秀思政论坛征文评选、各类思政研究成果征集外,各高校也都在校内探索促进辅导员思政研究热情、提升自我修养的有效方式。华东师范大学设立辅导员专项课题支持计划,每年通过专家评审,在辅导员自主申报的项目中择优确定30个左右的项目予以立项;上海海洋大学成立大学生心理健康教育研究会、思想政治工作研究会、大学生职业教育发展研究会,搭建科研交流平台,邀请思政专家开展辅导,提高辅导员的科研能力,设立专项基金,资助辅导员开展思政项目研究,让辅导员在自我学习中养成问题意识、培养良好的思维能力,不断提升综合素质。

三、影响高校辅导员思想政治素质的因素分析

辅导员的自身状态是决定辅导员思想政治素质的最重要因素,是主观内在因素。但是环境对辅导员思想政治素质的形成和发展也产生着重要的影响,是客观外部因素。影响高校辅导员思想政治素质的原因既有源自辅导员队伍自身的内在因素,也有源自外部的环境因素,因此,影响高校辅导员思想政治素质的因素分析是内外因交织在一起,是相互联系、相互影响、相互渗透、相互制约的综合性问题。

1. 影响高校辅导员思想政治素质的内因

内因方面,主要表现在辅导员对自我教育和自我提升的主观能动性不足。

一是辅导员对思想政治教育工作性质的曲解。相关研究显示,仅有4.3%的辅导员坚持国家对辅导员"思想教育"和"思想引领"的期待,令人震惊的是,将自己定位为行政型辅导员的职业满意度最高,而将自己定位为教育工作者

的职业满意度最低。① 若辅导员将自己的工作性质定义为行政工作，那么对自身工作的要求也会产生根本性的转变。虽说辅导员拥有教师和行政管理干部的双重身份，但是面向大学生开展思想政治教育工作是辅导员工作的首要核心内容。若本末倒置，那么提升辅导员的思想政治素质就成了无本之木，更谈不上有针对性的自觉提升了。

二是辅导员对思想政治教育要求的认同度不够。部分辅导员由于自身政治修养、思想水平、认识能力、思维方式与实践经验等的限制，不能全面完整的把握和领会党和国家对辅导员的工作要求。更有极少数的辅导员内心并不真正认同这些工作要求，仅仅是表面应对上级的要求，按部就班完成教育任务。长此以往，辅导员自我提升的主观能动性逐渐丧失，思想政治素质也止步不前，无法再满足日益提升的工作要求。

综上，辅导员必须正确认识大学生思想政治教育工作的重要性，发自内心地认同大学生思想政治教育的必要性、认同开展相关教育的内容和目的，才能站在更高的立场思考辅导员工作的意义和价值，才会通过各种途径提高理论水平和认识能力，自觉提升思想政治素质，全面准确地把握社会要求，不断更新观念，持续进步。

2. 影响高校辅导员思想政治素质的外因

外因方面，主要表现在包含社会经济、政治、文化和大众传播环境在内的宏观环境对辅导员的思想政治素质产生广泛而深远的影响，由家庭、学校、社会组织、社区、同辈群体环境组成的微观环境对辅导员的思想政治素质也产生着明显和直接的影响。

在以上微观环境中的"学校"指的是受教育阶段的学校环境，而辅导员工作的高校属于社会组织环境范畴。就提升辅导员的思想政治素质为讨论对象而言，宏观环境的调整过于复杂，微观环境中的家庭、学校和社区环境的调整也不在讨论范畴之内。只有微观环境中的社会组织即高校以及各级主管部门为辅导员营造的工作环境以及同辈群体环境即辅导员职业共同体这两项微观环境的深入研究和调整的可行性最强，也最具直接意义。

在社会组织环境方面，目前各高校以及主管部门主要采取在日常辅导员

---

① 张睿、张雨、胡秋爽.高校辅导员身份认同现状及提升路径——基于上海市14所高校的实证研究[J].思想理论教育，2017(12)：93-96.

培训中融入思想政治素质教育内容、搭建各类思政研究平台激发辅导员理论学习和实务研究热情、组织各类评奖评优树立典型引导辅导员自觉学习等方式来提升辅导员的思想政治素质。在同辈群体环境方面,各级辅导员工作室、辅导员协会、辅导员沙龙等正式或非正式组织的建立和运行,对提升辅导员的思想政治素质也都有比较积极的作用。①

调研显示,有61.54%的辅导员认为所处的工作环境对自身开展思想政治教育工作产生了积极影响,63.8%的辅导员认为身边的辅导员群体对自身的价值观和行为方式的积极影响大于消极影响。由此可见,辅导员所处的社会组织和同辈群体环境总的来说还是有利于其思想政治素质提升的。

但调研中也暴露出一些问题:一是辅导员所处的社会组织中缺乏思想政治素质方面的较为系统的专门培训,多是以融入日常思政干部培训或者其他主题培训中的形式出现,而且采取的多是开设讲座或是理论讲授等传统培训方式,培训缺乏吸引力,效果欠佳。二是主管部门对辅导员的理论学习缺乏具体要求和指导,辅导员的理论学习基本处于无监管的状态,对为何学、学什么、怎么学等问题缺乏应有的思考和重视,考核评价和评奖评优机制没有及时跟上,没有起到有效促进辅导员学习积极性的作用。三是同辈群体没有发挥应有的作用,没有得到应有的重视。许多高校有诸如辅导员协会之类的辅导员同辈群体组织,但其作用仍偏向"辅导员专属工会",主要以一些团队凝聚力活动为主,虽说也会组织一些以促进辅导员队伍职业化、专业化发展为目的的理论学习或者思政沙龙,并取得了一定的效果。但是,这些同辈群体组织离辅导员们的期望和主管部门的期待还有很大的距离。如何对辅导员同辈群体给予应有的重视、足够的支撑、充分的信任和自由,发挥同辈群体在提升辅导员思想政治素质中的积极作用,仍是一个亟待研究和实践探索的问题。

第三节 提升高校辅导员思想政治素质的改进方向

虽然在更大范围内提升辅导员思想政治素质的一些做法很有必要,且

---

① 李铁.高校辅导员素质与思想政治工作探索[M].成都:电子科技大学出版社,2017.

取得了很好的效果,具有很高的推广价值,但更应结合新时代的新要求,针对其不足的部分进行改革创新,贴近辅导员思想实际,提出改进方案,更有效地提升辅导员思想政治素质,从而大力提升高校思想政治工作质量。辅导员的思想政治素质是主体因素与外部环境因素在工作实践的基础上相互作用、相互协调的结果。但是在相同的外部因素下,不同主体的选择和吸收状况不尽相同。因此,在设计各种提升高校辅导员思想政治素质的工作计划时,应当特别重视辅导员的主体性,充分尊重辅导员的主体地位,注意调动辅导员自我教育、自主提升的积极性和主动性。由此,提升高校辅导员思想政治素质的工作方式主要可以在以下几个方面进行改进。

一、创新辅导员教育培训方式,提升培训实效并固化教育成果

教育培训仍然是提升高校辅导员思想政治素质最基础也是最重要的工作方式。随着时代的进步,传统的"你说我听,你教我学"的教育方式,对于以青年人为主体的辅导员队伍来说已经失去了吸引力。动辄数小时枯燥的知识讲授、高强度的理论灌输等培训形式的教育效果仅能维持相对较短的时间。只有以辅导员为主体,大胆改革创新教育培训的内容和形式,对辅导员的理论学习提出具体要求和内容指导,让辅导员队伍"真学、真懂、真信、真用",解决为何学、学什么、怎么学的问题,才能切实提升教育效果并固化培训成果,提高辅导员的政治敏感性,增强政治理论知识储备。[1]

具体做法可以参考"翻转课堂"的教学理念,借鉴其中的教学方法。

"翻转课堂"起源于西方,是使"课堂上听教师讲解,课后回家做作业"的传统教学习惯、教学模式发生"颠倒"或"翻转",变成"课前在家里观看教师的视频讲解,课堂上在教师指导下做作业(或实验)"的模式。[2] 辅导员队伍大多有硕士研究生以上学历,都具有一定的学习能力,他们身处思想政治教育工作岗位,对理论知识的学习也都具有一定的自觉性。同时,辅导员队伍相对年轻,相对"坐着听",他们更渴望沟通和表达,渴望通过平等交流的方

---

[1] 张益.高校辅导员职业能力分级培训体系的层级图式模型建构研究[J].思想教育研究,2015(4):102-105.
[2] 何克抗.从"翻转课堂"的本质,看"翻转课堂"在我国的未来发展[J].电化教育研究,2014(7):5-16.

式来提升学识。这为"翻转课堂"的教育形式在辅导员队伍培训中的有效实施提供了可能性。多年来,通过各级党校、干部学院、培训中心等教育培训机构和相关部门的建设和维护,干部培训的在线视频学习资源已经非常丰富。以上海干部在线学习网站为例,除了网站上丰富的经典理论、时政解读等学习资源外,更开拓了微信学习平台,内容涵盖政治理论、政策法规、业务知识、科学人文素养等4大类23小类。这些现有的教育资源若能为辅导员教育培训所用,就能使"翻转课堂"式的辅导员培训更易成为现实。在培训讲师直接面对辅导员的课内时间,更多采用生动的案例教学的方式,通过案例研讨来理解理论,提升辅导员的政治素质,通过表达与质疑实现思想的碰撞和道德的升华。

"翻转课堂"式的教育培训不仅能够实现用当代青年人喜闻乐见的教育方式来教授经典理论,更增强了培训时间的自由度,将整块的讲座时间化整为零,使得辅导员能够在不影响日常工作的前提条件下更加安心、更加自主地安排学习时间,有利于辅导员养成良好的自主学习习惯。

此外,辅导员既是教育培训的对象,面向大学生时,又转变为教育培训的实施者。在参与和体验此类教育培训的同时,辅导员不仅能够提升自身的思想道德素质,也能够学习最新的教育培训理念和方法,适当调整后更能够运用于面向大学生开展思想政治教育的工作实践中。因此,改革创新提升辅导员思想政治素质的教育培训方式意义深远。

二、增强辅导员整合协同能力,激发思政工作队伍的发展潜能

自1953年清华大学成立全国第一支辅导员队伍以来,辅导员承载着党和国家赋予的重大责任。2004年,中共中央、国务院发布的《关于进一步加强和改进大学生思想政治教育的意见》对辅导员队伍职业化、专业化发展提出明确要求。2014年,教育部发布《高等学校辅导员职业能力标准(暂行)》,辅导员的专业化发展路径更加清晰。

经过数十年的发展,辅导员队伍作为负责大学生日常思想政治教育的重要力量,其地位和作用不可替代。但是,随着专业化程度的提升,群体壁垒逐渐显现,群体思维的定势让辅导员队伍的发展潜能亟须借助来自队伍外部的力量以激发和突破。增强辅导员同其他思政工作队伍的协同工作,能够提高辅导员的政治站位,开阔眼界,明确差距,能够通过不断学

习其他思政工作队伍的长处来实现自身的发展提高,激发起辅导员的群体发展潜能。

习近平总书记在2016年12月召开的全国高校思想政治工作会议上提出,要"整体推进高校党政干部和共青团干部、思想政治理论课教师和哲学社会科学课教师、辅导员班主任和心理咨询教师等队伍建设,保证这支队伍后继有人、源源不断"①。可见,大学生思想政治工作具有多主体性,包括辅导员队伍在内的各支队伍共为思政教育工作主体。辅导员是高校思政工作的一线信息源,同时也是其他思政工作队伍尤其是党团干部的蓄水池,这都为辅导员队伍同其他思政工作队伍协同开展工作奠定了基础。

2017年颁布的《高校思想政治工作质量提升工程实施纲要》中规划的课程、科研、实践、文化、网络、心理、管理、服务、资助、组织等"十大"育人体系更为多支思政工作队伍协同开展工作提供了载体保障。② 深化辅导员队伍与其他队伍间以"育人"为工作主线的业务协同和职业协同,促进辅导员队伍与其他队伍间有计划、有目标、有内容的团组协同和管理协同,建立高校思想政治工作队伍之间多维度、多层次交织而成的网状协同工作模式,使得辅导员在创建协同范式、促进协调推进的过程中不断自我提升,提高队伍整体的思想政治素质。

在主动协同的过程中,除了行政条线的努力之外,类似于辅导员协会、辅导员工作室等跨学院甚至跨学校的辅导员同辈群体也可以发挥重要的作用。这些组织以辅导员的职业发展、情感凝聚、兴趣专长为纽带,具有更高的自由度和更强的自主性。相对行政条线,这些辅导员"非正式组织"在同其他思政工作队伍开展协同的过程中,可以创造出更加灵活的协作形式、更加柔性的协作内容和更加多样的协作选择。高校应当重视辅导员"非正式组织"同辈群体的作用,在给予政策支持的同时,更要给予宽松自由的发展环境。让此类组织不仅能增强辅导员队伍的凝聚力,更能促进群体对外协同,广开工作门路,引领队伍发展。

---

① 习近平在全国高校思想政治工作会议上强调:把思想政治工作贯穿教育教学全过程 开创我国高等教育事业发展新局面[N].人民日报,2016-12-09(01).
② 中共教育部党组关于印发《高校思想政治工作质量提升工程实施纲要》的通知[EB/OL].(2017-12-05).http://www.moe.gov.cn/srcsite/A12/s7060/201712/t20171206_320698.html.

三、改革辅导员队伍管理制度，激励个体自我教育的行动自觉

激励辅导员自我教育的源生内动力是提升辅导员队伍思想政治素质的关键因素。在相同的教育培训和工作环境中，在外在因素相同的情况下，辅导员队伍思想政治素质的水平很大程度上取决于辅导员自我教育的状况，只有积极主动地开展自我教育实践才能真正将教育内容内化为辅导员的思想政治素质。在辅导员队伍管理体制的改革过程中，要紧紧围绕辅导员的思想政治教育工作属性，针对辅导员的职业发展需求，用制度激发辅导员的发展动力，不断提升辅导员对思想政治教育工作的认同度。

一方面，要改革完善辅导员评聘考核体系。在辅导员年度考核、职务（职称）评聘、评优奖励中，把思想政治素质表现作为首要标准。思想政治素质相对于思政科研、工作实绩而言比较难以具体化和数量化，测评难度相对较大。但是，辅导员的工作性质决定了辅导员队伍的思想政治素质相对于其他高校教职工队伍来说要求更高，应当给予足够的重视。目前，可借鉴的针对高校教师队伍的思想政治素质测评模型的研究成果已经相对成熟，大多从政治素质、思想素质、道德素质等维度展开，细化到政治原则、政治立场、政治使命、政治参与、政治信念等不同的要素指标等[1]，但其科学性和有效性有待开展更多的实践应用来进行评估。各高校应当建立由校党委组织部门和人事部门、辅导员主管部门、二级学院、第三方机构共同组成的，以学生评价为主要依据，以上级评价、同级评价、个人评价、他人评价同时考量的辅导员思想政治素质测评体系，并将测评结果应用于辅导员队伍评聘考核管理的全过程中。

另一方面，在辅导员队伍管理制度的改革过程中要始终贯穿激励的基本准则。激励原则原本就是思想政治教育的基本原则之一，面对奋战在大学生思想政治教育第一线的辅导员队伍，更应建立合理的激励机制，强化动机，激发潜能，使得辅导员自觉提升思想政治素质。具体来说，可以包括以明晰职业发展路径为主线的目标激励，以提升思政研究能力、增强学科归属为主线的科研激励，以增强辅导员职业认同为主线的典型激励或荣誉激励等起正强化作用的正激励。当然，也需要以严格管理和执纪问责为辅的行政负激励，消退负

---

[1] 吴巧慧.高校辅导员标准研究[M].北京：北京交通大学出版社，2017：142.

面动机,修正不良习惯。通过以正激励为主、负激励为辅的全面激励机制来激发辅导员个体自我教育的行动自觉,引导其通过自学、自省、反思、自制、自律来进行自我修养以及自我行为的管理,让辅导员能够始终不忘初心,认同、尊重、热爱学生工作。

第四章

辅导员职业核心能力模型的构建发展

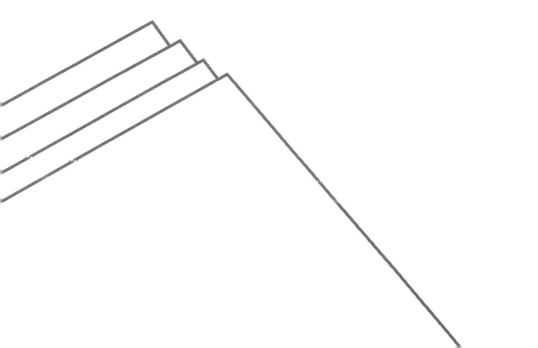

第一节　辅导员职业核心能力模型的构建背景

习近平总书记多次强调"把立德树人作为教育的根本任务"。作为高等学校教师队伍和管理队伍的重要组成部分，高校辅导员是大学生德育工作的重要力量。辅导员直接面对学生开展工作，在大学生成长和成才的过程中发挥着不可替代的重要作用。辅导员队伍职业化、专业化、专家化建设是高校落实立德树人根本任务的重要制度性安排，对于构建高校思想政治工作体系、加快辅导员角色和职责转变发挥着制度性支撑作用。[①] 2014年3月，教育部印发《高等学校辅导员职业能力标准（暂行）》（以下简称《职业能力标准》）。《职业能力标准》是国家对合格高校辅导员专业素质的基本要求，是高校辅导员开展学生工作的基本规范，是引领高校辅导员专业化职业化发展的基本准则，是高校辅导员培养、准入、培训、考核等工作的基本依据。研究和分析辅导员职业能力的基本要求，对推进辅导员的专业化培养和职业化发展，建设高素质、高水准的辅导员队伍有着重要的意义。

一、辅导员队伍建设发展具有显著特征

高校辅导员，这一概念在我国最早可以追溯到20世纪50年代的清华大学。在70多年的时间里，国家出台了多个专门文件，从设立岗位到拓展职能，因势利导，有力地促进了大学生思政教育工作的不断深入开展。高校辅导员工作也在不断摸索中取得了长足进步，由原先单纯的学生政治工作逐步转变为以思想政治教育工作为主线、以帮助学生解决实际问题为方向的多方位多职能的工作体系。辅导员队伍也从原先的以专业教师和高年级学生兼职为主转变为当前的以专职思政教育工作人员为主。这些转变不但体现了党和国家对高校学生思想政治教育工作的重视，而且体现了辅导员工作在高校日常工作中所占据的举足轻重的地位。

尽管经过了70多年的发展，高校辅导员工作已经日趋成熟和完善，然而，我们应当清醒地认识到，在当前，无论是辅导员队伍构成还是高校学生特征，无论

---

① 李庚.新时代高校辅导员队伍职业化、专业化、专家化建设论析[J].思想理论教育，2023（12）：106.

是高校氛围还是社会整体环境,都在悄然发生着巨大变化。这种变化所带来的潜在问题和不容忽视的新情况都对高校辅导员的工作和发展提出了新的要求。

目前的高校辅导员队伍与高校其他类型的师资队伍相比较,其突出特点就是"年轻"。"年轻"既是优势也是劣势,优势在于"年轻"更有利于同大学生无障碍地交流和沟通,能和学生们有更多的共同语言,能更好地了解学生所想,理解学生所为。"年轻"的劣势也显而易见,辅导员大部分都是硕士毕业后即从事学生工作,很少有教育系统以外的工作经验,在工作中缺乏对生活的认知和感悟,很难结合社会实际教育学生。此外,作为高校师资力量中的一部分,辅导员整体待遇,特别是职级职称评聘和培训方面,明显偏低,这很有可能会制约辅导员队伍向稳定健康的方向发展。

高校辅导员是德育工作的重要力量之一。文科和管理类专业背景的辅导员更利于"学以致用",理工科专业背景的辅导员对相同学科背景学生的学业指导有很强的推动作用。思想政治教育是一项集成化工程,不论何种专业背景的辅导员,不仅需要在思想上引导学生,还要在生活上关心和体贴学生,在情感上感动学生;与学生交流,不是急风暴雨,而是春风化雨;要善于倾听,学会欣赏,求真务实。因此,辅导员自身的德行及沟通能力尤其重要。

在辅导员队伍中还是有不少人期望以辅导员工作做基础转到专业教师的队伍中或转到学校各级行政岗位上去。当今的大学生,文化水平高,个性特征强,思想活跃,价值观念存在不确定性,没有对工作全心全意的付出和对辅导员工作的热爱,很难把辅导员工作落到实处。辅导员的工作态度和工作能力,决定了辅导员工作的成败。高尚的思想道德,良好的心理状态,清晰的口头和文字表达能力,良好的人际交往能力,深厚的马克思主义理论水平都是辅导员工作中至关重要的能力,只有用科学化构建、专业化培养、职业化发展的思路,才能不断夯实和创新辅导员队伍建设工作。

二、辅导员职业能力标准明确发展方向

《职业能力标准》将辅导员职业功能划分为思想政治教育、党团和班级建设、学业指导、日常事务管理、心理健康教育与咨询、网络思想政治教育、危机事件应对、职业规划与就业指导、理论和实践研究九个类别。对辅导员在工作内容、工作能力、相关理论和知识等方面的要求都作出了明确规定。《职业能力标准》所描述的辅导员的9个职业功能领域中的能力要求各不相同,但是无

论哪种职业功能的实现都必须具备相应的职业核心能力。[1]

职业核心能力是职业能力的一个重要组成部分,是所有职业都必须具备的一种通用的职业能力,又称为职业关键能力或职业通用能力。该能力是人们在职业生涯甚至日常生活中所必需的并且可以体现在具体职业活动中的最基本的能力,它们具有普遍的适用性和广泛的可迁移性。我国《国家职业核心能力培训测评标准(试行)》由劳动与社会保障部国家职业技能鉴定中心发布,该标准的主要内容包括"与人交流""信息处理""数字应用""与人合作""自我学习""解决问题""创新""外语应用"等。经国家职业技能鉴定专家委员会职业核心能力专业委员会秘书处组织讨论,《职业核心能力全国统一测评大纲(试行)》中,明确将测评模块划分为"职业方法能力"与"职业社会能力"两大类,而"外语应用"和"创新"模块另行操作。"职业方法能力"主要指独立学习、获取新知识技能、处理信息的能力,包括"自我学习""信息处理""数字应用"等;"职业社会能力"是指与他人交往、合作、共同生活和工作的能力,包括"与人交流""与人合作""解决问题"等。方法能力是职业能力发展的基本,需要逻辑性、合理性的科学思维,是不断获取知识、技能和方法的手段;社会能力是社会生活中必需的基本素质,表现出对社会的适应性和行为的规范性,是价值观和人生态度的综合。构建辅导员职业核心能力模型需要完善的测评体系作为依托,主要针对职业方法能力与职业社会能力范畴内的 6 项职业核心能力进行分析研究。

"职业辅导之父"帕森斯(Frank Parsons)的生涯辅导特质因素理论指出,在选择职业的过程中,涉及三个主要的因素:对工作性质和环境的了解,对自我爱好和能力的认识,以及他们两者之间的协调与匹配,这就是"职业辅导的三大原则"[2]。具体来说,首先应清楚地了解自己的能力、价值、兴趣、局限和其他特征;其次应清楚地了解职业选择成功的所需条件,在不同职业工作岗位上所占有的优势、不利、机会和前途;最后将上述两个条件进行对照与匹配,从而选择一个与个人相匹配的职业。匹配程度的高低,可以预测个人的职业满意程度、职业稳定性以及职业成就。

《职业能力标准》中所描述的辅导员工作的 9 个职业功能领域,对应着辅导员职业化发展的 9 个方向。依据生涯辅导特质因素理论,辅导员个体在选

---

[1] 教育部关于印发《高等学校辅导员职业能力标准(暂行)》的通知[EB/OL].(2014 - 03 - 27).http://www.moe.gov.cn/srcsite/A12/s7060/201403/t20140327_167113.html.
[2] 沈之菲.生涯心理辅导[M].上海:上海教育出版社,2018:35 - 36.

择职业发展方向之前,关键的问题是明晰每一个职业功能所要求的职业核心能力的差异性,以及个体所具有的职业核心能力所在。辅导员应根据自身职业核心能力特点选择职业功能领域匹配程度最高的职业方向进行深入的理论学习和实践,这样才最有可能在适合自己的领域中得到专业化培养和职业化发展,并最终发展成为专家型辅导员。

第二节 辅导员职业核心能力模型的构建过程

辅导员是高校学生日常思想政治教育和管理工作的组织者、实施者和指导者,要努力成为学生成长成才的人生导师和健康成长的知心朋友。《职业能力标准》要求辅导员必须具备较强的组织管理能力、语言文字表达能力、教育引导能力以及调查研究能力。这些能力实则为职业核心能力在工作中的具体化表现,只有职业核心能力综合评价较高的人才能胜任辅导员工作。但是,在辅导员工作的不同职业功能领域中也存在对职业核心能力的不同侧重。因此,分析辅导员9个职业功能领域中对6项职业核心能力的不同要求,对辅导员合理选择职业发展方向具有重要意义。

一、辅导员职业核心能力的自我认知分析

以思想政治教育这一职业功能领域为例。在初级辅导员阶段,要求辅导员熟悉学生家庭情况、个人特长等基本信息,掌握学生思想特点、动态及思想政治状况,引导学生树立正确的三观并且有针对性地帮助学生解决具体问题。这就要求辅导员具有较强的信息处理能力和解决问题的能力。除此之外,无论是了解情况、解决问题还是引导教育,谈心谈话都是思想政治教育的最基础也是最主要的工作方式,这就对辅导员的与人交流能力提出了较高的要求。

在中级辅导员阶段,要求辅导员组织、协调班主任、思想政治理论课教师和组织员等共同做好经常性的思想政治教育工作,要求参与思想道德修养、形势与政策教育等课程的教学,为学生在理想、信念等方面遇到的深层次思想问题提供有针对性的教育咨询。协调多方力量共同育人体现出对与人合作能力的要求,参加相关课程教学以及提供深层次教育咨询服务对辅导员的与人交流能力提出了更高的要求。

进入高级辅导员阶段,则要求辅导员在思想政治教育工作中能够主动思考研究、掌握思想政治教育的重点和一般规律,提高学生思想政治教育的针对性和实效性;[①]要求辅导员能自主开展调查研究,整理工作思路和方法;要求辅导员参与研究并把握思想政治教育的规律性以及前沿性问题,最终成为思想政治教育专家。要成为思政专家,必须大量自学思想政治教育领域的相关理论知识,在调查研究的过程中也无法避免地涉及统计工作,这就要求辅导员具有较强的自我学习能力和数字应用能力。

通过上述分析,不难看出,在思想政治教育这一辅导员职业功能领域中,与人交流能力尤为重要,其次是解决问题能力、自我学习能力、与人合作能力,再次是信息处理能力和数字应用能力。可见,辅导员职业功能领域中所要求的职业核心能力都是既有所侧重又逐级递进的。

为了更为清晰地描述辅导员工作中的不同职业功能领域所需要的职业核心能力,笔者对国内 134 名工作年限不同的高校辅导员开展问卷调研。调研对象依照《职业能力标准》中的 9 个辅导员职业功能领域,用 1—6 来为每个领域中辅导员所必须具备的职业核心能力加以权重标识。例如,在思想政治教育领域中,调研对象若认为所列 6 项职业核心能力中的与人交流能力最为重要,那么就标识权重为 6;若认为信息处理能力相比较其他 5 种能力来说要求最低,那么就标识权重为 1,以此类推。

将反馈数据进行分析整理,以思想政治教育功能领域为例,调研反馈数据详见表 4-1 所示。

表 4-1 思想政治教育功能领域辅导员职业核心能力权重表

权重值 工作年限	自我学习能力	信息处理能力	数字应用能力	与人交流能力	与人合作能力	解决问题能力
1—3 年	3.77	2.46	1.23	5.08	4.23	4.23
4—8 年	3.74	3.00	2.00	4.26	3.53	4.37
8 年以上	4.13	2.50	1.50	5.63	3.25	4.00
平均值	3.88	2.65	1.58	4.99	3.67	4.20

---

① 殷毅山.论提高思想政治教育的针对性与实效性[J].高教学刊,2019(15):174-176.

表 4-1 中,工作 1—3 年及 8 年以上的辅导员反馈数据的极大值都出现在与人交流能力这一职业能力中;工作 4—8 年的辅导员反馈数据中,与人交流能力的权重值也位列第二。三组数据的极小值都出现在数字应用能力这一职业能力中,信息处理能力中的列表数据分值较之其他几列数据也相对较低,解决问题能力、自我学习能力以及与人合作能力中的数据大多处于中等水平。这一量化结果与前文所述的辅导员在思想政治教育领域中的职业核心能力的一般要求相匹配,并且量化后的数据图表更加直观。

以 6 项职业核心能力为横坐标,能力权重为纵坐标,对工作不同年限辅导员的反馈数据进行统计,依据 9 个辅导员职业功能领域依次绘制如图 4-1 所示的折线图。

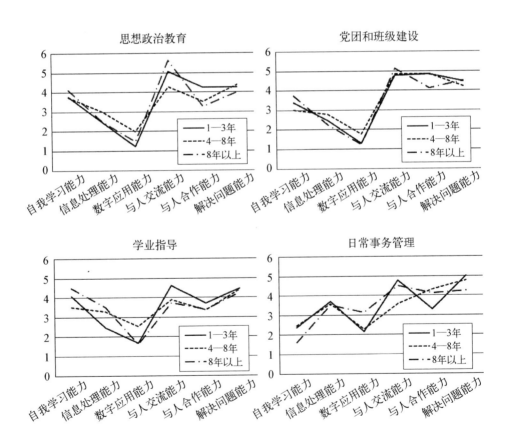

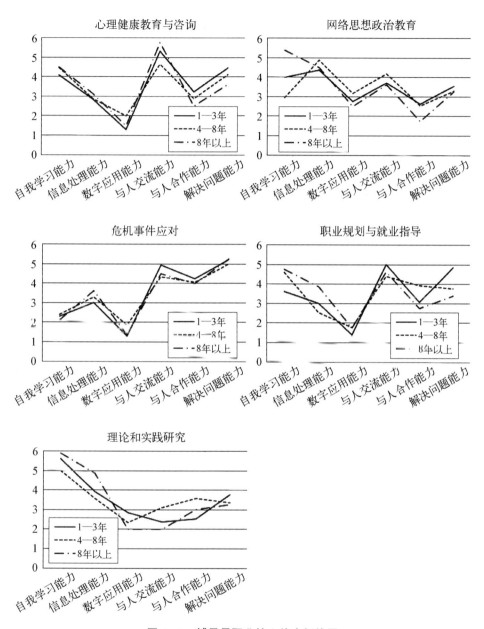

图 4-1 辅导员职业核心能力折线图

如图 4-1 所示,在 9 个辅导员职业功能领域中,实线代表工作 1—3 年辅导员反馈的数据,虚线代表工作 4—8 年辅导员反馈的数据,点划线代表工作 8 年以上辅导员反馈的数据。依次分析 9 幅图中的能力曲线,不难发现,3 种曲线的线形以及走势的相似程度很高,波峰和波谷也大多出现在相同的横坐标上,这就说明不同工作年限的辅导员对不同职业功能领域中所要求的职业核心能力的权重认同度一致性非常高。由此可见,基于辅导员队伍自我认知所构建出的职业核心能力标准具有一定的科学性和可靠性。

二、辅导员职业核心能力模型的示意图表

依据调研数据,分别统计 9 个辅导员职业功能领域中的 6 项职业核心能力的权重平均值并列表(见表 4-2)。

表 4-2 辅导员职业核心能力权重表

权重值\职业能力\职业领域	自我学习能力	信息处理能力	数字应用能力	与人交流能力	与人合作能力	解决问题能力
思想政治教育	3.88	2.65	1.58	4.99	3.67	4.20
党团和班级建设	3.38	2.50	1.45	4.91	4.60	4.39
学业指导	4.04	3.09	1.95	4.08	3.47	4.37
日常事务管理	2.16	3.59	2.52	4.29	3.91	4.67
心理健康教育与咨询	4.35	2.95	1.60	5.23	2.87	4.07
网络思想政治教育	4.11	4.59	2.82	3.83	2.30	3.36
危机事件应对	2.28	3.31	1.52	4.59	4.10	5.16
职业规划与就业指导	4.32	3.13	1.63	4.68	3.26	4.00
理论和实践研究	5.50	4.13	2.40	2.50	3.04	3.46

基于表 4-2 中的数据,根据霍兰德职业理论中六角模型的建模方式[①],构建辅导员职业核心能力模型图(雷达图),具体如图 4-2 所示。

---

① 迟云平.职业生涯规划[M].广州:华南理工大学出版社,2019.

第四章 辅导员职业核心能力模型的构建发展

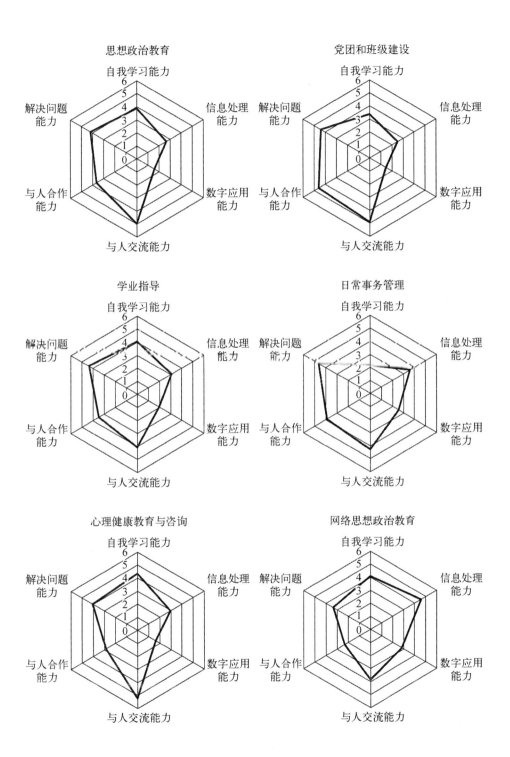

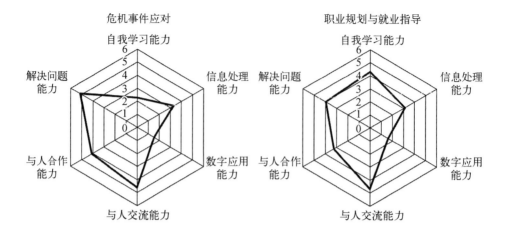

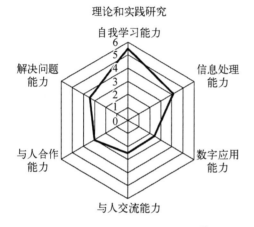

图 4-2 辅导员职业核心能力模型图

图 4-2 中的 9 个图形分别代表不同辅导员职业功能领域所对应的职业核心能力模型,六角形的 6 个顶点分别代表 6 个职业核心能力。用 0—6 来表示能力的强弱程度,越靠近顶点的能力值越高,越靠近中心点的能力值越低。将不同能力的权重值进行连线就形成一个不规则的六边形,这个六边形就代表着该职业功能领域中所要求的职业核心能力。9 个六边形各不相同,直观地体现了不同职业功能领域中所要求的辅导员职业核心能力的差异。

辅导员或高校主管部门可以使用职业核心能力测评工具评估辅导员所具有的职业核心能力并绘制个体的能力雷达图,然后同辅导员职业核心能力模型做比对,寻找到与个体能力雷达图匹配程度最高的职业核心能力雷达图,这个职业核心能力雷达图所对应的职业功能领域即是该辅导员最适合的专业化培养和职业化发展方向。

三、辅导员职业核心能力模型的应用价值

《职业能力标准》对辅导员职业进行了定义,划分了明确的职业层级,详细地描述了职业能力特征和职业基本要求,基本解决了长期存在于辅导员职业化发展过程中遇到的职业界定模糊、工作定位不准确、缺乏职业发展标准等多重问题。因此,基于《职业能力标准》所构建的辅导员职业核心能力模型不仅为辅导员如何选择自己的职业方向提供了参考依据,更为辅导员的职业核心能力培养提供了参考方向。

1. 为辅导员职业化建设和职业方向选择提供参考依据

辅导员作为一种职业,已经被越来越多的高校所接受和认同,这是高校教师工作分工的必然结果。辅导员在对学生的思想政治教育工作中可以获得教师个体与学生整体的联系,并且通过沟通和交流,帮助辅导员确立自己的社会地位,从而在一定程度上实现自己的职业理想。但是,这里需要明确指出的是,职业与职业化是两个完全不同的概念。职业仅仅是参与社会分工,利用专门的知识和技能、为社会创造物质财富或精神财富、获取合理报酬、作为物质生活来源,并满足精神需求的工作。而职业化,则是一种工作状态的标准化、规范化、制度化,换言之,就是要具备职业化素养、职业化行为规范和职业化技能。[1] 所以,职业化是职业发展过程中达到成熟程度的一种状态表现。

对高校辅导员工作而言,如果是仅仅作为一种职业来进行发展和建设,那么无论取得怎样的成绩,那只能是代表某个辅导员个人的工作态度好、工作能力强,而无法惠及整个辅导员队伍,更无法从根本上提高辅导员队伍整体的水平和能力。由此,将会导致高校辅导员个人技能不全面、队伍整体不稳定、行业地位不明显、职责分工不明确等一系列问题。这些问题将会困扰辅导员队伍的建设和发展,进而影响学生思想政治教育和素质能力培养的质量。所以,职业化建设是高校辅导员工作的必然趋势。高校辅导员工作的职业化,将帮助辅导员工作整体提升标准化、规范化和制度化,从而在良好的职业环境中,帮助辅导员岗位人员培养职业意识、端正职业态度、树立职业形象、完善职业道德、明确职业目标、强化职业责任、规范职业行为、健全职业资质、提升职业

---

[1] 孟志强.向职业化精进:做一个靠谱的好员工[M].北京:中华工商联合出版社,2020.

技能、实现职业理想。① 应该说,辅导员作为一种职业,有其独有的特征和要求,不是所有的教师都能胜任这一工作,这些都成为辅导员职业区别于与其他职业的显著标志。这些年来,随着高校教育改革的不断深入,以及党和政府对大学生思想政治教育工作的日益重视,辅导员的职业发展已日趋成熟。

《职业能力标准》中所列初级辅导员一般工作年限为1—3年,中级辅导员为4—8年,高级辅导员为8年以上。由此可见,辅导员必须在某一个职业功能领域持续努力才能从初级辅导员逐渐奋斗成为高级辅导员。辅导员在入职初期经过1—3年的职业探索,熟悉和实践9个辅导员职业功能领域的基本工作,在进入职业生涯的第4年也就是中级辅导员阶段,就应根据自身情况寻找到最适合自己的职业发展方向,并就这一方向的工作内容进行深入实践。同时,有针对性的学习该领域的相关理论和知识,提高在该领域的综合职业能力。只有这样,才有可能再通过5年的努力,即在工作的第8年成为这一领域的专家型辅导员,达到《职业能力标准》中所描述的高级辅导员的工作要求。

目前,辅导员队伍普遍存在工作年限已经达到高级辅导员标准,但工作实绩却未达标的情况。这种情况多是由于辅导员没能尽早明确自身的职业方向,最终错失了发展良机而造成的。个体的职业能力只有在实际工作中才能不断得到发展、提高和强化,一个人长期从事某一专业劳动,能促使人的能力向高度专业化发展。② 辅导员较早地确定职业发展方向,不仅能大幅提升辅导员的职业稳定性,也能够提升辅导员工作年限与辅导员层级评定的匹配程度。辅导员职业核心能力模型为辅导员科学选择自己的职业方向提供了参考依据。辅导员可以根据自身能力特点,更为科学合理地选择职业方向,集中精力在某一方向进行专业化发展,最终成为专家型辅导员。只有这样,才能切实有效地推进辅导员队伍的职业化发展。

辅导员队伍的职业化建设要做到以下几点:一是进一步优化辅导员队伍专业和年龄结构,设定严格标准,公开选拔,层层把关,科学规划辅导员队伍合理的年龄结构、知识结构、职称结构。二是进一步构筑辅导员素质培训的体系化平台,避免辅导员因学科背景不一而形成的种种问题,比如理工科背景的辅导员不了解思想政治教育规律,思政专业毕业的辅导员不了解理工科学生的

---

① 胡金波.高校辅导员职业化发展研究[M].苏州:苏州大学出版社,2010.
② 唐德斌.职业化背景下高校辅导员的专业化发展[M].成都:四川人民出版社,2013.

专业知识等。要科学规划辅导员队伍职业发展,加强职业素养、心理咨询、就业指导和社会工作等各方面的专业培训。三是进一步明确辅导员的工作职责。界定辅导员工作的责任和目标,制定科学、量化的辅导员工作手册,将辅导员从众多的事务性工作中解脱出来,在学生的思想政治教育中投入更多精力。四是进一步完善辅导员职务和职称评定机制,为辅导员职业化成长提供更广阔的空间,打造"进得来、留得住、用得好、提得高、流得动"的充满活力的辅导员队伍。①

2. 为辅导员专业化发展和核心能力培养提供参考方向

同职业和职业化相类似,专业和专业化也是两个不同的概念。专业是指人类社会在科学技术进步、生活生产实践中,用来描述职业生涯某一阶段、某一人群,用来谋生、长时期从事的具体业务作业规范。而所谓专业化,则是就专业的程度而言的一个动态的历程,是职业人所需具备的一些内在指标、专业素质和专业结构不断更新、演进和丰富的过程。② 从目前辅导员队伍的组成上看,并非全部辅导员都经历过思想政治教育学科的学习。大多辅导员具有各自不同的学科背景,完成硕士研究生或者少部分完成博士研究生学段的学习之后,才开始从事思想政治教育工作。

从辅导员队伍整体上看,从业人员都取得过文史或理工类专业的硕士或博士学位,应该说具备了一定的专业素质。然而必须指出的是,这种专业素质并不是专门针对辅导员工作的,而是个人通过高等教育培养后自身所具备的一种素质表现。所以一旦从事辅导员工作后,如果仅仅依靠研究生学段的专业知识,工作时就会显得相形见绌。如果辅导员所带学生专业与自身所学专业不一致,那么在对学生进行思政教育和辅导咨询时将会遇到的困难和压力就可想而知了。

大部分辅导员认为学科背景对辅导员工作有较大的影响,自己所学专业若同所带学生专业相关,将对做好辅导员工作带来较大帮助。但是实际上只有小部分辅导员所带学生的专业和自己所学的专业相吻合,而且由于缺乏与辅导员工作相关的思政教育专业知识,造成了这部分辅导员在工作中普遍感到一定的工作压力。因此,在这种形势下,辅导员工作专业化就显得尤为重

---

① 陈蕾,时学梅,买买提江·依明.高校辅导员队伍建设与职业化发展[M].延吉:延边大学出版社,2021.
② 周倩.高等教育学与社会学视角下专业与专业化探析[J].江苏高教,2006(3):32-34.

要。沿专业化道路发展,将是高校辅导员工作高质高效、健康稳定开展的有力保障,将有利于辅导员行业优秀人才的培养、整体素质的提高、知识技能的改善和社会地位的提升。

目前辅导员由不同学科背景的人员组成,这对辅导员工作专业化发展产生了一定的阻碍作用。通过丰富全面的培训能够有效解决这一问题。通用的再教育模式是适用于任何辅导员的,也是深受辅导员队伍欢迎的。无论辅导员的年龄长幼、专业背景和工作阅历有何不同,对从业人员了解专业性质、明晰专业指标、建立专业素质都带来了极大的帮助和益处。目前辅导员工作职业化进程仍然需要进一步推进,其中最大的问题就是缺乏接受过系统专业教育的思政辅导人员。目前大量的辅导员都是从各个专业"转业"从事辅导员工作的,其知识背景不同、工作经历不同、年龄差异较大,因此面对同一份辅导员工作,彼此所面临的压力和困难是不一样的。以学科背景为例,有理工类背景的辅导员普遍认为自身缺少思政调研能力、口头和文字表达能力和人文科学知识;而有文史类背景的辅导员则认为自己在计算机及网络应用能力和心理状态方面需要进一步得到提高。由此可见,不同学科背景的辅导员对专业化的需求不尽相同,单纯地进行辅导员公共课程的学习,已经不能满足各种类型辅导员的要求。那么如何针对辅导员自身特点和专业背景进行有的放矢的职业能力培养和专业素质培训,就显得格外重要和有意义。

例如,具有理工科背景的辅导员,其理性思维模式较为突出,处理事务逻辑性强、条理明晰,但是却不太善于表达,思政科研能力比较欠缺;而具有文史类背景的辅导员,其感性思维模式占据主导,口头和文字的表达能力强,善于和他人沟通和交流,但是在处理具体问题时逻辑性较弱,实际动手能力略为欠缺。这些都是由于长期接受单一学科教育而形成的惯性行为,对辅导员的工作方式和工作能力势必会造成不同程度的影响,所以在安排职业技能专业化培训时,应当加以区分。如前者应该多注重人际沟通能力、演讲与表达能力等方面的培养,而后者则应该在工作规划与执行、冲突管理、团结合作方面下功夫。根据辅导员自身特点进行分门别类后,再有计划地安排具有针对性的培训教育工作,不但可以节约大量的人力物力和财力,在较短时间内高效地完成"转行后培训上岗"的专业化培训工作,而且能够最大限度地释放个人的优势和长处、弥补劣势和不足,从而实现提升个人专业素质和能力,达到培养善于研究和适应变化的"专业化"辅导员的目的。

此外，由于辅导员日常工作强度大、任务重，工作繁杂而多样，造成大部分辅导员不能抽出时间来总结工作经验、挖掘工作思路，更谈不上参与课题研究了。或许有人会说，把自己的工作做好就可以了，为什么还要花时间和精力去开展思政研究。殊不知，撰写学术论文和研究专业课题，正是实现自我专业化的有效途径。及时总结自己在实际工作中的所感所想，敢于结合自己的学科背景在日常学生工作中寻求突破，这本身就是专业化的一种有力体现。对辅导员的学术科研，管理层应当加以提倡和鼓励；而作为辅导员自身，也应当积极响应和全力参与。

专业化建设是辅导员职业发展的必经之路。只有坚持专业化发展，才能提高辅导员队伍的业务素质和能力；只有坚持专业化发展，才能培养出优秀的思想政治教育工作专门人才；也只有坚持专业化发展，才能为辅导员工作提供有力保证，带动辅导员工作的职业化建设。如果说职业化建设是针对辅导员行业整体而言的，那么专业化发展就是以辅导员个体为对象，以提升其个体实力为目的。这是一个整体和个体的辩证关系：没有职业化，专业化就无处生根；缺少了专业化，职业化就会迷失发展方向。两者相辅相成，相互依赖，共同作用。[1] 广大从事学生工作的辅导员渴望能在加快职业化建设的同时，进一步加强专业培训，提高培训层次，拓展培训渠道。主管部门、各高校有必要根据辅导员的特殊情况，积极思考，敢于创新，开创一条富有成效的有针对性的专业化发展之路。相信随着职业化建设的不断深入，辅导员工作的专业化进程会得到进一步推进和完善。

根据我国高校辅导员的工作现状，大部分辅导员在"带班"的同时也都会承担诸如团学、党建、心理等条线上的工作，这些条线工作即是辅导员的职业发展方向。理想状态下，辅导员都应依照自身职业能力特点自主选择条线工作内容，从而更好地提升职业满意度和职业成就。但是，目前辅导员的条线工作大多是由分管领导布置和安排的，并不完全是自主选择和人职匹配的结果，辅导员个体的职业能力与其所承担工作的职业能力要求的匹配程度良莠不齐。现行的高校管理制度并不允许辅导员完全自主地根据自身能力特点转换合适的工作领域，这就要求辅导员必须针对现有岗位的能力要

---

[1] 谈传生,胡景谱,刘文成.高校辅导员专业化职业化发展的现实困境及破解路径——基于中部某省51所高校3 176名辅导员的实证调查[J].思想教育研究,2022(1)：148-153.

求提升个体职业能力。

《职业能力标准》中所列辅导员的工作内容涵盖了辅导员工作的方方面面,对不同阶段、不同职业功能领域的辅导员职业能力提出了具体要求,从初级到高级逐级递进。但是,在这个递进的过程中,仅仅依靠辅导员个体在工作实践中逐渐摸索和自我成长是远远不够的。辅导员的职后培训体系是辅导员职业化提升的支持系统。相对于职前的学科专业培养而言,职后培训更有其针对性。例如,参考辅导员职业核心能力模型,从事心理健康教育与咨询工作的辅导员,除了要学习专门的心理学知识之外,也需要着重加强与人交流能力的培训,进一步提升职业能力,从而获得更好的职业体验和职业成果。但是,目前面向辅导员所开办的培训往往侧重于提升工作技能和学习专业知识,针对职业核心能力提升的培训比较缺乏,培训内容亟待扩展。所以,将辅导员职业核心能力模型作为参考依据,引入专业化的课程体系和教材,配置专门化的培训机构和师资队伍,对辅导员进行有针对性的职业核心能力培训,可以更有效地提升辅导员在相关工作领域或职业方向上的工作能力。

第三节 学生党建工作胜任特征模型应用示例

高校基层党建工作是确保人才培养正确方向的基石,学生党员的发展、教育、管理也是辅导员思想政治教育的重要抓手。辅导员队伍是高校开展党的建设工作的主要力量。在学生入党的过程中,辅导员扮演着引路人、联系人、谈话对象以及介绍人等多个重要角色,基层学生党支部的书记也多由辅导员担任。辅导员是否能胜任高校学生党建工作,直接影响高校党建工作的成效。目前,辅导员开展党建工作时大多缺乏专业培养和支持,主要依靠个人入党时的培训和入职后相应的党建工作短期培训。党建工作是高校对辅导员的基本业务要求,但辅导员个人是否具有优秀的党建工作能力,如何把党建工作与辅导员的职业能力、职业发展结合起来,仍缺少相应的观察点和抓手。

1973年,美国哈佛大学麦克利兰(David C. McClelland)教授发表了题为 *Testing for Competence rather than for Intelligence* 的文章,首次提出了胜任力(competence),指出胜任力是(人)与工作、工作绩效或生活中其他重要成果直接相似或相联系的知识、技能、能力、特质或动机。① 目前采纳较多的是美国心理学家斯潘塞(Lyle M. Spencer)对胜任力的定义：胜任力是能将某一工作(或组织、文化)中有卓越成就者与表现平平者区分开来的、个人的、潜在的深层次力,它可以是动机、特质、自我形象、态度或价值观、某领域知识、认知或行为技能,即任何可以被可靠测量或计数,并且能显著区分优秀与一般绩效的能力。②

研究分析高校辅导员党建工作胜任特征,不仅能为选拔能力相当的辅导员承担党建工作提供参考依据,而且能为辅导员党建工作能力培养提供参考方向。

一、职业能力标准下的学生党建工作胜任特征

《高等学校辅导员职业能力标准(暂行)》以辅导员职业功能为依据将辅导员工作横向划分为包括党团和班级建设在内的9个类别,又以辅导员工作年限为依据将辅导员纵向划分为初、中、高三个层级。在党建工作领域,对不同级别的辅导员在工作内容、工作能力、相关理论和知识等各方面的要求都作出了明确的规定,逐级递进,这个递进的过程也映射出辅导员党建工作能力专业化发展的路径。

从实际工作出发,高校的辅导员党建工作大体可以分为两个层次：一个是每一名辅导员都必须承担的日常党建工作,诸如同入党申请人谈话、组织班团进行推优、考察入党积极分子等；另一个层次是院级层面的党建专项工作,主要负责学生党支部的建设指导、入党申请人以及入党积极分子培训班的筹办、党课讲授等。辅导员党建工作胜任特征是辅导员胜任特征下的一个子集,既体现了辅导员工作的基本要求,又具有党建工作中特别需要强调的、有别于其他8个辅导员工作职能领域的特征需求。这些区别可以是特征性质的不同,也可以是同一个特征的强弱程度的不同,这一特点与辅导员所需承担的高校党建工作内容的两个层次相匹配。

二、辅导员开展党建工作胜任特征要素的提取

高校辅导员党建工作胜任特征是高校辅导员在完成党建工作中所应该具

---

① 代郑重,安力彬.胜任力理论在人力资源管理中的应用[J].软科学,2013(7)：115.
② Spencer L M, Spencer S M. Competence at Work: Models for Superior Performance [M]. New York: John Wiley & Sons Inc, 1993: 222-226.

备的综合素质。它不是各种能力的简单叠加，而是辅导员为了完成党建工作所必须具备的思想政治素质、专业能力、马克思主义理论与学科知识素质、精神气质等各种因素相互作用的体现。根据胜任特征的概念，结合高校辅导员开展党建工作的实际要求，党建胜任特征主要涉及知识、能力和素养三个方面。

1. 党建工作要求辅导员具备良好的理论知识视野和储备

党建工作与党的理论知识、方针政策紧密相关，辅导员从事党建工作必须以扎实的理论知识为根基，开展工作有理有据才能让大学生信服，这其中包括扎实的党的基本理论知识、与时俱进的政治理论知识和全面的人文学科知识。[①]

一是扎实的党的基本理论知识。马克思主义、毛泽东思想、邓小平理论和习近平新时代中国特色社会主义思想是中国共产党诞生、发展和壮大的理论基石，辅导员必须学习、理解和掌握其中的关键知识点。除此之外，辅导员开展党建工作应掌握的知识还包括《中国共产党章程》、中华人民共和国史、党史、改革开放史、社会主义发展史、党建相关理论，等等。熟知党的理论知识是辅导员做好党建工作的基本要求，党的基本理论能为辅导员的党建工作提供指导，帮助辅导员把握正确的政治方向。

二是与时俱进的政治理论知识。辅导员不仅是学生思想政治教育工作的实践者，更是思想政治教育理论的探索者和创新者。掌握扎实的马列主义理论是辅导员的基本理论素质要求，具备较强的与时俱进的理论素质则是新时期高校辅导员的必然要求。辅导员要做好党建工作，就要不断地学习党的创新理论和党在当前历史阶段所采取的各项方针政策，运用符合学生需求和时代要求的方式方法，善于将党的各项理论、方针政策输入大学生头脑，进入大学生心灵。

三是全面的人文学科知识。党的知识理论是辅导员党建工作的基本要求，辅导员的政治理论素养也要求辅导员具备全面的人文学科知识储备。一方面，辅导员要广泛学习政治学、教育学、社会学、管理学等相关学科知识；另一方面，辅导员也要广泛涉猎心理学、伦理学、文体方面的有关知识。辅导员只有不断全面提升人文学科的各类知识，增加自身的知识储备，才能进入大学

---

① 教育部思想政治工作司.高等学校辅导员工作概论[M].北京：高等教育出版社,2011.

生与时俱进的话语体系,在学生中产生具有亲和力的"权威"效应,从而使得党建工作开展得更为顺畅、更有实效。

2. 党建工作要求辅导员具备较全面的工作能力

丰富的理论知识必须通过工作实践才能落实并发挥作用。因此,工作能力要求是高校辅导员党建工作胜任特征的重要组成部分,可以从理论、政策和工作实务三个方面来分析辅导员从事党建工作的能力要素。[①]

一是能力要素的理论分析。高校党务工作者是指高校党委所下属的分党委(党总支)委员会组成人员,以及从事党的组织、宣传、统战、秘书等工作的人员。[②] 辅导员是专门从事高校学生党建工作的党务工作者。对高校党务工作者的能力、素质的研究,大体分为两个方向,即党务工作者的综合素质和党务工作者的角色定位或工作内容。高校优秀基层党务工作者的素质应该包括爱岗敬业、善于学习,重视研究、精于创新,注重合力、善于团结,践行宗旨、强化服务。新形势下高校党务工作的职责中涉及的高校党务工作者的能力素质是多方面的,高校党务工作的职责主要表现在组织、管理、协调和监督等方面。在这些素质中提炼出的与能力相关的关键词包括学习、研究、创新、组织、协调等等。其中,学习是研究的基础,是创新的基石,因此将学习、研究、创新这三项概括为自主学习能力。基层党务工作者是否能够坚持做到自主学习,不仅是个人的学习态度,而且关系到基层党务工作者的政治责任。只有不断地学习与思考,才能发现问题与需求,同时开展创新性研究,从而将学习和研究成果运用于实践中加以检验。组织、协调这两项即为组织协调能力,面对着学生团员、党员、学生团支部、学生党支部,面对学生个人和学生群体,只有具备良好的组织协调能力才能将党建工作做得扎实、务实,才能实现党建带领团建共同发挥作用。因此,辅导员的党建工作胜任特征中的工作能力要素以现有理论研究为依据集中在自主学习能力与组织协调能力两方面。

二是能力要素的政策分析。在党的建设中,党校是党教育培训党员领导干部的主渠道。在高校,党校的培训针对学生而言是培育培训学生党支

[①] 孟祥栋.高校辅导员党建工作胜任特征分析——基于辅导员职业能力标准视角[J].高校辅导员,2016(2):16-19.

[②] 张伏力,赵莉.提高基层党务工作者素质是保障大学生党员质量的首要条件[J].职业与教育,2011(12):73-75.

部书记、学生党员、入党积极分子和入党申请人的主渠道。党校工作要坚持问题导向,注重回答普遍关注的问题,注重解答学员思想上的疙瘩。这就要求辅导员在开展党校培训工作时,必须自学新时期党建的新要求、新政策,在新形势下更好地为学员答疑解惑;必须懂得运用倾听的各种技巧,了解和挖掘学员的思想困惑和问题,并通过交流进行合理地解释与解答。因此,自主学习能力和倾听交流能力是相关政策对辅导员从事党建工作的具体要求。办好中国特色社会主义大学,要坚持立德树人,把培育和践行社会主义核心价值观融入教书育人全过程。作为大学生思想政治教育的骨干力量,辅导员开展党建工作的核心是理想信念教育,重点是爱国主义教育。只有具备组织协调能力才能有效地依托学生党、团支部,用学生喜闻乐见的方式将社会主义核心价值观教育落细、落小、落实;只有具备倾听交流能力才能走近学生,倾听学生的需求和困惑,用学生最能接受的方式将社会主义核心价值观教育日常化、具体化、形象化、生活化。以此,组织协调能力和倾听交流能力被再次强调。

三是能力要素的工作实务分析。以辅导员从事高校党建工作的时间为轴线进行分析。在新生党建工作中,辅导员主要开展入党启蒙教育,积极动员和指导学生撰写入党申请书,排摸入党积极分子的人数和名单,组建党支部,搭建高低年级朋辈党员和入党积极分子交流平台等工作;在大一后期的党建工作中,辅导员主要开展的是入党申请人的培训、团支部推优、入党积极分子的"选苗育苗"、党员和支部的考核和评议等工作;在大二阶段的党建工作中,增加了入党积极分子培训、确定党员发展对象、发展新党员等工作;在大三阶段的党建工作中,要持续开展党支部品牌项目建设和引导党员发挥模范作用、开展预备党员培训等工作;在毕业班的党建工作中,辅导员还要围绕毕业季开展党支部建设和毕业生党员的培养教育管理、党员材料的梳理归档,党员组织关系转接等工作。以辅导员从事高校党建工作的职业发展路径为轴线进行分析。辅导员从事学生党建工作,在初级阶段承担包括党支部建设,入党申请人、入党积极分子和学生党员的培养考察工作,是基础型党建工作;进入中级阶段后,需要有针对性地学习党建相关理论知识,并在工作中进行实践、提升自己的综合能力,包括整合学院资源建设党建品牌项目、开展党校办学等,此阶段为开拓型党建工作;进入高级阶段后,辅导员必须深入研究党建的规律性、前沿性问题,成为党建领域的专家,这个阶段主要承担的是研究型党建工作,包括深入研究党建理论、指导其他辅导员开展党建工作等。[①]

无论从工作内容还是从职业化发展的角度来看,辅导员从事高校党建工作都必须具备自主学习能力、组织协调能力和倾听交流能力。除此之外,由于辅导员的党建工作实务中包含大量的笔头文案、材料整理等工作,而且其对格式和内容都有严格的要求。因此,文字写作能力也是其必须具备的重要能力,这一能力的强弱也直接影响辅导员是否能将工作实践转化为工作理论、从而成为党建专家型辅导员的重要因素之一。

3. 党建工作要求辅导员具备高尚的人格修养

能否做好党建工作,知识和技能是显性因素,信念和意识是隐性因素。要真正做到思想引领,不仅要有丰富的学识、出色的能力,更需要有坚定的共产主义信念和守纪律、讲规矩的意识,这些都是高校辅导员从事党建工作所必须具备并且相较其他职业功能更需强调的人格修养。

一是坚定共产主义信仰是辅导员做好党建工作的基本要求。《普通高等学校辅导员队伍建设规定》中明确指出关于辅导员的主要工作职责的第一条就是:思想理论教育和价值引领。引导学生深入学习习近平新时代中国特色社会主义思想,开展社会主义核心价值观教育,帮助学生不断坚定中国特色社会主义道路自信、理论自信、制度自信、文化自信,牢固树立正确的世界观、人生观、价值观。掌握学生思想行为特点及思想政治状况,有针对性地帮助学生处理好思想认识、价值取向、学习生活、择业交友等方面的具体问题。辅导员党建工作的重要意义可见一斑。

随着时代的更迭、经济的发展、中西方文化的交流与深入影响,各类社会思潮逐渐衍生并在社会上产生广泛的影响。高校学生党建工作的对象是思想最为活跃也最不稳定的大学生。辅导员只有坚定共产主义信仰,才能在和学生接触的过程中,潜移默化、全过程和全方位地影响和引领学生。新入职的辅导员中大部分是从校门到校门的应届硕士或博士研究生。队伍年轻化使得辅导员更容易贴近学生开展工作,但是这也意味着辅导员本身也是易受各类社会思潮和文化观念影响的群体。所以,承担党建工作任务的辅导员需要时刻

---

① 陶鹏,贾永堂.高校优秀辅导员的职业角色及能力素养略探[J].学校党建与思想教育,2023(9):88-90.

自省，自觉提升党性修养。高校辅导员队伍的主管部门，也应当根据辅导员队伍的年轻化特点开展有针对性的培训和学习，促进辅导员坚定共产主义理想信念。

二是守纪律、讲规矩是辅导员做好党建工作的必备素质。守纪律、讲规矩是每一个共产党员的基本素养，相对于辅导员的其他工作领域而言，党建工作对严守纪律和各项规则的要求更高更严。从严治党是中国共产党一直以来的治党准则，更是新时期党的建设工作的重中之重。从严治党不仅是对党内领导干部的要求，更是对每一位共产党员的要求，落实到高校党建工作中就是对辅导员党建工作的一项重要要求。高校中学生党员的发展和培养工作均由辅导员承担，在学生党员的发展过程中，虽然大部分的辅导员能够掌握原则，但是也会出现一些问题。比如，辅导员因为党员发展涉及学生的切身利益，遇到打招呼、走关系的情况时不能做出正确的回应；或是出现因为学生干部为辅导员分担了许多工作，辅导员将发展其入党视为对其进行"奖励"的情况；还有辅导员为了突击发展或者其他原因造成的入党流程缩减或者不严格按要求执行的情况。这三类情况归根究底是由于辅导员在承担高校学生党建工作中缺乏纪律意识和规则意识造成的。

此外，大部分高校的低年级学生党支部的书记都由辅导员担任，高年级学生党支部工作以及学院的党建条块工作也都由辅导员指导。除发展新党员外，学生党员入党再教育的任务也十分艰巨。辅导员必须按要求开展指定主题的党支部组织生活、各类文件的学习、一年一度的党内民主测评以及组织上安排的其他各类党内学习。大学生党员群体的整体素质不仅代表着中国特色社会主义大学的办学质量，更直接影响中国共产党的未来发展。辅导员在开展党员的入党再教育工作时，必须严守纪律和规则，这样才能避免偷工减料、应付了事的情况发生。

三、辅导员开展党建工作胜任特征的要素列表

笔者选取来自不同单位的5位高校党建理论与实务专家，围绕"辅导员做好党建工作所需要具备的能力与素养"这个主题对他们进行访谈，将访谈记录进行内容分析、整理和汇总。结果显示，5位专家普遍认为，辅导员要做好党建工作必须具备自觉学习的能力，具备联系群众、倾听诉求的能力，具备组织协调能力和文字写作及语言表达能力，必须有较强的纪律意识，能够

自我约束,忠诚老实,能吃苦,能把握好尺度,以及储备一定的党务知识。这些内容与前文中分析所得的9个胜任特征要素匹配度很高,即知识层面的党的基本理论知识、政治理论知识、人文学科知识;能力层面的自主学习能力、倾听交流能力、组织协调能力、文字写作能力;素养层面的坚定的共产主义信念,守纪律、讲规矩的意识。

与此同时,笔者对上海市5所高校:上海交通大学、上海大学、华东理工大学、上海海事大学、上海建桥学院的本科生、研究生党员和学生党支部书记进行了问卷调研,共回收有效问卷573份,其中学生党支部书记问卷91份,学生党员问卷482份。问卷中,"您认为辅导员开展党建工作时应该具备哪些能力"和"您认为辅导员开展党建工作指导时需要加强哪些能力"这两个问题的答案要求采用由强到弱的排序多选,并在答案中列出开放式选项(其他)供被测试党员填写排序。通过对问卷的分析和整理,学生党支部书记和学生党员认可的辅导员党建工作能力有6项,由强到弱依次为:理论知识储备、自主学习能力、倾听交流能力、组织协调能力、自我约束能力、纪律意识。而学生党员认为辅导员应该具备的党建工作能力由强到弱依次为:理论知识储备、组织协调能力、自主学习能力、倾听交流能力、自我约束能力、纪律意识。这一问卷调研结果也符合3个维度、9项具体内容的辅导员党建工作胜任特征描述。

结合理论论证、调研分析得出的辅导员党建工作胜任特征要素详见表4-3。

表4-3 辅导员党建工作胜任特征要素表

一级要素	二 级 要 素
理论知识	党的基本理论知识、政治理论知识、人文学科知识
工作能力	自主学习能力、倾听交流能力、组织协调能力、文字写作能力
人格修养	坚定的共产主义信念,守纪律、讲规矩的意识

分析《高等学校辅导员职业能力标准(暂行)》在党建职业功能领域中对初、中、高三个级别的工作内容的描述,发现其中初级偏向于每个辅导员都必须承担的日常党建工作,而中级偏向的是党建专项工作的内容,高级则要求辅

导员已经发展成为研究型党建专家。辅导员党建工作的胜任特征也应随着级别的升高而递进,从而和三个级别一一对应。表4-4以理论知识为例分析了其与辅导员级别之间的关系。

表4-4 各级辅导员的党建工作理论知识分析表

辅导员级别	理论知识		
	党的基本理论知识	政治理论知识	人文学科知识
初级	了解党的基本理论,能基本理顺党的历史,能为学生讲解党的历史事件和过程,了解党的发展脉络	基本了解党的执政理念,能够传播党的执政理念,并对学生进行解释	基本了解相关学科知识,能借鉴其他学科知识为党建工作服务
中级	熟练掌握党的基本理论,熟悉党的历史发展过程,掌握党的基本理论的发展过程,能进行相关专题的讲座	熟悉党的执政理念,能够解读当前党的政治发展态势和国际形势	熟悉相关学科知识,能用其他学科知识为党建工作进行理论支撑
高级	透彻理解党的基本理论,深谙党的历史发展过程和党的基本理论发展过程,能够深入研究,并形成自己的理论研究体系	透彻理解党在当前的执政政策,了解党的政策实施的前瞻性和复杂性,能够深入讲解党的政治发展态势和国际形势	深入了解相关学科,能理解其他学科和政治理论之间的联系,并熟练地取其所长,融会贯通

由表4-4可知,随着辅导员级别的升高,对辅导员所应掌握的理论知识的范畴并没有太大的变化,但对相关知识掌握、理解和运用的程度有所提高。

相对理论知识,工作能力更侧重于实务操作,根据工作内容就可以判定胜任特征的要求,即高级别匹配高能力,具体详见表4-5。

人格修养是一个人在待人接物中外显的品行。无论是承担日常党建工作还是党建专项工作,所有级别的辅导员都必须具备较高的政治信仰意识、清醒的政治头脑、正确的政治方向以及守纪律、讲规矩的自我约束意识,才能够有效地帮助学生树立正确的政治方向、理想信念和精神信仰,帮助他们形成良好的政治品质,这是一以贯之的要求,覆盖所有辅导员等级,如表4-6所示。

表 4-5 各级辅导员的党建工作能力分析表

辅导员级别	工作内容	工作能力
初级	在学生骨干的遴选、培养、激励中,能考察学生基本素质、激励学生积极主动参与班团事务 在学生入党积极分子培养教育中,能教育引导学生坚定理想信念,增强党性修养,端正入党动机,组织学习党的理论知识 在学生党员发展和教育管理服务中,能综合考察学生的先进性和纯洁性,熟悉党员发展环节和程序,能利用各种教育载体激发党员的学习积极性和主动性 在指导学生党支部和班级建设中,能选好配强负责人,积极推动组织生活等工作创新,能发挥学生党员的先锋模范作用和党支部战斗堡垒作用	自主学习能力 倾听交流能力 组织协调能力 文字写作能力 弱 ↓ 强
中级	在指导学生党支部和班团组织开展主题党、团日等活动中,抓住重大节庆日、重要活动、重要节点指导开展丰富多彩的校园活动 在党员教育管理服务中,能指导党支部书记开展党员教育培训、组织生活和组织关系管理、关爱帮助学生党员,保障党员民主权利 在组织开展院级党校、团校的相关工作中,能讲授具有一定理论水平、深受学生欢迎的党课、团课	
高级	能熟练利用理论指导初级、中级辅导员开展党建工作 在具有影响力的学术期刊以第一作者身份发表党建工作高水平学术论文	

表 4-6 各级辅导员的人格修养分析表

辅导员级别	人格修养
初级	可靠的政治信仰,能够在学生中引领价值潮流,在学生骨干的遴选、培养、激励中能考察学生基本素质、激励学生积极主动参与班团事务
中级	坚定的政治信念,相信社会主义事业必然取得成功,能够号召学生紧紧团结在党支部周围
高级	始终不渝地相信党的事业必将胜利,共产主义必然实现 严守纪律,以党的规矩和纪律作为一切工作的准绳,绝不越雷池半步

四、辅导员开展党建工作胜任特征的应用价值

辅导员细分工作能力体系中党建工作胜任特征的调研分析结果能够为辅

导员选择党建工作作为职业方向提供参考依据，同时也能为辅导员党建工作能力培养提供参考内容。

一方面，为辅导员选择党建工作作为职业方向提供参考依据。分析以上胜任特征不难发现，这些特征要素，特别是其中的工作能力，即自主学习能力、倾听交流能力、组织协调能力、文字写作能力都是包含于辅导员的工作能力大范畴中的，并不是党建工作所必需的特殊能力。但是，必须强调的是"胜任"二字，辅导员从事党建工作的胜任程度是同特征要素的强弱程度正相关的。也可以从反向假设的角度去分析这个问题，如果一名辅导员不具备以上胜任特征，那么基本可以判定该辅导员将不能胜任高校党建工作。辅导员选择从事党建工作，较早地明确将党建工作作为自己的职业方向，不仅能大幅度提升职业稳定性，也能够提升工作年限与层级评定的匹配程度。辅导员应依据高校辅导员党建工作胜任特征，通过能力测评，进行对比分析，明确自身特点，判断自己是否适合从事党建工作，尽早决定自己的专业化发展方向。

另一方面，为辅导员党建工作能力培养提供参考内容。根据我国高校辅导员的工作现状，大部分辅导员在"带班"的同时也都会承担诸如团学、党建、心理等条线上的工作。在理想状态下，辅导员应依照自身职业能力特点自主选择是否从事党建工作。但是，目前的党建工作大多是上级布置和安排的，辅导员个体的职业能力与党建工作岗位要求的匹配程度良莠不齐。现行的高校管理制度并不允许辅导员完全自主的根据自身能力特点转换工作领域，这就要求已经从事党建工作的辅导员必须根据党建工作的胜任特征来有针对性地提升个体能力。现阶段，高校对辅导员党建工作能力的培养存在着如下三个方面的问题：一是对辅导员职业能力的评价往往是综合性的，对诸如党建工作能力在内的一些细分能力的测评比较欠缺；二是对已经从事党建工作的辅导员只有一些常规培训，缺乏有针对性的为提升党建工作个体职业能力而开展的专项培训；三是对从事党建工作的辅导员缺少相应的激励，未能充分调动职业发展的积极性。仅仅依靠辅导员个体在工作实践中逐渐摸索和自我成长是难以解决以上问题的，必须依据辅导员党建工作胜任特征建设专业化的课程体系和教材，设立专门的培养、考评机制，并在此基础上开发与之相匹配的理论学习、能力提升以及素质培养的培训项目，形成系统的培训体系，才能切实有效地提升高校辅导员的党建工作能力。

第五章

辅导员在"十大"育人体系中的作用发挥

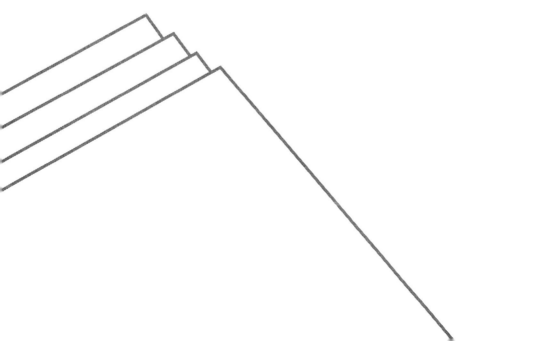

第一节　统筹推进课程育人与着力加强科研育人

2017年12月,中共教育部党组印发《高校思想政治工作质量提升工程实施纲要》,提出了要切实构建"十大"育人体系,其中课程育人位于首位,强调"大力推动以'课程思政'为目标的课堂教学改革,优化课程设置,修订专业教材,完善教学设计,加强教学管理,梳理各门专业课程所蕴含的思想政治教育元素和所承载的思想政治教育功能,融入课堂教学各环节,实现思想政治教育与知识体系教育的有机统一。"在"科研育人质量提升体系"这一基本任务中明确指出要"发挥科研育人功能,优化科研环节和程序,完善科研评价标准,改进学术评价方法,促进成果转化应用,引导师生树立正确的政治方向、价值取向、学术导向,培养师生至诚报国的理想追求、敢为人先的科学精神、开拓创新的进取意识和严谨求实的科研作风"[①],对科研育人的要求作了明确规定。

一、课程育人的内涵与辅导员参与课程育人工作

加强课程育人是落实立德树人的根本要求。作为高校思想政治教育的重要方式,课程育人要体现时代精神和文化内涵,更好地解决"为谁培养人、培养什么样的人、怎样培养人"的问题,着力培养德智体美劳全面发展的人。2020年6月,教育部发布《高等学校课程思政建设指导纲要》,明确要求各高等学校把课程思政贯穿人才培养体系,全面推进高校课程思政建设,发挥好每门课程的育人作用[②]。就课程育人的基本内涵而言,从语义上分析,是指在课程教育的过程中进行育人活动,在课程设置、教材设计、课堂教学等环节中,梳理各类课程的思政元素,在进行知识理论传授的过程中实现育人价值,从而进一步推进课程思政的建设。

---

① 中共教育部党组关于印发《高校思想政治工作质量提升工程实施纲要》的通知[EB/OL].(2017-12-05).http://www.moe.gov.cn/srcsite/A12/s7060/201712/t20171206_320698.html.
② 教育部关于印发《高等学校课程思政建设指导纲要》的通知[EB/OL].(2020-06-01).http://www.moe.gov.cn/srcsite/A08/s7056/202006/t20200603_462437.html.

提高课程育人质量的首要任务就是大力推进以"课程思政"为目标的课堂教学改革。"课程思政"是中国特色的课程育人模式,专业课任课教师以立德树人为出发点和落脚点,充分挖掘本门专业课程中所蕴含的思政元素、德育元素,并将其融入专业课教学中,使专业知识与思政育人元素有效衔接,在传授专业知识与技能的同时,实现对学生的思想引导、价值引领。

关于课程思政的概念界定,高德毅的观点得到了学界的普遍认同,他认为课程思政是一种课程观,是将思想政治教育融入所有课程教学的各环节、各方面,围绕"知识传授与价值引领相结合"的课程目标,充分发挥所有课程的育人价值。[①] 李万春认为,课程思政是实现"三全育人"工作目标的必然举措,其理念目标、方法维度与时代新人培育具有逻辑契合性。高校要充分利用课程思政教育,挖掘各门课程教育资源,发挥协同效应,将时代新人培育贯穿于教育教学全过程,有效落实立德树人根本任务。[②]

课程育人是从课程的本质属性、功能、价值等角度探讨课程育人内涵,具体而言,是指在课堂教学实践中体现党、国家和社会的意志,以学生为对象来贯彻党的教育方针和政策。推进课程育人的重要内容之一就是把思想政治教育融入具体课程中,使"课程"与"思政"有机结合。习近平总书记在全国高校思想政治工作会议上强调:"要用好课堂教学这个主渠道,思想政治理论课要坚持在改进中加强,提升思想政治教育亲和力和针对性,满足学生成长发展需求和期待,其他各门课都要守好一段渠、种好责任田,使各类课程与思想政治理论课同向同行,形成协同效应。"因此,教育者在传授专业知识的同时还要注重对受教育者进行理想信念和思想品德教育以及世界观、人生观、价值观的引导。

辅导员是大学生思想政治教育的一支骨干力量,在课程育人中扮演着重要角色。在"课程思政"的背景下,高校辅导员要积极参与同专业课教师协同育人的教育实践中去。结合《高校思想政治工作质量提升工程实施纲要》的要求,在课程育人工作中,高校辅导员应在以下四方面开展育人工作,即优化课程设置,完善课程体系;修订专业教材,加强教学设计;发挥主体作用,健全育人机制;加强课程管理,明确纪律要求。

---

① 高德毅,宗爱东.课程思政:有效发挥课堂育人主渠道作用的必然选择[J].思想理论教育导刊,2017(1):31-34.
② 李万春.基于课程思政的高校时代新人培育路径[J].山西财经大学学报,2023,45(S2):264-266.

1. 优化课程设置，完善课程体系

课程内容的设置、课程体系的完善不仅仅是专业课教师的职责，辅导员要与专业课教师协同育人。课程思政不是简单地将思想政治教育的内容纳入专业课教学中。课程育人不是辅导员与专业课教师两者各自职责的简单叠加，而是要形成辅导员与专业课教师协同育人"融合格局"，找到两者的共通点，画最大同心圆。在《普通高等学校辅导员队伍建设规定》中，明确规定高校辅导员具有教师和管理人员双重身份[1]。作为教师，辅导员是参与优化课程设置和完善课程体系的重要成员。辅导员最了解学生的思想、学习和生活等方面的情况。真实有效掌握学生学习情况，了解学生思想动态，为辅导员进一步完善课程体系提供现实依据。辅导员是"第一课堂"的协助者和"第二课堂"的实施者，主要承担着学生职业规划、就业指导、心理健康、形势与政策等方面课程的教育任务，在课程的设置和课程体系的建构上要体现合理性和科学性。

近年来，上海地区高校创新思想政治教育方式，建立起了多圈层融会贯通的"大思政"同心圆。"大思政"育人同心圆模式主要以思政必修课为核心、十余门"中国系列"思政选修课为骨干，三百余门综合素养课为支撑，千余门专业课为辐射的"课程思政"育人同心圆。其核心是将思想政治教育从国内大学统一设置的五门必修思政课扩展到学校教育教学全过程。

2. 修订专业教材，加强教学设计

辅导员在专业课教材的修订上发挥着重要积极作用。辅导员长期从事学生工作，对学生的学习情况最了解；辅导员也是专业课教学的辅助者，与专业课教师密切联系，是连接学生和专业课教师的重要纽带。因此，辅导员在专业教材修订上能够提出诸多合理意见，使专业课教材更贴近学生。辅导员要通过学工教学联动会、学风建设反馈会、座谈会等渠道充分参与专业课的教学活动，与专业课教师有效沟通，良性互动。辅导员与专业课教师通力合作，有益探索专业课中的思政元素，从课程内容出发，挖掘课程的文化内涵、历史底蕴、人物故事等资源，探寻课程所蕴含的专业素养、道德品质、社会责任、家国情怀等，体现课程的育人导向，优化课程内容。

精彩的教学设计是影响课程育人效果的重要因素。辅导员在教学内容设计上要体现"思政味道"、发挥育人导向。辅导员要坚持以学生思想政治教育

---

[1] 普通高等学校辅导员队伍建设规定[J].中华人民共和国国务院公报，2007(22)：8-10.

教学为核心,关注学生兴趣爱好,充分发掘和运用校内外各种教学资源,着力培养学生的思想品德修养。在教学环节设计上,充分调动学生的主体性,培养学生独立思考能力、思维创新能力以及社会实践能力。在教学方法上要形式多样,吸引学生融入课堂,积极参与课堂活动。在教学设计上要精心设置各个教学环节,采取课堂讲解、师生互动、素质拓展等多种形式,获得学生的积极反馈,力求取得实质性的育人效果。

3. 发挥主体作用,健全育人体制

学生作为受教育者,不但是接受思想政治教育的客体,而且是有意识的主体。主体间性是主体性哲学的批判和超越,马克思主义实践观是真正实现主体间性要义的生存基础。在马克思主义实践观指导下,以主体间性考量大学生思想政治教育,有助于撬平教育者与受教育者平等地位、增强教育过程双向流动和充分体恤受教育者个性需求,从而实现受教育者的主体自我认同。[1]

辅导员和专业课教师要相互交流和沟通,形成协同育人机制,在育人过程中要重视学生的主体作用。教育教学不应仅仅注重学生认知层面的提升,还要发挥学生的主观能动性,兼顾学生能力的培养和思维方式的锻炼,以围绕学生、关心学生、服务学生为宗旨。在具体的教学实践中,有时会出现"教师讲自己的,学生做自己的"的情况,教师和学生之间没有有效链接,也没有良好互动,这一情况背后反映出来的问题是教师没有调动起学生的主体性。辅导员可以帮助任课教师调动学生的育人主体作用,在设计教学内容时要让学生产生情感认同,引发学生共鸣,从而激发学生的主动性。教师组织课堂形式要丰富新颖,通过小组讨论、情景设置等教学活动来提高学生的参与性,使其参与课堂,积极思考,锻炼思维,提高认知能力。

4. 加强课程管理,明确纪律要求

管理在育人中具有非常重要的作用,有效的管理是课程育人取得实际效果的重要保障。辅导员在与专业课教师协同育人的过程中,要针对学生在课内外出现的问题,及时沟通,加强对学生的管理。

在目前的课程教学中常有管理缺失的现象,辅导员要重视课前、课中、课

---

[1] 王鑫明,任海华.以主体间性重构大学生思想政治教育过程[J].黑龙江高教研究,2019(3):122.

后的管理。对于课前管理,辅导员要密切联系学生,了解学生的需求和学习状态,帮助学生制定学习规划,提前进行礼仪规范教育等。课堂监管的缺失易形成学生课堂纪律松散,极大地影响专业课教师课堂教学的质量和效果。辅导员在日常工作过程中要加强听课频率,及时发现学生在专业课学习中的新情况、新问题,对学生学习进行合理监督。当学生思想方面出现问题的时候,要及时正面引导,加强学风建设。同时,辅导员在听课的过程中也应向专业课教师学习授课技巧,提高自身的教学能力。课后可以主动了解学生上课的感受,及时向任课教师进行反馈,以帮助任课教师及时改进和调整教学内容、教学进度和教学形式,做到教学相长,从而达到更好的教学效果。

二、科研育人的内涵与辅导员参与科研育人工作

我国自实施科教兴国、人才强国战略以来十分注重科研育人与科技创新。高校作为国家培养人才的主阵地,必然对高校各岗位的教师提出了相应要求。陆锦冲认为科研育人是指广大高校科研工作者在从事科研工作中对学生产生的有益帮助和积极影响,是一种有目标、有责任、有意识的教育引导行为,是培养大学生综合素质和创新能力的有效方式。[1] 刘建军从不同学科视野阐述科研育人的内涵,指出科研育人就是指通过科研来育人或是在科研过程中来育人,指的是在我国高等教育中,通过让学生参加科学研究活动,并在指导他们开展科学研究的过程中,培养和提高学生的思想品德和科研能力,以实现高校育人的目标。[2]

辅导员作为高校思想政治教育的重要组成部分,参与科研育人必不可少。初级辅导员要参与校内外思想政治教育课题或项目研究;中级辅导员要能开展深入的科学研究,能领导管理科研项目团队;高级辅导员要主持省部级以上思想政治教育课题或项目研究,形成具有影响力和推广价值的研究成果,能推动研究成果的转化应用,并对中级辅导员的研究进行指导。[3] 可见辅导员自身需要积极参与科研工作并获得一定成果。

此外,辅导员更需要对学生发挥科研育人作用,积极参与指导学生的科

---

[1] 陆锦冲.高校科研育人:内涵·方向·途径[J].高等农业教育,2012(9):3-5.
[2] 刘建军.进一步重视科研在高校育人中的地位和作用[J].中国高等教育,2015(6):34-37.
[3] 教育部关于印发《高等学校辅导员职业能力标准(暂行)》的通知[EB/OL].(2014-03-27).http://www.moe.gov.cn/srcsite/A12/s7060/201403/t20140327_167113.html.

研工作,辅助专业老师对学生进行指导,培养科学家精神,健全学生人格,使其积极参与科研,实现自身发展。

高校辅导员在科研育人工作中发挥重要作用,主要体现在协助相关专业人员完善学术评价标准和科研成果评价办法;参与构建系统的学术诚信体系和编写学生学术规范与道德读本,积极组织开设相关专题讲座或公选课程;大力培养学生的科学家精神和创新意识,引导学生进行创新;加大学术名家、优秀团队的先进事迹宣传教育以影响学生等方面。

1. 协助完善学术评价标准和科研成果评价办法

2021年发布的《国务院办公厅关于完善科技成果评价机制的指导意见》中明确要求要"全面准确评价科技成果的科学、技术、经济、社会、文化价值""健全完善科技成果分类评价体系""加快推进国家科技项目成果评价改革""大力发展科技成果市场化评价""充分发挥金融投资在科技成果评价中的作用""引导规范科技成果第三方评价""改革完善科技成果奖励体系""坚决破解科技成果评价中的'唯论文、唯职称、唯学历、唯奖项'问题""创新科技成果评价工具和模式""完善科技成果评价激励和免责机制"。① 这为高校的学术评价标准和科研成果评价办法指明了方向。

高校辅导员也可以协助制定相关标准和办法。辅导员可以将自己在参与科学研究过程中遇到的问题加以梳理总结,并反馈给政策制定的相关部门。更为重要的是,高校辅导员对学生的科研发挥着重要作用。

一方面,辅导员作为最了解学生的教师群体,可以根据学生的个体特点和发展所需,有针对性地提供科研和科创的相关信息,积极动员学生参与,帮助学生根据自身所长选择最为适合自己的科研工作。同时,辅导员还可以在力所能及的范围内对学生的科创活动加以指导,帮助学生完成科创任务,达成科创成就。

另一方面,学生在参与科研中遇到的一些困难、挫折等需要辅导员及时予以沟通解决。辅导员较为了解学生的心理情况,及时排解学生在论文发表、项目申报等过程中出现的心理问题,还可积极了解学生对学术评价标准、科研成果评价的看法和意见,做及时总结并向制定主体反馈。辅导员是学生、教师和

---

① 国务院办公厅关于完善科技成果评价机制的指导意见[EB/OL].(2021-07-16). https://www.gov.cn/zhengce/content/2021-08/02/content_5628987.htm.

相关标准办法的制定主体之间沟通联系的桥梁。辅导员将在日常工作及与专业教师沟通过程中了解到的情况和问题及时反馈给相关制定者,可为其提供一定参考。高校辅导员在学术评价标准和科研成果评价办法的制定和完善中可以发挥积极的辅助作用。

2. 参与构建学术诚信体系,提高学术诚信与学风建设

辅导员应当积极参与构建集教育、预防、监督、惩治于一体的学术诚信体系。学生的学术诚信关系到学生的学风建设和道德建设。辅导员应当积极营造学术诚信氛围。

一是参与编写学生学术规范与道德读本,并积极引导学生阅读和学习。辅导员可在新生入学时就发放相关学术规范读本,还可组织相关测试,让新生系统了解学术规范。

二是积极组织学术诚信相关讲座、活动,营造良好的学风与学术氛围。辅导员可邀请学术大家或专业教师等作学术规范报告与讲座,让优秀学生分享个人学术经历等,勉励学生做到学术规范与学术诚信。

三是组织开设学术诚信相关课程,让学生更为具体地了解学术规范的条目、方法。辅导员可分不同的科研实践专题对学生的思想态度进行深入研究,与专业教师展开深入探讨,设计相关课程,更为专业地提升学生学术能力,规范其学术行为。

辅导员在参与相关内容体系的构建时要注重完善奖惩制度。辅导员可编写相关学术违纪失范的处理细则,对学生学术违纪行为进行严肃批评与处理。同时,可设置评选"学术规范先锋"等荣誉称号,以表彰遵守学术规范、弘扬优秀学风的先进典型。此外,也可将学术规范纳入奖学金评定中个人综合素质评定的范围,设置专门的评定小组,加强学术诚信监督。辅导员可以充分运用互联网、大数据、新媒体等学生喜闻乐见的方式传播学术诚信与规范,组织学生参与学风建设短视频大赛等具有新颖形式的活动,使得学生在耳闻目染中逐步接受相关规范,起到潜移默化的教育作用。

3. 用科学家精神感召学生,引导学生投身科研报国

我国十分重视大学生科学精神和创新意识的培养。2019年6月,中共中央办公厅、国务院办公厅印发的《关于进一步弘扬科学家精神加强作风和学风建设的意见》指出,科学家精神是胸怀祖国、服务人民的爱国精神,是勇攀高峰、敢为人先的创新精神,是追求真理、严谨治学的求实精神,是淡泊名利、潜

心研究的奉献精神,是集智攻关、团结协作的协同精神,是甘为人梯、奖掖后学的育人精神,要自觉践行、大力弘扬新时代科学家精神。①

2020年9月,习近平总书记在科学家座谈会上指出:科学成就离不开精神支撑。科学家精神是科技工作者在长期科学实践中积累的宝贵精神财富。要广泛宣传科技工作者勇于探索、献身科学的生动事迹。好奇心是人的天性,对科学兴趣的引导和培养要从娃娃抓起,使他们更多了解科学知识,掌握科学方法,形成一大批具备科学家潜质的青少年群体。② 由此可见,辅导员将科学家精神融入高校学生的思想政治教育是科研育人必不可少的组成部分,具有重要意义。

辅导员可组织专题教育活动,邀请学术名家、优秀科研团队特别是优秀的青年科研团队,开展主题讲座或是主题教育活动,分享他们的科研经历、奋斗故事。引导大学生在"听故事"的同时树立科研报国的远大理想、培养脚踏实地奋斗不息的意志品质。辅导员可将科学家精神和创新意识的培养融入课堂,在课堂上通过生动形象的故事案例教导学生学习这种精神;融入校园文化,促使学生在学术学习交流过程中不断接受洗礼、熏陶;融入教学实践,使学生在做课程实验、专业实习训练等实践中结合自身专业体悟科学家精神;融入学生创新创业实践,让学生不断创新,提高创新意识;融入学生的社会实践,让学生在志愿服务、社会调研等活动中实现个人价值与社会价值的统一,等等。

总之,辅导员可积极开展一系列课程、实践,让学生在理论与实践中学会创新,将科研与思想政治教育相结合,引导学生发扬科学精神,坚定理想信念,专注科研钻研,有所成就。

第二节 扎实推动实践育人与深入推进文化育人

《高校思想政治工作质量提升工程实施纲要》在"实践育人质量提升体系"强调"坚持理论教育与实践养成相结合,整合各类实践资源,强化项目管理,丰富实践内容,创新实践形式,拓展实践平台,完善支持机制,教育引导师生在亲

---

① 关于进一步弘扬科学家精神加强作风和学风建设的意见[M].北京:人民出版社,2019.
② 习近平.在科学家座谈会上的讲话[N].人民日报,2020-09-12(02).

身参与中增强实践能力、树立家国情怀"。在"文化育人质量提升体系"要求"注重以文化人以文育人,深入开展中华优秀传统文化、革命文化、社会主义先进文化教育,推动中国特色社会主义文化繁荣兴盛,牢牢掌握高校意识形态工作领导权,践行和弘扬社会主义核心价值观,优化校风学风,繁荣校园文化,培育大学精神,建设优美环境,滋养师生心灵、涵育师生品行、引领社会风尚。"①

一、实践育人的内涵与辅导员参与实践育人工作

高校思想政治工作的开展离不开实践育人这一重要手段。实践育人需要始终坚持以马克思主义的立场、观点、方法为指导,以立德树人为根本任务,遵循人的思想品德发展规律和思想政治教育的客观规律,在受教育者已有的理论知识和间接经验之上,以理论与实践相结合为主要方法。实践育人要将实践意识渗透到受教育者生活的各个方面,发挥受教育者的主体作用,使其利用理论知识和生活经验完成实践的目标和任务,将理论知识转化为青年的认知、行为和信念,从而进一步提高认识水平和思想道德品质。

张文显认为,所谓实践育人,是指"以学生在课堂上获得的理论知识和间接经验为基础,通过激发学生课外自我教育和相互教育的热情和兴趣,开展与学生的健康成长和成才密切相关的各种应用性、综合性、导向性的实践活动,加强对学生的思想政治教育并促进他们形成高尚品格、祖国观念、人民观念、创新精神、实践能力的新型育人方式"。②梁颖等认为实践育人与理论教学相辅相成,通过理论联系实际的方式帮助学生掌握科学知识和方法,理论教学构成实践育人的基础,实践育人在此基础上让学生进一步体验和融会贯通,并在培养学生创新意识、创新精神、创新能力等方面起着其他教育形式不可替代的重要作用。③

实践育人是落实立德树人根本任务的重要抓手。"实践"是实践育人的核心,是教育活动的重要载体,要通过实践锻炼来实现育人效果。习近平总书记

---

① 中共教育部党组关于印发《高校思想政治工作质量提升工程实施纲要》的通知[EB/OL].(2017-12-05).http://www.moe.gov.cn/srcsite/A12/s7060/201712/t20171206_320698.html.
② 张文显.弘扬实践育人理念构建实践育人格局[J].中国高等教育,2005(Z1):7.
③ 梁颖、苏一丹、丁宇.构建有利于创新人才培养的实践育人体系[J].中国高等教育,2012(20):44.

指出:"我们的国家要上进,我们的民族要上进,就必须大兴学习之风,坚持学习、学习、再学习,坚持实践、实践、再实践。"①青年肩负重要历史使命和时代责任。青年不仅要读万卷书,还要行万里路,要坚持理论学习和实践锻炼并重。学生是实践育人的主体,要发挥学生的主观能动性,提升参与实践的内驱力,积极投身社会实践。实践育人是为思想政治教育的根本目的和任务服务的,是为培养德智体美劳全面发展的时代新人服务的。要引导青年在实践中检验学习成果,磨炼意志,培养良好的综合素质。高校应广泛凝聚社会力量,构建实践育人共同体,通过各类具体的实践活动提升学生的理论基础和创造能力。

辅导员是理论的宣讲者和传播者,也是实践活动的组织者和教育成果的一线鉴定者。实践育人最终的落脚点在"行",要将理论知识内化于心外化于"行",通过思想政治教育活动强化和补充课堂教学中渗透的思想政治教育的内容。实践活动是对学校思想政治教育效果的反馈,也为思想政治教育提供契机。因此,辅导员要在实践资源整合、平台拓展、内容组织、机制完善等方面积极开展工作。

1. 整合实践资源,创新实践形式

实践资源在培养创新型、应用型人才过程中发挥着举足轻重的作用。高校的实践育人资源相对短缺,辅导员在实践育人中要有效整合好、利用好实践资源。辅导员要配合学院和学校创办校企合作平台,有效利用社会资源,拓展实践平台。要依托高新技术开发区、大学科技园、大学生创业中心、城市社区、爱国主义教育基地等,发挥区域优势,参与社会实践基地、实习基地的创立。开发教学区域、宿舍、食堂、体育馆等区域,通过办展览、布置理论宣传栏等活动,着力营造积极向上的良好氛围引导学生投身实践。

随着时代的发展,实践的内容和形式必须不断丰富发展以适应现实需求。辅导员是第二课堂的实施者,第二课堂主要是通过开展党团活动、志愿服务活动等社会实践活动,帮助学生将第一课堂中所学到的理论知识和专业技能转化为实践。因此,辅导员要组织开展不同类别的活动,将理论知识渗透到实践活动中去。如唱红歌、讲红色故事等文艺活动,筹办职业生涯规划大赛等,举

---

① 习近平.在中央党校建校80周年庆祝大会暨2013年春季学期开学典礼上的讲话(2013年3月1日)[M].北京:人民出版社,2013.

办社会服务、"三下乡"、社会调查、社会劳动、勤工助学等实践活动,开展"志愿服务西部计划"等项目。全国最美辅导员辽宁大学刘巍老师把自身20年的工作经验与"社会大课堂"相结合,开拓思想政治教育的新方法。他带领学生开展了信仰驻村、科技驻村、智力驻村"三驻工程",带领大学生参加乡村振兴实践,让学生亲身经历,了解国情民情,励志贡献力量,到祖国最需要的地方去,让青春在祖国最需要的地方闪光。他坚持每年寒暑假自费赴全国各地开展家访活动,用足迹丈量育人情怀,用行动赢得学生信赖。[1]

2. 强化科学管理,促进社会实践规范化

社会实践不是一种结果教育,而是一种过程教育。辅导员应从管理、评价、考核等方面体现对社会实践教育的重视,用精细化管理推进社会实践教育,建构一个重视过程,重视标准的科学、规范的社会实践教育管理体系。

第一,加强社会实践教育的过程管理。社会实践常以活动、实习等形式开展,具有一定时间跨度。社会实践旨在教育培养学生的综合能力,无法进行简单的量化考核,因此在社会实践开展中要对学生的态度、能力进行过程化观察、考核,防止社会实践流于形式,走马观花。

第二,加强社会实践教育的品牌建设。目前,大学生社会实践形式主要包括社会调研、志愿服务、科创活动、企业实习、支教支边等,主题涉及红色文化、创新创业、扶贫扶智等。社会实践开展的数量是非常庞大的,但多数高校都反映出社会实践的品牌性不强的问题。因此,在对社会实践内容、形式、主题等的布局中,辅导员可重点打造社会实践的重点项目、特色项目,形成一定范围内的品牌项目。充分利用好已有的"创青春""挑战杯"等大学生社会实践的作品展示渠道和平台,让实践育人效果看得见、听得到、摸得着。

第三,加强教育引导与学生兴趣相结合。很多学生进行社会实践的起点在于个人兴趣,但有兴趣并不一定能达到实践育人的效果。因此,辅导员可以充分发挥第一课堂的教育经验,推进实践育人中的专业、学科指导,促进实践育人科学化。

3. 加强育人协同,促进社会实践多样化

社会实践是课内外多方协同互动的育人形式,脱离地方和社会的大学生

---

[1] 厉飞."最美"青春引路人——记2021年"最美高校辅导员",辽宁大学化学院党委副书记、副院长刘巍[J].共产党员,2022(2):14-15.

社会实践就会成为"无源之水、无本之木"。近年来的大学生社会实践做得不深、做得不远的一个重要原因就在于与社会资源的脱节。在加强协同育人,整合社会资源促进社会实践多样化方面,辅导员大有可为。

第一,在推进社会实践育人的过程中,辅导员可以整合各方资源,将企事业单位、行业组织等吸纳到大学生社会实践中,为大学生社会实践提供足够的社会支持和机会,形成充足的可选择菜单,保证学生有意愿开展社会实践就有实践单位可去,减少学生在社会实践过程中的沟通成本。同时与企事业单位建立友好合作关系,适时推行校内外双导师制,保证社会实践质量,制定科学、规范的考核标准,构建以社会实践为纽带的校方、学生、实践单位三方的良性互动。

第二,联动校友服务部门,从制度建设、管理机制、激励机制等方面出发,完善校友协同高校实践育人保障机制。辅导员结合学校人才培养特点,制定校友协同实践育人管理方案、办法,完善制度建设,使校友协同实践育人有据可依、程序规范、实施高效。辅导员应配合相关部门做好校友协同高校实践育人的管理方案、办法的宣传工作,健全校友参与实践育人遴选推荐制度,广泛联系校友、校友企业、校友创新创业平台、校友实践基地参与学生社会实践,注重社会实践的目标管理与过程管理,形成学校支持、校友协同、学生参与的实践育人服务格局。

第三,辅导员可以搭建平台,对在社会实践过程中表现突出的校友个人、校友组织、高校工作者、学生进行评奖评优,肯定他们的付出,增强他们的使命感和荣誉感,激励他们积极参与社会实践各项工作,从而推动实践育人工作的长效化开展。①

二、文化育人的内涵与辅导员参与文化育人工作

我国对文化育人的研究由来已久,各个时期的教育都离不开文化的滋养,文化也是思想政治教育的重要载体和路径。梅萍、白如在研究中指出,新时代思想政治教育要更加关注内涵式发展,更加关切文化的反哺作用。高校文化育人是重视发挥文化对人"明心启智,培根铸魂"重要作用的教育思想表达,凝

---

① 黄瑞宇.新时代高校学生工作的创新研究与实践探索[M].北京:中国政法大学出版社,2020.

结了文化对人类发展和社会进步的理性认识与实践。文化之所以能够成为育人的重要驱动力,最重要的是其饱含着丰富的哲学智慧、人文精神、价值追求、道德理念、历史经验。① 张立学指出大学文化育人就是大学基于文化的理念和方法,运用先进的大学文化对其成员施加有目的、有计划的影响,进而达到培育和发展人的实践活动。大学文化育人的过程实质上是以文化人、以文育人的过程。② 此外,在文化育人的内涵、体系、路径等方面,我国学者也都展开过相关研究,可见文化育人在育人工作中意义重大。

  文化育人长期以来得到党和国家的充分重视。习近平总书记在全国高校思想政治工作会议上指出,做好高校思想政治工作,要因事而化、因时而进、因势而新;要更加注重以文化人以文育人,广泛开展文明校园创建,开展形式多样、健康向上、格调高雅的校园文化活动,广泛开展各类社会实践。③ 这一重要论述为我们指明了校园文化育人发挥的重要作用和其展开育人工作的重要路径。习近平总书记在党的二十大报告中指出:"全面建设社会主义现代化国家,必须坚持中国特色社会主义文化发展道路,增强文化自信,围绕举旗帜、聚民心、育新人、兴文化、展形象建设社会主义文化强国。"④这一重要论述,深刻揭示了文化发展在社会主义现代化进程中的重要作用,也为新时代高校文化育人工作指明了方向、提供了动力,为高校开展文化育人工作提供了理论指导。2023 年 10 月 7 日至 8 日,全国宣传思想文化工作会议在北京召开。这次会议最重要的成果,就是正式提出和系统阐述习近平文化思想,为新时代新征程做好宣传思想文化工作,担负起推动文化繁荣、建设文化强国、建设中华民族现代文明这一新的文化使命提供了强大思想武器和科学行动指南。⑤ 辅导

---

① 梅萍,白如.新时代高校文化育人的科学定位、现实困境与路径探赜[J].中学政治教学参考,2023(44):7-11.
② 张立学.高校思想政治工作研究文库 以文化人 大学文化育人研究[M].北京:人民出版社,2019.
③ 习近平在全国高校思想政治工作会议上强调:把思想政治工作贯穿教育教学全过程 开创我国高等教育事业发展新局面[N].人民日报,2016-12-09(01).
④ 习近平.高举中国特色社会主义伟大旗帜为全面建设社会主义现代化国家而团结奋斗——在中国共产党第二十次全国代表大会上的报告(2022 年 10 月 16 日)[M].北京:人民出版社,2022.
⑤ 习近平对宣传思想文化工作作出重要指示强调 坚定文化自信秉持开放包容坚持守正创新 为全面建设社会主义现代化国家 全面推进中华民族伟大复兴提供坚强思想保证强大精神力量有利文化条件[N].人民日报,2023-10-09(01).

员应当认真学习贯彻落实习近平文化思想,积极参与文化育人工作,以推动校园文化育人活动为己任,不断用先进文化引领青年、感召青年。

高校辅导员是文化育人的主力军之一,主要从以下几方面展开具体工作:推进中华优秀传统文化教育,开展系列文化建设活动;挖掘革命文化育人内涵,有效利用文化资源;开展社会主义先进文化教育,推广践行社会主义核心价值观;大力繁荣校园文化,挖掘校园文化资源等。

1. 推进中华优秀传统文化教育,开展系列文化建设活动

中华优秀传统文化是中华民族的基因、是中华民族的文化血脉。习近平总书记强调:"中华文明源远流长、博大精深,是中华民族独特的精神标识,是当代中国文化的根基,是维系全世界华人的精神纽带,也是中国文化创新的宝藏。"[1]

第一,辅导员要深入了解我国的优秀传统文化,将其融入自身的育人理念并应用于学生的德育工作中。如我国传统文化中的"有教无类""仁者爱人"强调对学生的关爱和一视同仁,"因材施教"则突出教育的针对性,"言传身教"指出教师应当以身作则,这些优秀的传统育人思想都为辅导员提供了育人指导。

第二,辅导员应推动学生对中华优秀传统文化的了解与学习。传统文化是我国的精神命脉,思想之源。"为有牺牲多壮志,敢教日月换新天"的奋斗精神,"先天下之忧而忧,后天下之乐而乐"的爱国情怀,"鞠躬尽瘁,死而后已"的献身精神,"道法自然、天人合一""天下为公、大同世界""厚德载物、自强不息"等优秀传统思想,这些优秀传统文化凝聚在中华民族精神和时代精神之中,描绘了一幅幅精神蓝图,对塑造时代新人发挥着巨大作用。因此,辅导员在育人过程中应当在日常思政教育、主题活动中重视引导学生对中华优秀传统文化的学习。辅导员要善于在中华优秀传统文化的历史长河中撷取精华来教育学生。

第三,辅导员应当积极组织开展系列传统文化建设活动,创新传统文化活动形式,采取学生喜闻乐见的形式开展文化育人工作。辅导员可以邀请中华优秀传统文化方面的专家学者、业界名流到高校开展传统文化相关讲座、表演等,使学生深入了解我国优秀传统文化。辅导员可以通过组织开展中华经典朗诵大赛、书法大赛等传统文化竞赛,夯实学生传统文化功底。此外,辅导员

---

[1] 把中国文明历史研究引向深入推动增强历史自觉坚定文化自信[N].人民日报,2022-05-29(01).

还可以抓住中华传统节日等重要时间节点,组织民俗文化节、书法绘画展、非遗文化展等,组织学生体验篆刻、泥塑、刺绣、地方戏等优秀传统文化活动,营造文化氛围,让学生在潜移默化的环境中,通过沉浸式的体验,感受传统文化之美,感悟传统文化之道。

2. 挖掘革命文化育人内涵,有效利用红色资源育人

革命文化是中国共产党在带领中国人民争取民族独立、人民解放和实现国家富强、人民幸福的伟大实践中,在马克思主义中国化时代化的理论创新中所形成的,为高校加强和改进思想政治教育提供了丰富的资源。革命文化所具有的政治性、人民性、先进性、科学性等特质,体现了马克思主义中国化时代化进程中的精神内核。[1] 辅导员要加强对学生的革命文化教育,为其注入红色基因,进而引导学生树立正确的世界观、人生观、价值观。

第一,从自身做起,践行教育者先受教育,深入学习红色革命文化。辅导员一方面要加强自身对革命文化的学习研究,另一方面可以协助专家学者挖掘革命文化的育人内涵,特别是和所在城市、所在学校相关的红色历史。辅导员只有在充分学习和了解革命文化的历史发展、重大革命历史事件、重要革命历史人物的基础上,才能在教育引导学生的过程中言之有物、言之有据。

第二,辅导员可以依托群团组织、学生组织开展红色革命文化主题教育活动,发挥学生专业特长,创作与革命人物相关的剧目、以革命精神为主题的歌舞音乐和富有革命文化的网络作品等。如上海大学由师生共创的校史话剧《红色学府》赓续了红色基因,继承发扬了红色传统,展现出上大师生始终与国家、民族同呼吸、共命运的革命传统。该校史话剧使得参与的学生真切感受到老一辈革命家的优秀品格,激励学生们传承革命精神,在新时代接续奋斗。

第三,利用重大纪念日和重点文化基础设施开展革命文化教育。辅导员可组织学生在五四青年节、一二·九运动纪念日、国家公祭日、国庆节等重大节日或纪念日开展缅怀先烈,传承革命精神的相关活动。组织学生前往爱国主义教育基地、红色教育基地参观、体验、感受革命精神和革命文化,不断挖掘

---

[1] 吕宁,严运楼.革命文化融入高校思想政治教育研究[J].学校党建与思想教育,2023(16):88.

革命文化资源,以丰富的形式和多样的载体开展文化育人。

3. 开展社会主义先进文化教育,践行社会主义核心价值观

习近平总书记在庆祝改革开放40周年大会上的讲话中强调:"始终坚持发展社会主义先进文化,加强社会主义精神文明建设,培育和践行社会主义核心价值观。"[①]因此,作为学生"引路人"的高校辅导员更需做好相关工作。

第一,高校辅导员要始终坚持以马克思主义理论为指导,加强社会主义核心价值观宣传教育。组织学生通过文艺作品、线上宣传、文化产品等凝聚思想共识,引导学生自主学习和掌握社会主义先进文化,将社会主义核心价值观融入学生教育全过程,促使学生感悟和掌握社会主义先进文化精髓。

第二,辅导员应当开展涵养社会主义核心价值观的实践活动,为学生提供了解国情、社情、民情,接触基层的实践教育平台。如道德实践活动、学雷锋志愿服务活动、精神文明创建活动等主题活动,将社会主义先进文化蕴含的价值引领、道德和行为规范融入实践教育,让学生通过实践活动体验社会主义先进文化的魅力,提升文化素养。

第三,辅导员可充分利用校园文化这一育人载体,构建社会主义先进文化校园环境,更好地体现社会主义先进文化的育人价值。通过设置社会主义先进文化宣传专栏等形式展示和宣传社会主义先进文化。在校园文化氛围营造中,运用横幅、墙贴、海报等形式宣传社会主义核心价值观。树立宣传践行社会主义核心价值观的先进典型,加强同辈引领作用,从而潜移默化地对学生的心理和行为产生影响。

4. 大力繁荣校园文化,挖掘校园资源的育人作用

校园文化传承和校园建设之间有着密切的联系,校园环境是校园文化的重要组成部分,良好的校园外部建设环境和内部文化环境是相辅相成、相互促进的。[②] 浓厚的校园文化底蕴是建设一流高校的必要条件,高校只有围绕学生需求,与时俱进地开展形式多样的校园文化活动,以新思想和新理念创新校园文化建设的思路与方法,构建以优秀大学精神为核心的校园文化建设体系,不断提升学校校园文化建设水平,才能让学生在校园中感受文化熏陶、在高质量

[①] 习近平.在庆祝改革开放40周年大会上的讲话(2018年12月18日)[M].北京:人民出版社,2018.
[②] 郑彩云,孙超.我国高校校园建设与文化传承系统构建研究[J].高教学刊,2020(6):67.

的文化氛围中健康成长。

第一,辅导员积极推进"一校一品"校园文化建设,繁荣校园文化,创新校园文化品牌。辅导员充分参与并合理运用学校校史校风校训校歌的育人价值,对高校校史、地域文化特色、学科专业及人才培养特点等进行全面的学习和理解,将之转化为富有学校特色的系列校园文化活动。通过组织学生参观校史展览、标志性校园建筑等方式带领学生沉浸式地感受校园文化中的育人要素,感受凝聚思想共识、传承校园文化的精神动力。[①] 以上海大学为例,上海大学最具标识性的校史建筑"溯园"成功入选第七批上海市爱国主义教育基地;上海大学校史馆已成为师生校友了解校史、爱校荣校的宣传馆,突出了学校冠名上海、传承红色基因、践行钱伟长教育思想和争创一流的精神风貌,为辅导员进行新生入学适应性教育、毕业离校教育、红色校史教育提供了丰富的资源;上海大学注重校史研究,出版了《他们从上海大学(1922—1927)走进新中国》《从上海大学(1922—1927)走出来的英雄烈士》等书籍。以上种种都是辅导员进行校园文化育人的重要资源。

第二,辅导员应当积极鼓励、支持学生通过短视频、校园原创歌曲、校史剧等文艺精品的创作来扩大校园文化的影响力和辐射范围。鼓励学生参与校园文化建设优秀成果的评选,使得学生在创作与实践的过程中积极主动探寻校园文化,参与校园文化建设,使校园文化达到其育人的效果。

第三,辅导员还可协同校园各岗位工作人员建设美丽校园,发挥校园环境文化的熏陶作用。辅导员组织学生参与美丽校园环境建设以达到使用、审美、教育功能的统一,营造看得见、感受得到的校园文化氛围。积极推动文化育人工作,引导学生以主人翁的意识和姿态积极投入文明校园建设,凝聚育人合力抓好校园文化平台建设,持续强化高质量校园文化供给,在具体的文化活动中让学生提升文化素质、坚定文化自信。

第三节 创新推动网络育人与大力促进心理育人

《高校思想政治工作质量提升工程实施纲要》在"网络育人质量提升体系"

[①] 彭俊彦.文化传承视角下高校辅导员思想政治教育工作策略[J].文化学刊,2021(8):165-167.

中要求"大力推进网络教育,加强校园网络文化建设与管理,拓展网络平台,丰富网络内容,建强网络队伍,净化网络空间,优化成果评价,推动思想政治工作传统优势同信息技术高度融合,引导师生强化网络意识,树立网络思维,提升网络文明素养,创作网络文化产品,传播主旋律、弘扬正能量,守护好网络精神家园"。在"心理育人质量提升体系"中强调"坚持育心与育德相结合,加强人文关怀和心理疏导,深入构建教育教学、实践活动、咨询服务、预防干预、平台保障'五位一体'的心理健康教育工作格局,着力培育师生理性平和、积极向上的健康心态,促进师生心理健康素质与思想道德素质、科学文化素质协调发展。"①

一、网络育人的内涵与辅导员参与网络育人工作

网络育人是高校思想政治教育的重要组成部分,旨在通过网络载体来了解受教育者的思想动态,对受教育者进行思想政治教育,不断推进思想政治教育改革创新。探索网络育人融入思想政治教育的过程是思想政治教育现代化转型的重要任务。目前学界把"高校思想政治教育网络育人"与"高校网络育人"等同使用,对高校网络育人即思想政治教育视域下的网络育人已达成共识,但在网络育人的概念界定上尚未达成一致,不同学者有不同的观点。蒋广学等学者认为,网络育人是理论与实践交互影响的结果,是借助网络而形成的一项育人系统工程。② 王亚奇把高校网络育人视为高校思想政治教育工作者以网络为平台进行思想政治教育的活动过程。③ 徐仕丽把网络育人定义为是在网络意识形态教育的基础上、在网络的虚拟空间中对网民进行网络思想政治教育的一种新方式。④

网络育人在不同层面有不同内涵。在技术层面,网络育人是指运用网络技术开展教育的一种方式;在教育层面,网络育人是关于网络的一种教育形式;从其工具性特点来看,网络育人是通过网络这一工具开展的教育活动。网

---

① 中共教育部党组关于印发《高校思想政治工作质量提升工程实施纲要》的通知[EB/OL].(2017-12-05).http://www.moe.gov.cn/srcsite/A12/s7060/201712/t20171206_320698.html.
② 蒋广学,张勇,徐鹏.高校网络育人工作的系统思考与实践探索[J].思想理论教育导刊,2014(3):119-123.
③ 王亚奇.高校网络育人方法研究[D].武汉:武汉大学,2018.
④ 徐仕丽.新形势下我国网络育人的发展研究[D].长春:东北师范大学,2017.

络育人可以从广义和狭义上理解,广义上的网络育人是指通过网络技术和互联网平台开展教育活动,狭义上的网络育人是关于如何在网络社会环境下进行网络思想政治教育的一种新型育人方式和手段。网络育人是在网络社会环境中,教育者根据受教育者的需求和网络社会发展规律,以网络人际互动为主要育人方式,使受教育者形成社会发展所需要的思想观念、政治观点、道德品质的教育实践过程。

高校辅导员是网络育人工作的直接参与者,位于网络思想政治教育的第一线,在网络育人工作方面具备丰富的理论基础和实践经验。辅导员在网络育人工作中发挥着重要作用,可以配合学校加强网络育人工作统筹,积极参与构建高校思政工作网;培养学生的网络意识,提升网络素养;广泛拓展网络平台,联络各高校各平台,发挥高校网站联盟作用;着力丰富教学内容,开展网络文化建设活动。

1. 加强工作统筹,参与网络育人平台建设

辅导员应将"互联网+"的思维模式运用到育人工作中,依托各类平台及时了解、分析和研判学生的思想动态,用优秀的网络作品浸润青年,用正能量的网络声音去引领青年。在参与各级各类思政工作网络平台的建设中,积极为校内网站、视频号、公众号等网络育人平台的发展建言献策,系统梳理作为辅导员在"网络育人工作网"中所应承担的责任和履行的义务,明确育人职责、育人元素和育人要求,积极探索行之有效的育人模式。

可以按照"铸阵地、增给养、强队伍"的工作思路,创建一支纵横联通的网络育人主体队伍,重点在网络育人方面下功夫,从网络思政育人团队、网络思政育人阵地、网络思政育人载体三个维度出发,集智构建网络育人矩阵。该网络思政育人团队主要以新媒体中心团队为核心,协同任课教师、辅导员、学生技术骨干、学生干部等群体构建网络育人架构。辅导员在网络育人工作中以"学习强国"App为主线,以微信公众号、视频号、抖音等为主体,通过各网络平台围绕学生关注的网络热点、难点问题,进行宣传,在互补互融的网络育人载体矩阵中发挥自身作用。辅导员可以在立足当代大学生时间碎片化、知识快餐化等特点的基础上,结合网络作品"短、精、准"的特征,进一步创新内容的供给形式。

2. 培养网络意识,加强网络素养教育

中国特色社会主义进入新时代,习近平总书记指出:"网络空间是亿万民

众共同的精神家园。"①互联网的普及让广大网民增强了主体自我意识,但也暴露出来一些网民在认知思考上存在的情绪化和片面性。他们主要表现出对网络环境缺乏认知和对网络新生事物缺乏辨识能力。② 当前网络环境很复杂,蕴含着诸多不确定性,网络上海量的信息和多元的价值对大学生的认知和行为产生了较大的影响,网络空间已成为意识形态斗争的"主战场"。

辅导员要特别重视学生网络意识的培养,树立"同心圆"意识、责任担当意识、依法上网意识、文明上网意识、技能提升意识和网络安全意识,着力引导学生成为新时代中国好网民。辅导员在网络育人工作中要打破常规,创新方法,了解网络传播规律和学生的思想动态,把握网络热点,坚持线上线下相结合,线上问题线下解决的工作方式,做好舆论宣传,引导社会舆论,守护清朗的网络空间。同时,辅导员还要有针对性地加强网络素养教育,引导学生以正确的方式表达自身诉求,不要将网络当作无人监管的法外之地。

3. 拓展网络平台,发挥高校网站联盟作用

辅导员长期从事学生工作,需要在工作中开辟网络育人的新路径,创新工作内容和活动载体,通过各种形式,采取各类方法,调动各方联动性。随着互联网技术的深入发展,网络平台的数量日益增加。辅导员要充分发掘各网络平台在育人中的协同作用。如可以围绕社会热点在公众号、视频号、微博、贴吧等平台设置相关议题、转发官方信息;充分利用网络载体,从博客、B站到微博、微信、短视频网络载体,紧扣时代和校园热点撰写网文,提高浏览量吸引学生广泛关注,引领学生舆论场。

辅导员还应拓展网络育人平台,参与"中国大学生在线""易班"等平台建设,探索"网络+实践"的思政课堂,组织学生参观红色革命根据地;以慕课、微课为主要载体,打造"行走的课堂"等具有实践内涵又可在网络平台上广泛传播的优质网络育人资源;组织学生积极参与网络作品创作,鼓励学生将优秀的网络作品在各大自媒体平台接续传播,营造春风化雨、润物无声的网络育人氛围。

4. 丰富教学内容,开展网络文化建设活动

在网络课程上,高校辅导员要充分利用慕课、学习通、网络公开课等平台,

---

① 习近平.在网络安全和信息化工作座谈会上的讲话(2016年4月19日)[M].北京:人民出版社,2016.
② 贺运政.网络文化育人的提升之道[J].人民论坛,2018(9):120.

及时与学生分享最新最热的网络教育课程。在内容形式拓展上,辅导员要增强依规办事的意识,把党的要求、制度的规定和部门的工作要求三者结合起来,充分利用网络教育资源和平台开展工作,邀请专家学者开展网络教育相关专题讲座,为学生开展培训。在教学实践上,结合工作实际,开展网络文化节等校园网络文化建设活动,把网络教育专题加入形势与政策教育、班团活动、主题教育活动中。

辅导员可大力动员学生围绕乡村振兴、全面脱贫、中华优秀传统文化、中国腾飞等主题开展网络思政育人作品的制作。在指导制作的过程中,既要充分发挥受教育的主观能动性,也要注重把握作品的政治性和价值导向,传达社会主流价值,讲好中国故事,同时增大网络宣传力度,提升网络传播效度,利用好网络特点,提升育人的覆盖面和效果。

二、心理育人的内涵与辅导员参与心理育人工作

心理育人是指通过心理的方式来实现育人。具体来说,是指教育者从教育对象的身心实际出发,遵循人的心理成长规律和教育规律,通过多种方式实施心理健康教育,有目的、有计划地对教育对象进行积极的心理引导,缓解心理困惑,开发心理潜能,提升心理品质,促进人格健全,以实现培育有理想、有能力、有担当的时代新人这一目的的教育活动。① 心理育人有其完整的育人体系,是关注学生身心健康,保障学生全面发展的必要条件,更是思想政治教育不可或缺的重要内容。

2018年7月中共教育部党组印发的《高等学校学生心理健康教育指导纲要》对新时代促进高校心理育人提出了更为明确的意见和要求,并指出心理健康教育是学生思想政治教育的重要组成部分。② 2023年4月,教育部等十七部门印发《全面加强和改进新时代学生心理健康工作专项行动计划(2023—2025年)》,部署开展八项重点工作,即五育并举促进心理健康、加强心理健康教育、规范心理健康监测、完善心理预警干预、建强心理人才队伍、支持心理健康科研、优化社会心理服务、营造健康成长环境。明确支持高校辅导员攻读心

---

① 马建青,杨肖.心理育人的内涵、功能与实施[J].思想理论教育,2018(9):87.
② 中共教育部党组关于印发《高等学校学生心理健康教育指导纲要》的通知[EB/OL]. (2018-07-06). http://www.moe.gov.cn/srcsite/A12/moe_1407/s3020/201807/t20180713_342992.html.

理学、社会工作等相关学科专业硕士学位,适当增加高校思想政治工作骨干在职攻读博士学位专项计划心理学相关专业名额。①

辅导员作为高校思想政治教育的主力军,心理育人也是其主要工作职责之一,在《辅导员职业能力标准(暂行)》中就明确规定辅导员需具备心理学的基本原理和基础知识、思想政治教育心理学和心理健康教育相关知识与技能,并针对不同级别的辅导员制定了心理健康教育与咨询方面的要求。可见辅导员在心理育人中需发挥重要作用。

心理育人是高校辅导员的工作职能之一,辅导员主要从以下四个方面开展心理育人:组织开展心理健康教育宣传活动,开设相关课程加强知识教育;学习心理专业知识,提升自身心理育人水平,有效进行学生咨询疏导;时刻关心关爱学生,强化心理危机的预防与干预,建立"四级"防控体系;完善工作保障,建设心理健康教育基地,协助学校心理专业机构工作。

1. 组织开展心理健康教育宣传活动,加强知识教育

辅导员可以开设或邀请专业人士开设大学生心理健康的课程和讲座,面对面与学生沟通交流,通过专业心理健康知识的讲授,让学生能够对心理健康的重要性有正确的认知。在辅导员日常工作中,还可通过线上交流平台,经常性地在班群中、朋友圈中分享心理健康知识,普及心理自我调适的知识和技能,让学生能够初步对自己的心理状况进行判断,便于他们科学地进行自我心理调适或帮助同学和他人进行心理调节。②

辅导员可开展形式多样的心理健康宣传活动,通过主题班会、团日活动、大学生心理健康节等形式开展心理育人工作,实现心理健康知识的全覆盖,营造良好的心理育人氛围,提高学生自身的心理保健能力。辅导员是大学生心理健康教育活动的组织者、设计者、宣传者,可举办心理素质拓展、心理演说大赛、心理微课大赛、组织心理话剧表演等来提升学生的心理素质。

2. 提升自身心理育人水平,有效进行学生咨询疏导

辅导员需要掌握心理健康教育的基本知识和心理辅导的基本技能,提高

---

① 教育部等十七部门关于印发《全面加强和改进新时代学生心理健康工作专项行动计划(2023—2025年)》的通知[EB/OL].(2023-04-27).http://www.moe.gov.cn/srcsite/A17/moe_943/moe_946/202305/t20230511_1059219.html.
② 王晨岑,刘雍鹤.高校辅导员心理辅导能力提升研究[J].东华大学学报(社会科学版),2020(2):149-153.

心理育人的职业素养和能力，只有这样才能更好地帮助学生调节负面情绪，使其有能力发现自己心理上的问题并且知道采用何种方式进行自我调节或求助专业力量。心理辅导中的"助人自助"工作理念也能够为辅导员指导学生成长成才、实现人生价值提供有益借鉴。因此，辅导员自身需要加强心理学相关专业理论知识的学习，积极参加各级各类心理学相关知识的培训，通过系统性的培训学习获取心理咨询的相关技能证书。在庞杂的心理学学科的相关理论知识中，尤其要注重关于"倾听"技术的学习，这是辅导员在日常谈心谈话工作中必须具备的技能。辅导员应定期与学生展开谈话，并做好谈话记录，关注学生的动态，熟悉大学生常见的发展性心理问题，掌握"倾听""共情""尊重"等心理咨询和沟通技巧，建立积极有效的师生关系，强化心理咨询服务。

辅导员在提升自身心理育人水平时，要着重增强心理问题的区分能力，懂得区分思想问题和心理问题。在面对明确有心理问题的学生时，要进行分级划分并针对问题的严重程度采用不同的工作方式加以引导或干预。一般可分为一般心理问题、严重心理问题和心理疾患，发现存在严重心理问题和心理疾患严重的学生应当及时转介，寻求学校心理辅导中心的专业指导和支持，制定科学合理的解决方案。有必要时需要在争得学生同意的前提下与学生家长取得联系，将学校与家庭两方面的教育相结合，缓解学生的心理障碍。①

3. 关心关爱学生，完善心理危机的预防与干预体系

当前大多数高校在新生入学时都会进行学生心理健康水平测试，了解学生的心理健康情况。辅导员应当配合学校心理辅导中心，做好学生参测的组织工作，保证学生全员参加心理普测，并且根据测量结果通知相关学生参加心理访谈。根据心理中心最终的普测和访谈结果，对需要一般关注和重点关注的学生进一步了解情况，掌握学生信息，加强预防和干预。②

辅导员要配合学校建立学校、院系、班级、宿舍"四级"学生心理关注体系。用好学校设立的专业心理咨询机构，依托专业心理测评、监测系统关注学生的心理动态；在学院，要协同学院教师、班主任等关注学生心理状况；在班级，要设立培养心理委员，通过班级学生骨干、同学对学生个体的心理动态、生活行

---

① 何林建，叶颖瑜，陈丽碧等.高校辅导员工作实战指南[M].上海：上海交通大学出版社，2020.
② 陈新星.高校辅导员与大学生心理危机预防[J].思想教育研究，2014(11)：104-106,111.

为进行及时了解,提高学生朋辈互助的能力,发现问题及时进行相关心理干预;在宿舍,要通过宿舍管理人员、寝室舍友及时关注学生的课余生活动态,从点滴细节进行关爱。

辅导员还可通过线上互动关注学生状态,经常性关注学生在各类网络平台上的状态和言论,尤其要关注各类具有特殊情况的学生群体。这类学生群体因其生活环境或家庭因素等影响,往往比较容易产生心理问题甚至突发情况。例如家庭经济困难学生、学业困难学生和家庭结构具有特殊情况的学生(如父母离异、单亲、重组、父母长期不在身边等)。加强对特殊群体的心理健康教育是心理教育的重点。辅导员的危机预防意识尤为重要,需要加强对学生的人文关怀和心理疏导,及时了解并干预学生的心理变化,制定心理危机干预工作预案,以便在危机产生时能够按照专业指引妥善处置。

4. 完善工作保障,协助专业心理机构工作

辅导员较为了解学生心理状况,可以参与高校学生心理健康教育指导读本等材料的编制工作,协助建设高校心理咨询中心并根据实际情况作为骨干力量承担心理课程教学、心理访谈等工作。[1]

辅导员积极配合心理专业人员、医疗机构做好学生心理危机干预方面的工作,协助畅通从学校到社会精神卫生专业机构的心理危机转介绿色通道。辅导员协助学校专门机构,对一般心理问题、心理障碍和精神疾病进行初步识别和评估,了解转介到心理咨询中心或精神卫生医院的适用条件和相关程序,完善工作保障,密切配合专业心理机构的专家开展学生心理诊疗工作,并做好学生隐私的保密工作。

第四节 切实强化管理育人与不断深化服务育人

《高校思想政治工作质量提升工程实施纲要》在"管理育人质量提升体系"中要求:"把规范管理的严格要求和春风化雨、润物无声的教育方式结合起来,加强教育立法,遵守大学章程,完善校规校纪,健全自律公约,加强法治教育,

---

[1] 许世梅,潘曦.高校辅导员协同参与心理危机干预探究——基于"生命守门员项目"的思考[J].高校辅导员学刊,2019(2):55-58.

全面推进依法治教,促进教育治理能力和治理体系现代化,强化科学管理对道德涵育的保障功能,大力营造治理有方、管理到位、风清气正的育人环境。"在"服务育人质量提升体系"中强调"把解决实际问题与解决思想问题结合起来,围绕师生、关照师生、服务师生,把握师生成长发展需要,提供靶向服务,增强供给能力,积极帮助解决师生工作学习中的合理诉求,在关心人、帮助人、服务人中教育人、引导人。"①

一、管理育人的内涵与辅导员参与管理育人工作

管理是人类各项活动中最重要的活动之一,恩格斯指出管理就是"指挥""协调",使许多力量融合为一个总的力量,也就是马克思所说的"新的力量",这种力量和它的一个个力量的总和有本质的差别。② 周三多等国内学者赞同法国管理学家亨利·法约尔的经典理论,认为管理就是以计划、组织、指挥、协调、控制等职能为要素的活动过程。③

管理育人是新时代高校思想政治教育的有效形式和重要环节,旨在通过管理者的管理行为,提高受教育者的政治素质、思想品德、道德修养。王东红、高雪认为高校管理育人是依托高校管理工作开展的实践教育活动,具有方向、服务、规范与创新性的特点。④ 管理育人是高校丰富育人途径、实现学生全面发展的重要途径。刘文博、陈城认为,加强高校管理育人工作,不仅有助于摆脱单一育人方式的不足,也能够实现高校管理工作的"更新",使高校管理工作"实现了从'以物为中心'到'以人为中心'的转变,适应了时代变化及人才培养要求"⑤。董世坤认为管理育人在高校的整个育人工程体系中具有十分突出的意义。管理育人因赋予管理以育人的使命而提升了管理在高校中的地位。管

---

① 中共教育部党组关于印发《高校思想政治工作质量提升工程实施纲要》的通知[EB/OL].(2017-12-05).http://www.moe.gov.cn/srcsite/A12/s7060/201712/t20171206_320698.html.
② 中共中央马克思恩格斯列宁斯大林著作编译局.马克思恩格斯选集第3卷[M].北京:人民出版社,1972:166.
③ 周三多,陈传明,鲁明泓.管理学——原理与方法(第四版)[M].上海:复旦大学出版社,2004:8.
④ 王东红,高雪.新时代高校管理育人:内涵、特征及优化路径[J].现代教育管理,2021(11):19-25.
⑤ 刘文博,陈城.新时代高校学生社区管理育人的内涵及实现进路[J].学校党建与思想教育,2021(23):67-70.

理育人以管理作为育人的桥梁与纽带,加强了其与科研、教学之间的协同性。管理育人因直接承担育人的任务和全面开展育人的工作而进一步加深了高校管理人员与学生的联系。①

在《普通高等学校辅导员队伍建设规定》(中华人民共和国教育部令第43号)中,明确规定高校辅导员具有教师和管理人员双重身份。高校辅导员作为管理人员,要完善管理育人制度体系,创新育人模式;加强法治教育,提高学生法律意识,培育自觉、强化自律;增强管理的科学性,营造良好的育人环境。

1. 完善管理育人制度体系,创新育人模式

育人需要制度来保证,要以建立系统化制度化的管理育人制度体系为支撑点,促进管理育人。辅导员要参与到管理育人的制度体系的制定和建设中,探寻合理有效的管理育人制度体系。辅导员还要明确工作职责范围,梳理管理工作内容,坚持以学生为中心,在充分尊重、理解、关爱学生的基础上,把管理与教育结合起来,创新育人模式。

上海某高校网络教育学院在实践中确立了基于网格化、分层一体化的管理体系,建立作风建设常态化和长效化机制,直接面对全部学生,规范工作流程,细化工作内容,实行精细化管理。该校网络教育学院在管理育人的实践中构建起了"1.8.24"的育人模式,"1"是指一人负责到底,"8"和"24"是指简单问题8小时回复、复杂问题24小时回复。在这一模式中,辅导员全程加入班级微信群,时刻关注学生消息,及时了解学生动态,解答疑惑。同时,辅导员作为最贴近学生的教师群体,将和学生相处过程中发现的问题及时汇总,分类向管理部门进行反馈。辅导员本着预防为主的原则,在问题没有发生之前就进行预判并开展有针对性的工作加以解决,大大降低了管理成本,提升了管理效率。

2. 加强法治教育,引导学生培育自觉、强化自律

没有规矩不成方圆,高质量的管理体系必定基于较为完善的制度规范才得以有效运行和科学发展。培养大学生法治意识是提高思想政治教育质量的必然要求,也是辅导员进行思想政治教育的重要内容,更是践行管理育人要求的有机组成部分。当前大学生的法治意识相对薄弱,守法用法技能有待提高。

---

① 董世坤.观念·制度·文化:高校管理育人再思考[J].江苏高教,2019(7):91-94.

辅导员要对学生进行法治教育工作,有效提高大学生的法治意识,引导学生培育自觉、强化自律。

首先,辅导员要增强个人的法治素养,积极参加法治培训,自觉学习法律特别是和高校发展与人才培养相关的诸如教育类、校园管理类、网络空间法治化建设等的法律法规和规章制度,提升自身能力,力求从专业和系统角度对学生开展法治教育。[①] 其次,辅导员应采取多种方式方法把法治教育贯穿到日常学生管理中,在国家宪法日组织主题教育活动,开展校园法治文化节,开设开放式的模拟法庭等帮助学生养成遵纪守法的习惯,同时也能提升大学生自我管理和自我教育的能力。最后,辅导员需通过课堂和课下实践活动相互融合的方式加强法治教育,除了在"思想道德与法治"等课程中进行法治教育外,还可以通过集体班会、社会实践活动等课外活动作为补充,提高法治教育的实效性。在策划活动的过程中可以充分运用学生身边发生的一些反面案例来开展教育,让学生能够提高警惕,摒弃侥幸心理,做遵纪守法的新时代好青年。

3. 强化科学管理保障功能,营造良好育人环境

在管理育人中要重视管理的科学性,强化科学管理对思想政治教育的保障作用。在"三全育人"背景下,辅导员要把科学管理贯穿到思想政治教育的全过程,渗透到思想政治教育的全方位。辅导员还要营造良好的管理育人环境,关注学生学习和生活的方方面面,如学生公寓的生活与管理和学生生活最为紧密相关,辅导员可以主动协同公寓管理部门,围绕学生需求开展有针对性的社区活动,推动公寓文化建设,在公寓管理中渗透思想政治教育,打造积极向上、富有活力、团结友爱的育人环境。[②]

辅导员可以在学生入学时采取科学的管理方法帮助学生尽快适应。为学生提供"学长制"服务,即学院在新生入校前,选拔优秀的高年级学生与新生结对。对跨专业、有共同兴趣爱好的学生精准匹配,真实有效掌握学生思想状态、学习和生活情况,对不同的学生分类管理,充分发挥朋辈自我管理的力量,构建由低年级"学长制"、高年级"学术导师制"为主要构成的管理育人体系,为学生构建良好的成长环境。

---

① 杨振华.高校辅导员队伍法治素养的现状与提升策略[J].高校辅导员学刊,2020(1):76-80,86.
② 孙艳梅.高校辅导员工作理论与实务[M].长春:吉林人民出版社,2020.

二、服务育人的内涵与辅导员参与服务育人工作

早在1987年,我国在《中共中央关于改进和加强高等学校思想政治工作的决定》就明确提出"加强教职工队伍的思想建设,大力提倡教书育人、服务育人"的工作要求。① 强调服务育人是高等学校思想政治工作的重要方面。我国在2004年颁布的《中共中央 国务院关于进一步加强和改进未成年人思想道德建设的若干意见》中指出"学校各项管理工作、服务工作也要明确育人职责,做到管理育人、服务育人"。② 2017年,中共中央、国务院印发《关于加强和改进新形势下高校思想政治工作的意见》,强调坚持全员全过程全方位育人,管理育人和服务育人是其中的重要组成部分。2020年,教育部等八部门联合印发《关于加快构建高校思想政治工作体系的意见》,再次强调管理服务育人的重要性,并提出深化管理服务育人工作的多项新要求。由此可见高校思想政治教育中的服务育人内容与要求不断细化、规范化,这为我们明确了高校构建教育、管理、服务育人新格局,开创教育发展新局面的任务。

高校服务育人也有广义与狭义的区分。广义上的服务育人强调学校各部门、各工作、各环节、各人员都有服务育人的职责;狭义上的服务育人则主要强调后勤保障、图书医疗保卫等教辅人员的服务育人。服务育人也有显性和隐性之分。显性的服务育人指的是在高校育人场域中围绕学生学习、生活所需所提供的所有保障性服务,这些服务给予学生的教育工作;隐性服务育人则是蕴含于这些服务之中的能够产生育人效果的更具内涵的教育设定。

王胜本等学者对服务育人新时代内涵进行了研究,指出其主要包括两个层面含义。一是通过服务实现育人目标,服务的主体由高校后勤、服务企业、高校学生及学生组织共同组成。服务本身被细化为服务活动、服务环境、服务行为、服务文化等多个维度。育人的形式是全过程、全范围嵌入大学生活。二是育人效果在服务中检验和体现,新时代服务育人引导学生在服务自我、服务社会和服务全面建设社会主义现代化国家的过程中,发现个人价值、发挥个人

---

① 教育部思想政治工作司.加强和改进大学生思想政治教育重要文献选编1978—2008[M].北京:中国人民大学出版社,2008.
② 法律出版社.中共中央 国务院关于进一步加强和改进未成年人思想道德建设的若干意见[M].北京:法律出版社,2004.

潜能、发展独特个性,实现自我发展与国家社会发展同心同向、同频互动。① 新时代的服务育人有鲜明的时代特征,也与"三全育人"密不可分。

辅导员不仅是高校思想政治教育的关键一员,也是高校教职员工的重要组成部分,因此必然参与服务育人。高校辅导员参与服务育人工作主要从以下三个方面进行:树立服务育人意识,强化育人要求;协同各岗位育人职责,协助育人服务;参与监督考核,提升服务育人效果。

1. 树立服务育人意识,强化育人要求

辅导员作为参与服务育人的重要成员,首先要有通过服务实现育人的意识,要充分认识自身做好服务育人的重要性,要为学生创造良好的服务育人环境。其次,要深入了解学生,走进学生的学习和生活中去,与学生打成一片,学会关爱学生,切实了解学生的真实需求,才能为各方践行服务育人理念打好基础。最后,辅导员要以身作则,示范先行,正如《论语》中所言,"其身正,不令而行;其身不正,虽令不从"。做好自身的工作,一方面会给学生带来积极的影响,产生榜样效应,另一方面也会对其他教职员工做好自身服务育人工作产生鞭策的作用。

辅导员做好服务育人工作,要做到政策清、事务明。在学生的学习和生活遇到困难进行求助之时,能够迅速反应并给予学生明确指引,或是告知学生该如何处理,或是告知学生该从何渠道、从何途径、采用何种方式即可解决问题。在解决学生现实困难的同时,师生之间互相信赖的良性关系就能构建起来。这能为辅导员日后开展教育管理奠定良好的基础。此处要强调的是,辅导员所作的服务育人并非保姆式无底线的呵护,而是在帮助学生的过程中,时刻蕴含引导学生提升自我解决问题、开展自我服务能力的育人内涵,如此才能真正起到服务育人的高层次作用。

2. 协同各岗位育人职责,协助服务育人

辅导员需协同明确高校教职工各岗位育人职能,协助服务育人的开展。在后勤保障服务中,辅导员可以帮助提高后勤保障人员的服务意识和服务育人能力,提升服务素质。后勤保障人员的工作与学生生活息息相关,要认识到后勤保障人员服务育人的重要性与必要性。后勤人员身上勤劳、朴实、节俭等

---

① 王胜本,李鹤飞,刘旭东.试论服务育人的新时代内涵[J].中国高等教育,2020(11):47-49.

品质值得学生认真学习。辅导员可以协助后勤人员组织开展节粮节水节电、节能宣传周、光盘行动等勤俭节约教育活动，推动节约型绿色校园建设，使学生懂得节约资源的重要性，提高其绿色生活意识，弘扬勤俭朴实的传统美德。

高校辅导员进驻学生公寓、进驻园区是各校加强思想政治教育的普遍做法之一。辅导员与宿管人员和学生"同场域、同频率、同成长"，可精准对接学生实际需求，满足社区学生多元化、个性化的思想学习生活需求；辅导员可在学生社区发挥党建引领作用，鼓励学生社区党支部安排组织生活和主题党日活动，常态化联系社区学生，把思想政治工作落实到社区；辅导员可建立健全社区综合管理体制，侧重对社区学生的政治引领、思想辅导和日常管理服务，与宿管人员协同育人；辅导员可推动学生社区园区的公共空间建设，开设"社区书院""社区讲堂""社区红色驿站""成长交流天地""主题沙龙"等社区平台或活动，充分用好社区育人资源。①

在图书资料服务中，辅导员可配合相关管理人员组织开展新生图书馆入馆教育，明确相关纪律要求，使得学生更好地利用资源，遵守图书馆纪律，引导学生尊重和保护知识产权，维护信息安全。辅导员要成为学生与图书馆工作人员之间的桥梁，积极将学生反馈的相关情况或需求汇总告知图书馆工作人员，使其优化文献图书资源体系和服务体系。辅导员还可配合图书管理人员开展"信息检索大赛""阅读达人评选""书评汇""读书报告会"等活动，优化育人效果。在医疗卫生服务中，辅导员可协助校医院的专业医师制订健康教育教学计划，积极开展传染病预防、安全应急与急救等专题健康教育活动，尤其是对于流行性疾病预防等内容进行讲解，从而提高学生的公共卫生意识，培养学生养成良好的卫生行为习惯。在安全保卫服务中，辅导员可邀请安保部门的负责人对学生开展安全教育，主要涉及宿舍用电安全、防火防灾、预防电信网络诈骗等内容，培养学生安全意识和法制观念，学会用合法途径捍卫自身权益，保护人身和财产安全。辅导员还可通过了解学生需求，进而推动校园综合信息服务系统的建设，提高学校安保效能。辅导员充分发挥协同各方的作用，整合资源，助力高校各教职工岗位更为高效、更具针对性地实现服务育人。

---

① 刘华军."'辅导员＋'五位一体"协同育人新模式的构建与实践[J].高校后勤研究,2021(1):44-46,52.

3. 参与监督考核,提升服务育人效果

为了更好地服务学生,辅导员可以参与研究和梳理校内各服务岗位所承载的育人功能,结合学生的特点与需求,明确最佳育人方案。要充分发挥辅导员身份的先天优势,与学生紧密联系,了解学生的需求,经常与各岗位教职工的工作相互紧密配合,提升服务效率和满意度。

辅导员可以为学校在教职工的聘用、培训、考核等方面提供一些意见,使相关工作更为合理,更具针对性和科学性。辅导员作为高校协同各方的主力军,应当参与服务育人的监督和考核中,共同严格落实服务目标责任制,以服务质量和育人效果为评价服务岗位效能的依据和标准,建立一批服务育人先进典型模范,助力培育一批高校"服务育人示范岗",共同全方位推进服务育人,以提升高校服务育人的效果。

第五节　全面推进资助育人与积极优化组织育人

《高校思想政治工作质量提升工程实施纲要》在"资助育人质量提升体系"中要求把"扶困"与"扶智","扶困"与"扶志"结合起来,建立国家资助、学校奖助、社会捐助、学生自助"四位一体"的发展型资助体系,构建物质帮助、道德浸润、能力拓展、精神激励有效融合的资助育人长效机制,实现无偿资助与有偿资助、显性资助与隐性资助的有机融合,形成"解困—育人—成才—回馈"的良性循环,着力培养受助学生自立自强、诚实守信、知恩感恩、勇于担当的良好品质。在"组织育人质量提升体系"中强调把组织建设与教育引领结合起来,强化高校各类组织的育人职责,增强工作活力,促进工作创新,扩大工作覆盖,提高辐射能力,发挥高校党委领导核心作用、院(系)党组织政治核心作用和基层党支部战斗堡垒作用,发挥工会、共青团、学生会、学生社团等组织的联系服务、团结凝聚师生的桥梁纽带作用,把思想政治教育贯穿各项工作和活动,促进师生全面发展。[①]

---

① 中共教育部党组关于印发《高校思想政治工作质量提升工程实施纲要》的通知[EB/OL].(2017-12-05).http://www.moe.gov.cn/srcsite/A12/s7060/201712/t20171206_320698.html.

一、资助育人的内涵与辅导员参与资助育人工作

习近平总书记在党的十九大报告中强调优先发展教育事业,推进教育公平,健全学生资助制度,让更多人接受高等教育,大力提高国民素质。① 2018年,时任教育部部长陈宝生在《进一步加强学生资助工作》中强调:"进一步增强做好学生资助工作的使命感、责任感、紧迫感。学生资助是一项重要的保民生、暖民心工程,事关脱贫攻坚,事关社会公平。"② 高校资助育人是思想政治教育的一种重要方式,能够帮助家庭经济困难学生顺利完成学业,并使其成为对国家和社会有用的人才。资助育人是思想政治教育工作的重要组成部分,也是立德树人的核心构成部分。

"资助"在语义上是指实际付出或给予一定的经济以及物质方面的帮助和扶持。对于家庭经济困难的学生而言,通过外部的经济支持满足其学习和生活方面的基本支出是其顺利完成学业的重要保障。资助育人是指在落实资助政策、实施资助举措的过程中达到教育人、培养人的目标或效果。具体可以从功能性和价值性的角度来深入把握资助育人的内涵。从功能性角度来看,资助育人是一项具体的资助管理实践活动,是对学生进行教育和管理的手段和方式;从价值性角度看,资助育人能够具有帮助家庭经济困难学生成长成才、全面发展的意义。可见,通过资助育人实践活动,挖掘育人价值和育人功能,同时关注家庭经济困难学生的需求,实现"资助"和"育人"的有机结合,可实现资助育人的功能性和价值性的有效统一。就其本质而言,资助只是手段,而育人才是目的。③

资助育人工作是一项复杂且需要长时间坚持的工作,目的是为了帮助家庭经济困难学生渡过难关,安心学习,让他们拥有平等获取教育资源的机会。做好学生资助工作是促进教育公平的必然要求,是培养优秀人才的必然要求。高校辅导员在资助育人工作中扮演着重要角色,对提升资助育人效果意义非凡。辅导员开展资助育人工作,可以从健全认定工作机制,精准认定家庭经济困难学生;坚持资助育人导向,帮助困难学生提升综合能力;做好资助后半篇

---

① 习近平.决胜全面建成小康社会夺取新时代中国特色社会主义伟大胜利——在中国共产党第十九次全国代表大会上的报告[M].北京:人民出版社,2017.
② 陈宝生.进一步加强学生资助工作[N].人民日报,2018-03-01(13).
③ 张远航.高校资助育人的价值意蕴与实现路径[J].思想理论教育,2018(6):106.

文章,开展励志教育感恩教育;创新资助育人形式,培养学生进取精神等方面着手。

1. 健全认定工作机制,精准认定家庭经济困难学生

健全的家庭经济贫困学生认定工作机制是资助育人取得实效的重要保障。资助育人是立德树人工作的重要组成部分。高校将资助育人工作纳入"三全育人"工作体系,形成全员参与、各部门配合、各教育环节统筹协调的育人机制。资助育人体系的主体包括政府、社会、学校和受助学生,采用国家资助、学校奖励、社会捐助、学生自助相结合的资助形式,促进各校形成全员参与、各部门配合、各个教育教学环节统筹协调的资助育人机制,对家庭经济困难学生身心发展、道德品质培养、学业帮扶、就业指导等方面给予更多的关怀和帮助。①

精准认定家庭经济困难学生是开展资助育人工作的重要任务。辅导员是家庭经济困难学生认定的重要主体,要积极推进精准资助,全面贯彻落实教育部等六部门发布的《关于做好家庭经济困难学生认定工作的指导意见》(教财〔2018〕16号),认定方式要科学化,采取民主评议、量化评估、人数据分析、访谈、信函索证等方式精准认定家庭经济困难学生。② 当前高校家庭经济困难学生精准资助工作具有复杂性和动态性,在公共政策、精准扶贫、资助育人等维度存在诸多不足。大数据具有信息采集和分析优势,其中决策树算法、聚类算法等能够为精准资助工作赋能,帮助实现对家庭经济困难学生的精准认定和主动识别,助力构建起大数据与精准资助相结合的精准资助体系,从整体上提升精准资助效能。③ 辅导员应充分掌握有关家庭经济贫困学生在教育部、国务院扶贫办、民政部、中国残联等部门的数据,定期比对建档立卡、低保、特困救助供养、孤儿等特殊困难学生名单,确保家经济困难的学生受到资助。

所谓精准认定,除了纸面上的证明、系统中的数据之外,更重要的是辅导员在和学生的日常交流中要能够敏锐地捕捉到学生家庭经济情况的真实面貌。经常性地走访学生宿舍,通过学校大数据平台关注学生校园卡上的日常

---

① 薛声.大力推进精准资助和资助育人[N].人民日报,2019-03-01(13).
② 教育部等六部门关于做好家庭经济困难学生认定工作的指导意见[EB/OL].中华人民共和国教育部网站.(2018-10-30).http://www.moe.gov.cn/srcsite/A05/s7505/201811/t20181106_353764.html.
③ 陈昊,杨志邦,廖良梅.大数据视域下高校家庭经济困难学生精准资助体系研究[J].长沙大学学报,2022(5):70.

消费记录,在和学生谈心谈话的过程中关注学生衣着装扮及生活用品的情况,通过全方位的细致工作,将真正家庭经济困难的学生排摸出来,避免学生因为性格内向或是担心被同学老师轻看而隐瞒家庭实际经济困难的情况产生,让每一个经济真正有困难的学生能够享受到国家给予的帮困政策,能感受到学校给予的关心和温暖。

2. 坚持资助育人导向,帮助困难学生提升综合能力

资助只是手段,育人才是目的,要始终坚持资助的育人导向。辅导员作为基层资助育人工作的主体,除了要做好日常资助事务工作外,还要发挥其在思想政治教育中的主导作用,引领学生思想,强调对学生进行道德浸润、能力提升、精神激励。

在保证家庭经济困难学生能够接受到应有的资助帮扶之后,辅导员更应关注这类学生的学习成绩、社会交往、能力素质等方面的综合表现。家庭经济困难的学生往往生活在经济和教育都相对发展比较落后的区域,其中不乏学习基础较为薄弱的学生,在学习中存在较大困难。同时,这些学生在进入大学之前的学习中,往往没有太多提升综合能力的机会和平台。因此,帮助家庭经济困难的学生尽快适应大学阶段的学习、养成良好的学习习惯、有针对性地联系任课教师以及高年级学习优秀的同辈导生对这一部分学生的学习加以额外的关注和指导显得尤为重要。同时,还要鼓励这部分学生积极参加丰富多彩的学生社团、志愿服务、社会实践等团体和活动,在丰富的第二课堂中提升综合能力。

3. 做好资助后半篇文章,开展励志教育感恩教育

在助学金或助学贷款发放环节,辅导员既要帮助家庭经济困难学生在经济上得到支持,又要帮助其在精神上建立自信。在资助育人全过程中,要充分挖掘家庭经济困难学生身上的自立自强、艰苦奋斗、努力拼搏的良好品质和振奋人心的励志事迹,树立正面典型。开展"励志之星""自强之星"等评选活动,让获奖的学生能够分享自身的奋斗和发展经历,感召更多学生特别是经济困难学生,使他们树立信心,通过坚持不懈的努力去完善自我,提升自我。

"滴水之恩,当涌泉相报",辅导员应当培养学生的感恩意识,激发感恩情感,避免学生将受资助认为是理所应当,避免学生出现一边享受国家资助一边有高消费行为的情况。这项工作尤其考验辅导员工作的艺术性。家庭经济困难的学生具有超出普遍的敏感特质,要避免采用刻板的说教式教育挫伤学生

的自尊心,要用耐心引导、循循善诱的方式,激发出学生对党和国家政策的感恩之情,让学生懂得要珍惜大学时光,更加努力学习知识、提升能力,做一个能够回馈国家和社会的有用人才。

4. 创新资助育人形式,培养学生进取精神

资助育人形式的创新是思想政治教育实践的必然要求,要从"单一招式"向"组合拳"转变、从"传统"向"智慧"转变。辅导员可以通过配合实施"发展型资助育人行动""成才训练营"等主题教育活动,采用组织国家奖学金获得者担任"学生资助宣传大使"等多种方式进行资助育人工作。还可以向外拓展资助育人资源,积极配合学校校友基金联络社会资源,为学生建立资源库,协同其他管理人员联络成立各类奖学金或搭建实践基地,为学生的成长发展搭建更广阔的平台。在资助育人的过程中,要注重尊重差异性,在对家庭经济困难学生进行经济救济的基础上,要全面动态了解家庭经济困难学生家庭致贫的原因、个人的性格特点、自身的能力差异,有针对性地采取具体的资助形式开展内容丰富、形式多样的资助活动,满足他们的实际需求。

勤工助学能够满足家庭经济困难学生生活上的基本需求,勤工助学的目的是为了培养学生吃苦耐劳的品质,树立勤俭节约的观念。辅导员应当为学生提供勤工助学的信息和渠道,让家庭经济困难学生可以根据自身能力和现实条件选择适合自己的岗位,用踏实工作改善自身生活,降低家庭的经济负担。勤工助学以有偿资助的形式促进学生自立自强,能有效避免无偿资助助长学生惰性的弊端。全面建成小康社会的目标实现后,家庭经济困难的学生日益减少,学生更需要以自我劳动的方式获得资助,实现自身价值。学生在勤工助学的实践中,能够把所学知识与社会实践相结合,提高知识应用能力。辅导员在这一过程中应积极为学生争取各类资源,让学生在自强不息的劳动奋斗中,形成责任意识、敬业精神和进取精神。同时,辅导员也应引导学生以学为主,要在学有余力的情况下去选择适合自己的勤工助学岗位,切不可本末倒置,出现因为勤工助学而影响学习的情况。辅导员还要注意帮助学生树立安全意识,特别是帮助学生鉴别社会招聘的勤工助学岗位的真伪性和安全性,避免学生遭受额外的经济损失。

二、组织育人的内涵与辅导员参与组织育人工作

思想政治工作是学校各项工作的生命线,为落实这一任务,需要加强高校

基层党组织建设,通过方式、机制创新等途径,落实习近平总书记"提高基层党组织做思想政治工作的能力"的重要指示。① 高校组织承担着重要的育人职责,进一步明确了各级组织具有的政治责任,落实了高校思想政治工作责任主体,这对于增强高校思想政治工作实效性具有重要价值。高校组织包含各级党组织、行政部门、工会、班级、共青团、学生会、学生社团等,内涵丰富,涉及面广。新时代高校组织育人要坚持社会主义性质,坚持党的领导,回答"为谁培养人"的问题,把思想政治教育贯穿各项工作和活动,将组织建设与教育引领结合起来,以落实高校立德树人根本任务。②

刘建军认为,组织育人是指学校党团组织通过发展学生党团员和对学生党团员进行教育培养,来培育大学生先进分子并发挥其带动作用,从而实现育人目标。③ 谢守成等认为组织育人主要强调加强高校党的自身建设,"在党的领导下将组织建设与教育引领相结合,依托高校各级组织自身职能及各类群团组织的桥梁纽带作用,发挥高校培养人才的育人功能"④。刘宏达指出"组织育人就是指一定的组织为实现特定的目标,按照组织的规章制度和管理办法等对组织成员进行思想教育和行为约束,对内达到统一行动、协调利益、调适关系等团结凝聚作用,对外达到加强宣传、扩大影响、示范带动等吸引促进作用"⑤。可见,利用好高校各级组织开展思想政治教育工作,发挥组织育人的价值和意义重大。

辅导员作为高校各组织之间的纽带和核心力量之一,对组织育人发挥着重要作用,深入探究辅导员组织育人工作职能势在必行。高校组织主要有以下几种组织:党组织,如校级、院级党组织,学生党支部等;学术组织,如各院系的学会、专家委员会等;群团组织,如共青团组织等;校内广大群众加入的非政权性质的社会团体,如学校的工会等;由学生组成在学校领导下的集自我服务、自我提高、自我管理、辅助教学于一体的学生会组织,如社团联合会、学生社团等。高校辅导员参与组织育人工作主要从党组织和群团组织出发,发挥

---

① 习近平在全国高校思想政治工作会议上强调:把思想政治工作贯穿教育教学全过程 开创我国高等教育事业发展新局面[N].人民日报,2016-12-09(01).
② 王娇,王仕民.新时代高校组织育人刍议[J].学校党建与思想教育,2022(17):49-51.
③ 刘建军.论高校思想政治工作的育人格局[J].思想理论教育,2017(3):15-21.
④ 谢守成,文凡.新时代高校组织育人的逻辑定位、现实境遇与实施策略[J].思想理论教育,2019(5):95-100.
⑤ 刘宏达,万美容等.高校思想政治工作前沿问题研究[M]北京:人民出版社,2019:361.

党组织的育人保障功能,推动其育人育才,积极组织开展主题教育和实践活动;运用各类群团组织的育人纽带功能,引领教育的载体与形式,支持学生社团开展相关活动;充分发挥班级、宿舍等微小组织在学生成长中的凝聚引领作用,展开相关评选等。

1. 发挥党组织的核心功能,发挥育人育才作用

各级党组织是高校思想政治教育的坚强领导力量。高校党委发挥领导核心作用,辅导员在院系党组织开展学生党务工作,管理带领学生党支部。2017年中共教育部党组印发的《普通高等学校学生党建工作标准》(教党〔2017〕8号)中强调校、院(系)党组织要"有效开展学习型、服务型、创新型党组织创建,领导和支持学生党组织发挥好组织带动、工作带动、队伍带动、榜样带动作用"。目前,高校本科低年级学生党支部书记多由辅导员担任,高年级本科生党支部和研究生党支部的书记多由辅导员做指导。各院系在设置辅导员的分管工作时,党建条线必定会安排给具有较强的责任心、较好的组织协调能力、能够坚持原则的辅导员分管负责。可见,学生党组织育人功能的发挥,辅导员扮演着非常重要的角色。

辅导员在开展基层党组织的组织育人工作中,一是要坚持正确的政治方向,主动自觉学习党的理论知识,准确传达落实上级党组织的各项工作要求,加强自身政治素养,这样才能引导学生树立远大的理想信念,使学生积极向党组织靠拢,向着正确的方向成长成才。二是要推动马克思主义和习近平新时代中国特色社会主义理论成果的传播,通过开展支部党员大会、支委会、党小组会和党课践行"三会一课"制度,宣传学习党的先进思想理论,注重培养学生将理论与实践相结合的能力,使得学生将学习成果内化于心,外化于行。三是要积极开展主题教育活动。辅导员可邀请专家或宣讲团展开专业讲解,让学生相互交流讨论,分享心得,也可推进开展学生党员志愿服务、社会实践和就业创业等教育实践活动,在实践中体悟党的思想理论。四是要注重优秀学生党员的选拔和培养工作,做好"两优一先"的评奖评优工作,充分发挥榜样的力量,在学生党员中起到朋辈引领作用。辅导员要提高学生党组织在思想政治工作中的引领作用,党建带团建、党建带班建,发挥基层党组织的战斗堡垒作用。

2. 发挥各类群团组织的育人纽带功能,引领育人形式载体

群团组织在思想政治教育中起着重要的载体作用,高校的共青团、学生

会、社团等群团组织具有独特的组织优势,辅导员在其中起着关键作用。在2017年6月,共青团中央、教育部印发《关于加强和改进新形势下高校共青团思想政治工作的意见》指出,"参与做好高校思想政治工作,是高校共青团的核心使命任务"。[1] 习近平总书记在庆祝中国共产主义青年团成立100周年大会上的讲话中指出:"共青团作为广大青年在实践中学习中国特色社会主义和共产主义的学校,要从政治上着眼、从思想上入手、从青年特点出发,帮助他们早立志、立大志,从内心深处厚植对党的信赖、对中国特色社会主义的信心、对马克思主义的信仰。要立足党的事业后继有人这一根本大计,牢牢把握培养社会主义建设者和接班人这个根本任务,引导广大青年在思想洗礼、在实践锻造中不断增强做中国人的志气、骨气、底气,让革命薪火代代相传!"[2]

辅导员应当在我国高等教育改革的新发展新形势下,结合青年学生的特点,建设更具新时代特色的、更为团结的共青团队伍。一是要加强团支部建设,培养优秀团干团员,建设活力团支部,对各团支部成员严格要求,重视与团员干部的沟通交流,扎实作风,提高团支部的向心力和感召力。二是要组织开设特色主题团日活动、社会实践、志愿服务活动,并制定相应评选、奖励机制,提高共青团成员的凝聚力和综合素养。三是要充分利用新媒体、大数据等新技术、新载体,创新团组织的工作,扩大组织影响范围,将思想政治教育融入团员生活之中,产生潜移默化的教育影响。[3] 在学生会、社团等学生团体中,辅导员要促进学生工作的提升,增强学生组织的育人功能。学生会、社团是学生自我管理、自我教育、自我服务的重要平台,也是辅导员进行思想政治教育工作的重要依靠力量。辅导员在发挥学生会、社团的育人作用时,需要融入学生团体,发挥学生的主体作用,与学生多沟通互动,了解学生的思想动态,尊重学生的话语体系,用学生喜闻乐见的方式进行思想政治教育。每个学生团体各有其特色,辅导员要善于发掘学生团体的特点,有针对性地开展教育。例如,在学生会中,通过举办演讲、学术竞赛营造优良学习氛围,通过举办知识竞赛、红

---

[1] 共青团中央 教育部关于印发《关于加强和改进新形势下高校共青团思想政治工作的意见》的通知[EB/OL].中华人民共和国教育部网站.(2017-06-01).http://www.moe.gov.cn/jyb_xxgk/moe_1777/moe_1779/201709/t20170914_314466.html.
[2] 习近平.在庆祝中国共产主义青年团成立100周年大会上的讲话[J].中国共青团,2022(10):1-5.
[3] 李小倩,刘晓飞.辅导员队伍建设在高校基层团支部组织力提升的影响因素分析[J].吉林教育(党建与思政版),2020(C1):81-82.

歌会等丰富多彩的校园活动来贯彻党的思想等；在社团中，摄影社可以组织红色主题的视频或摄影作品比赛；话剧社可进行红色剧目的话剧编排和表演；青年马克思主义理论研习会可通过理论宣讲等方式对学生宣传党的理论知识。此外，辅导员应当做好学生组织核心成员的选拔工作，选拔真正有想法、品行端正、乐意为学生服务的优秀人才成为学生组织的主要负责人，激发其动力，引导其主动作为，关注其思想动态。辅导员应当充分思考各类群团组织的育人功能，及时总结、深入探究如何更合理、科学、有效地加强对群团组织的引导，提升其育人功能，进而引领教育的载体与形式创新。

3. 充分发挥班级、宿舍微小组织作用，服务学生成长成才

班级是学校为实现一定的教育目的，将年龄和知识程度相近的学生编班分级而形成的、有固定人数的基本教育单位。班级通常由教师、一群学生及环境组成，是一个复杂的小社会体系。[①] 班级概念贯穿学生生涯的全部学段。大学中的班级相较于其他学段有着明显的特点。当前国内高校大部分已经实现了完全学分制和选课制，"同班不同学、同学不同班"的现象较为普遍，班级这一学生组织的黏度和活跃度受时间和空间的双重限制不断下降，这对辅导员开展班级建设提出了很大的挑战。但是，班级是学校行政体系中最基层的正式组织，仍然是开展育人活动的最小细胞、最基础的单元，是学生从事集体活动、结交好友的重要载体。因此，它具有满足学生需求、促进学生发展、矫正学生行为的功能。在高校班级建设工作中，辅导员应当以立德树人为根本任务，通过师生共同努力，建设架构清晰、职能明确的班级组织，增强学生集体观念、集体主义荣誉感、协作意识和团队精神，营造健康向上的班级风气和严谨浓郁的学习氛围，培养广大学生自我教育、自我管理、自我服务的能力与意识，进一步增强班级集体在价值引领、学风建设和人才培养中的作用，促进全班学生的全面发展。辅导员应当注重班委干部的选拔和培养，积极发挥班委在班级建设和管理中的核心作用；应当注重学生集体主义精神的培养，引导学生积极参与班级团体活动，提升学生的集体活动素养；应当注重观察了解班级成员的思想动态，为学生答疑解惑；积极组织学生参与"卓越班级""文明班级"等评选活动，增强集体荣誉感。[②]

[①] 苏洵.小学教育学[M].镇江：江苏大学出版社,2019：338.
[②] 黄彦菲,唐小祥.班级辅导员开展思想政治工作实践——以中国人民大学为例[J].北京教育(德育),2020(11)：92-95.

同样,因为学分制和选课制的普及,宿舍成为学生之间联系最为紧密的单元。辅导员应当充分发挥宿舍在学生成长中的凝聚、引导、服务作用,培育建设一批文明宿舍。在宿舍中,辅导员应当关心关爱学生的生活情况,与宿管人员积极配合,及时调解宿舍矛盾,使学生懂得在生活中关爱、尊重他人,提高自身品德素养。辅导员应以学生社区为平台,以学生宿舍为单位组织丰富的社区文化活动,加强党建引领作用,充分利用社区、宿舍公共空间发挥育人价值。此外,辅导员还可以通过评选"文明寝室""十佳特色寝室"等表彰先进模范宿舍,积极宣传报道优秀宿舍事迹,发挥朋辈育人功能。辅导员要主动践行"一线规则",经常性走访学生宿舍,帮助同一宿舍的学生增进互相之间的了解,建立起深厚的舍友感情,发挥宿舍这一校园内最小但却最为稳固的学生单元在育人中的大作用、大作为。

第六章

思想政治工作体系中的辅导员队伍发展

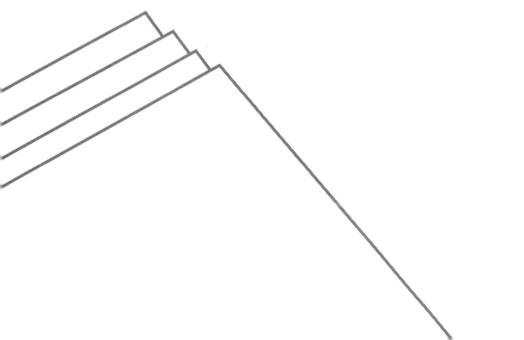

第一节　辅导员与思想政治理论课
教师的协同发展

教育部在题为《切实推进辅导员队伍建设为加强大学生思想政治教育提供坚强的组织保证》的报告中明确指出,大学生思想政治教育包括思想政治理论教育和日常思想政治教育两个重要的方面,一个是主渠道,一个是主阵地,两者是相互依存、互为补充的。① 以课堂教学为主要工作形式的思想政治理论教育是"主渠道",以辅导员日常教育管理为主要工作形式的日常思想政治教育是"主阵地",两者统一于大学生思想政治教育之中。

一、辅导员与思政课教师协同工作的现实意义

辅导员与思政课教师的关系体现了日常思想政治教育与思想政治理论教育之间的"唇齿关系"。当前,两支队伍协同工作既有着宏观政策的外在助力,又有两支队伍发展需求的内在推动。

1. 加强和改进高校宣传思想工作要求两支队伍协同工作

2015年9月发布的《中共中央宣传部 中共教育部党组关于加强和改进高校宣传思想工作队伍建设的意见》中提出,加强和改进高校宣传思想工作队伍建设是一项战略性基础工程,统筹推进高校党政干部和共青团干部、思想政治理论课教师和哲学社会科学课教师、辅导员和班主任、心理健康教育教师和学生骨干等宣传思想工作队伍建设,培育建设网络评论队伍,是全面落实新形势下高校宣传思想工作战略任务的基础工程。② 同为高校宣传思想工作队伍的重要组成部分,辅导员只有与思政课教师协同工作、互通有无、凝聚力量,才能更好地达成党和国家的要求和嘱托。

---

① 切实推进高校辅导员队伍建设为加强大学生思想政治教育提供坚强的组织保证——周济部长在全国高校辅导员队伍建设工作会议上的报告[EB/OL].(2006-12-11). http://www.moe.gov.cn/jyb_zzjg/moe_187/moe_410/moe_458/tnull_18978.html.
② 中共中央宣传部 中共教育部党组关于加强和改进高校宣传思想工作队伍建设的意见[EB/OL].(2015-09-09). http://www.moe.gov.cn/srcsite/A12/moe_1416/s255/201510/t20151013_212978.html.

2. 辅导员专业化、职业化的发展需要两支队伍协同工作

《高等学校辅导员职业能力标准（暂行）》中明确指出辅导员应具备宽广的知识储备，了解马克思主义理论、哲学、政治学、教育学、社会学、心理学、管理学、伦理学、法学等学科的基本原理和基础知识，以及思想政治教育专业基本理论、基本知识、基本方法，马克思主义中国化相关理论及知识和大学生思想政治教育工作实务相关知识等三大类18个小项的专业知识。① 然而，辅导员专业背景不同使得队伍的学理基础不一，思政理论素养参差不齐。学生工作的繁杂性又使得为数不少的辅导员"淹没"在事务工作中而忽略了思政理论知识的"再学习"。反观思政课教师队伍，大都具有扎实的理论基础和丰富的专业知识。两支队伍协同工作，能够激发辅导员的专业意识和专业自觉，在促进辅导员素质提升、观念转变，改进辅导员队伍的整体结构和推进辅导员队伍专业化、职业化上起到重要作用。

3. 思想政治教育学科的发展需要依托两支队伍协同工作

思想政治教育学科建设对实践活动的忽略，使学科建设成为可以相对独立于思想政治实践的一种纯粹理论构建，造成学科建设中理论与实践脱离的倾向。② 思政学科的理论研究应当以实践活动为基础进行提升，而研究成果应当体现在对日常思想政治教育实践的指导中。但是，目前思政课教师多是从讲台到桌前的工作状态，和作为教育和研究对象主体的学生之间的关系日渐淡薄，研究往往不接地气，也很难发现最具研究价值的现实问题。反观辅导员队伍，由于终日与学生相处，往往能够准确把握学生特点，具有丰富的思政教育实战经验。两支队伍协同开展工作，能够增强思政理论教育的针对性和实效性，搭建思政教育学科理论联系实际的平台，促进学科发展。

二、辅导员与思政课教师协同工作的基本形态

自2004年中共中央、国务院发出《关于进一步加强和改进大学生思想政治教育的意见》以来，国内高校通过多种方式探索两支队伍的协同工作。通过对复旦大学、浙江大学、上海交通大学、上海大学、华东政法大学、同济大学、上海理工大学等高校的调研，按照操作运行、协调管理和交流联动的不同情况，

---

① 教育部关于印发《高等学校辅导员职业能力标准（暂行）》的通知[EB/OL].(2014-03-27).http://www.moe.gov.cn/srcsite/A12/s7060/201403/t20140327_167113.html.
② 余双好.思想政治教育学科发展的问题与走向[J].思想教育研究，2014(1)：13.

将两支队伍的协同工作方式大致分为紧密配合型、松散配合型和零散配合型三种。

1. 紧密配合型

目前,部分高校已经意识到两支队伍协同开展工作的重要意义,并且已经采取各种工作方法,使两支队伍紧密配合。所谓紧密配合,指的是在日常教学、研究和育人等工作平台上有广泛而密切的合作,而且这种合作是一以贯之、具有一定周期且有制度保障的,是一种"面"与"面"相连的合作形态。

上海大学开展的辅导员"立交桥"工程,选拔优秀辅导员进入"思政课"一线课堂,参与课堂教学,充分发挥思政课教师和辅导员两支队伍的育人合力,打造思想政治教育的"开放"格局。近年来,上海大学继续强化"开放、协同、创新"的学生工作理念,积极推进优秀思政专家培育工程,挖掘和整合各类资源,推出分管书记与国内知名思政研究专家、辅导员与马克思主义学院教学团队、辅导员与思想政治教育博士点、辅导员与上海市高校思想政治理论课名师工作室等四个类型的结对。

此外,上海大学依托两个辅导员队伍建设项目,有效地推动了辅导员和思政理论课教师两支队伍的协同发展。一个是上海高校辅导员队伍建设特色项目"依托学科支撑协同创新,推进辅导员队伍专业化发展";另一个是上海高校辅导员工作培育项目"两支队伍协同授课,推进课内外德育一体化——上海大学思想道德与法治(实践)和大学生社会实践课建设项目",即"辅导员讲师团"建设培育项目。思想道德修养与法治课以社会主义核心价值观为主线,以理想信念教育为核心,以爱国主义教育为重点,帮助学生提高学习、交往、心理调适、恋爱、职业规划、法律等方面的能力或素养,尽快适应大学生活,正确认识各种困惑和苦恼,形成正确的人生观、价值观、道德观和法制观,加强自身的思想道德和法律修养,为四年的大学生活打好基础,更为未来较好地适应社会生活和取得良好发展而服务。该课程教学目标与辅导员育人目标的一致,为辅导员参与课程教学提供了可能。① "辅导员讲师团"是在学校辅导员协会的组织下,由部分辅导员自发形成的一个相互帮助、自主研讨德育前沿问题并付诸实践的团队,在学生工作主管部门的指导下与思政课教师结对,不断提高育人

---

① 代玉启.思想政治理论课教师与辅导员协同育人探究——基于"思想道德修养与法律基础"课程的思考[J].思想理论教育导刊,2018(9):139-142.

能力与育人成效。讲师团针对学生成长、成才的需求聚焦心理、能力、素质、职业四大领域,建设核心课程模块,对接"易班"平台,开设网络班级,延伸课堂教学的影响力,引导学生正确使用网络资源。通过系统化的培训,使辅导员真正掌握授课技巧,提高教学效率,提升教学吸引力,让授课成为辅导员队伍建设的新增长点。学校为讲师团配备了思政学科指导教师,促进辅导员队伍与思政教师队伍的相互交融,为辅导员搭建学科平台,提升理论素养。

上海理工大学积极推进思政课教师和辅导员两支队伍协同发展,努力探索大学生思想政治教育改革新思路新举措,将主要由辅导员承担的形势与政策教育、军事理论教育、心理健康教育等教学科研工作纳入统一管理。思想政治理论课的教学部门和研究机构,统一管理思想政治理论课教师,负责思想政治理论教学、科研、社会服务和相关管理工作;负责马克思主义理论学科和学位点建设;负责思想政治理论课教师队伍的人才培养和教学科研梯队建设等工作;统一管理人文素质教育,负责辅导员的教学、科研工作,协调、指导辅导员职业发展规划。该校通过上海高校思政课教学改革试点项目"大学生思想政治教育组织创新与平台建设",将思政课的优势资源进行整合,嵌入辅导员队伍建设中,有效促进了思政课教师和辅导员这"两支队伍"优势互补以及理论教学第一课堂、实践教学第二课堂这"两个课堂"有机结合,有力推动了辅导员队伍"职业化""专业化"和"专家化"建设和发展,取得了积极成效。通过探索建立"研究生副导师制"、积极构建"团队合作机制"、继续推进"教学标准班"、出台辅导员科研激励措施等,实现组织创新与制度创新,促进资源整合,拓展辅导员职业发展空间。围绕"思政课资源嵌入辅导员队伍的专业化建设"的目标和要求,通过引进思政课的人力资源、学科资源、科研资源、发展资源,促进两支队伍深度融合。通过多年的不懈努力,上海理工大学两支队伍协同发展的体制机制基本形成,思政课课堂教学效果明显提高,两支队伍的教学科研能力显著提升。

2. 松散配合型

除紧密配合型外,更多的高校采取松散的配合模式,循序渐进地探索两支队伍协同工作的有效途径和方法,其中不乏一些具有创新性的工作方法。所谓松散配合,是指配合的形式并不紧密,但未曾间断,虽未全面铺开,但是仍具有一定规律和周期性的合作方式,是一种"线"与"线"相连的合作形态。

上海交通大学创造条件,支持辅导员承担"思想道德修养""法律基础""形势与政策""就业指导和职业生涯规划""心理健康教育""军事理论"等课程以及各类专业课程和学生党课、团课等的教学任务及科研工作;上海交通大学学生工作指导委员会设立思想政治工作研究室,专门负责统筹辅导员教学、科研管理及指导,辅导员积极参与筹建,进一步提升指导水平;辅导员队伍深度参与"形势与政策"课程改革,每学期担任课程教师,强化第一课堂主渠道作用,及时组织辅导员和思政课教师集体备课,将习近平新时代中国特色社会主义思想等理论学习内容第一时间融入课堂教学;定期组织思政课教师、宣传骨干和辅导员骨干到现场教学点参加研讨,把鲜活的素材补充到学生的日常教育中。

同济大学推动辅导员队伍和思政理论课教师协同发展,将思政理论课教师纳入课程化平台,通过辅导员联谊会的形式同思政课教师进行交流。该校联谊会由研究组、文体组、发展组和外联组组成,其中研究组和发展组都会邀请思政课教师以讲座沙龙等形式培训辅导员,定期组织两支队伍开展辅导员工作交流与研讨会;在思政课题申报与研究方面,辅导员与思政理论课教师共同组成研究团队,聚焦学生工作新问题,开展协同研究;在思政理论课的实践环节中,安排部分辅导员带班带队;将辅导员中具有高级职称者聘为导师,参与马克思主义学院的研究生培养工作。

华东师范大学组建了一支由专家学者和专职辅导员共同组成的专业基础扎实、政治理论素养较高的"形势与政策"课讲师团,专门负责该课程的建设、规划、授课和教学研究等工作。通过课程建设、辅导员课题研究等载体,探索思政课教师与专兼职辅导员的交流互动:集体备课制度通过辅导员自主选择备课主题、分组集智备课、邀请相关领域专家讲座指导形成授课方案、课件及参考资料汇编,辅导员在上课之前再根据各自院系学生的特点予以充实完善;辅导员课题邀请思政教师参与,为课题研究提供理论支撑;探索思政课教师与辅导员在科研和实践中的合作,进一步整合思政课教育与学生工作资源,为两者之间的协同发展打下坚实基础。

华东理工大学特别注重辅导员与思想政治理论课教师的互动交流,搭建以课程为平台、以研究为促进的协同发展的机制:每学期"形势与政策"课程开始上课前,学工部门均会组织一次全体任课老师和任课辅导员的集中备课,并按照每学期的教学要点将任课老师和任课辅导员按专题分组,每组由经验丰富的任课老师担任组长并组织本专题的集体备课。集体备课不仅使得任课老师和任课辅导员对所教授的专题有更深入的认识，还可以相互交流授课技巧，相互提高。

华东政法大学鼓励讲师以上的辅导员承担"形势与政策"课的教学任务。学校"形势与政策"课的教学团队主要由辅导员和马克思主义学院教师组成。学院和学工部门在制定教学方法改革草案、试点方案的基础上推广讨论式教学，建立了"双师型"讨论式教学新模式，使之成为华东政法大学思政课最具特色的教学方法。

上海海洋大学推进思政第一课堂与辅导员开展网络思政工作的重要平台——"易班"进行对接融合。思政课教师全部注册"易班"，通过建立教师个人主页群、虚拟教学班级、思政理论课程特色栏目、互动学习群组和"教与学"测评系统，探索基于"易班"的思政理论课教学方法改革，激励广大思政课教师积极开展网络育人，教师的教育教学能力得到显著提升，教学的针对性、有效性和吸引力、感染力得到进一步增强。

上海海事大学依托思政理论课教师，为辅导员开展思政教育专业培训，开展思想政治教育专业基本理论、基本知识、基本方法及马克思主义中国化相关理论及知识等方面的校本系列培训，提升辅导员在该领域的专业知识。上海海事大学、上海海洋大学、上海电机学院联合举办思政课"超级大课堂"教学竞赛交流活动。三所学校的思政课教师和辅导员组成团队，通过"超级大课堂""课堂好声音""问题面对面"等形式进行现场阐释和解答。各教学团队成员从现实问题入手，针对学生提出的理论困惑、实践难题进行解答与探讨。新型的授课形式、丰富的知识储备、精彩的现场解答颠覆了传统的思政课堂教学模式，获得了学生的一致好评和认可。"超级大课堂"等形式的授课活动有效弥补了传统教学中师生互动不足的问题，对建立有效的师生互动关系和促进课堂教学质量提高有重要意义，而辅导员通过这种创新的课堂教学形式也意识到了丰富的学识对正确引导学生的重要意义。

上海财经大学有两项推动辅导员和思政理论课教师两支队伍协同发展的具体措施，且成效明显。一是学校的辅导员、思政理论课教师协同校内培训机制，学校由宣传部牵头，学生工作部（处）和马克思主义学院共同推进基于上财论坛的校内培训平台，定期邀请社会科学、时政专家学者等来校做主题报告；二是"形势与政策"集体备课研讨制度，为了更好地推进"形势与政策"课的建设,上海财经大学定期开展辅导员和思政理论课教师的集体备课,共同研讨,共同探究,相互提升,相互促进,做到材料共享,课件共建。

上海对外经贸大学在分管校领导推动下,学校马克思主义学院和学工部设立协作机制,定期举办协作会议,就两个部门如何更好地整合资源、如何深化合作进行了深入讨论和交流,邀请辅导员和思政理论课教师参会;共同举办"博文讲堂",邀请名家到上海对外经贸大学为师生举办关于社会主义核心价值观的讲座;在科研方面,双方在理论研究和实务研究上存在较大的互补性,思政课教师和学工系统教师多次联合申报课题、发表文章;学工部邀请思政课人气教师参与"形势与政策"课的备课和说课环节,为辅导员上好"形势与政策"课提供示范。这些举措实现了辅导员和思政理论课教师两支队伍优势互补,提升了立德树人工作的实效性。

上海工程技术大学作为上海高校综合改革的首批试点单位,在推动骨干教师教学激励计划、全学分制改革、全程导师坐班答疑等制度改革的同时,重视辅导员与思政理论课教师协同育人长效机制的建设,着力促进两支队伍"双轮驱动",共同为学生全面成长成才保驾护航。选拔骨干辅导员与思想政治理论课教师,共建思政研究团队;深化"形势与政策"课改革,共建"形势与政策"教研室;拓展"知行大课堂"的内涵及实践路径,共建"知行大课堂"工作室;出台思政育人两支队伍的人才流动办法,搭建人才流转"立交桥";创新网络时代下思政教育的载体,共建网络思政育人平台。

3. 零散配合型

除紧密及松散两种配合形式外,由于大部分高校中的思政课教师与辅导员归属两条线管理,前者主要负责课堂教学,后者主要负责日常思想政治教育,所以更常见的协同工作方式是"点"对"点"的零散配合。所谓零散配合,是指零星且松散的配合形式,规模较小,影响有限且未成规范和体系,具有一定的随机性和阶段性,是一种"点"与"点"相连的合作形态。

复旦大学、浙江大学两所学校的教育部辅导员培训和研修基地在举办全国辅导员高级研修班、全国骨干辅导员培训班以及各类辅导员专题培训时,都会邀请本校马克思主义学院的教授以思政专家的身份为辅导员进行授课,指导辅导员开展学工研究和思政课题。上海外国语大学高度重视大学生思想政治教育工作"主渠道""主阵地"的协同建设,充分发挥辅导员、思政理论课教师两支队伍的各自优势,做到相互配合、相互补充。思政理论课教师经常参加学生党团活动,参加学生工作总结会,指导辅导员开展大学生思政课题研究,推动理论与实践相结合。辅导员积极参与思政理论课教学工作,提升思想政治教育理论水平。

上海音乐学院的辅导员和思政课教师两支队伍在研究大学生思想政治的热点问题、对策和"形势与政策"课程的教学计划的制订和实施等方面都实现了协同发展。思政理论课教师积极参与学校辅导员的日常培训,提升辅导员的政治理论素养。上海体育大学一直坚持辅导员融入思政课、"形势与政策"课课堂,辅导员通过积极融入思政课第一课堂,有效推动了思想政治教育工作的水平和成效。

上海师范大学依托"形势与政策"课程平台,组建了由学工部、马克思主义学院等单位负责人,校内外人文社会科学类学者、思政系列专家和学校辅导员等共同组成的"形势与政策"课讲师团。上海电机学院的辅导员队伍经常请思政理论课教师开展人文社科讲座,两支队伍积极开展思政课题申报等方面的研讨交流。思政课教师通过带班等形式开展部分学生工作,以特殊的方式与辅导员一起开展大学生思想政治教育活动。

上海电力大学辅导员队伍与思政理论课教师队伍针对重点思政主题联合邀请校外专家开展讲座,一起学习,一起交流;学工部经常聘请思政理论课教师参加辅导员论文、工作项目的评审、指导;思政理论课教师与辅导员共同组成科研项目团队申报课题,许多辅导员参与思政课教学,与思政理论课教师共同开展教研活动;两支队伍还共同通过"易班"平台开展网络思政教育。

上海立信会计金融学院重视思想政治理论课教师队伍与辅导员队伍的协同发展,实施了一系列创新举措。其中,"德育四六评价体系"就是推进两支队伍协同发展的最具特色和影响力的改革创新成果。基于"德育四六评价体系",通过思想政治理论课实践教学改革项目,再次提出了思想政治理论课教师队伍与辅导员队伍如何进一步在指导大学生实践教学中的融合问题,从而为两支队伍的融合找到新的协同发展平台。上海政法学院为了打通大学生思政理论教育与日常教育,组织马克思主义学院和学工部多次开会商讨,以网络思政为平台,通过组织创新与平台建设化解体制机制障碍,促进两支队伍优势互补、两个课堂有机结合,推动思政课教师和辅导员协同发展。

三、辅导员与思政课教师协同工作需改进之处

辅导员与思政课教师队伍通过不同类型的协同方式开展工作，是推进大学生思想政治教育工作的有益探索。但是，目前两支队伍的协同工作仍然存在着政策支持缺失、内生需求乏力、身份认同薄弱等方面的不足。在党的十八届五中全会上，创新提升至我国"五大发展理念"之首。因此，有效识别和剖析辅导员与思政课教师协同工作的不足之处，将协同创新的发展理念注入两支队伍的合作模式中，将会为两支队伍的协同工作注入新的动力。

1. 缺乏政策支持，协同工作模式僵化

两支队伍协同工作不缺乏来自国家层面的宏观政策的支持，但是落地的中观层面和细化的基层政策几乎为空白。目前的协同工作方式中，紧密配合型与松散配合型多由高校自行制定的一些政策作为支持，但多是学校内部的"土办法"，难以统一标准进行推广，而零散配合型完全是"点"对"点"的自发行为，更加缺乏政策的鼓励和支持，缺少延续性。操作层面政策的缺失使得两支队伍的协同工作模式僵化，并在一定程度上割裂了两支队伍的内在联系，造成了思想政治工作的条块化、碎片化问题，很难有大的革新和突破。"立德树人"是教育的根本任务，两支队伍协同开展工作是中央的要求，更是育人的需要。要充分发挥两支队伍在大学生思想政治教育中的优势互补作用，形成协同共振效应，构建同向同行、协同育人的工作新格局，破解思想政治课教师"单兵作战"困局和思想政治课教学"孤岛化"现象。[①] 必须根据宏观政策的要求，在省市一级层面制定相应的中观政策，在高校层面制定相应的微观政策，才能创新两支队伍的协同工作方式，促进两支队伍互通有无，协力发展。

2. 缺乏内生需求，协同工作动力不足

客观分析两支队伍的协同工作现状，不难发现，辅导员和思政课教师的协同工作热情并不一致，前者的积极性和工作热情都大于后者。究其原因，随着辅导员队伍职业化、专业化的发展，无论是学工队伍的管理层还是基层辅导员都愈发重视思想政治教育专业理论知识的学习。一方面，有理论做依托，"以

---

① 胡绪明.高校思政课教师与辅导员协同育人的功能定位及实施对策[J].学术论坛,2018(4):174.

理服人"的育人工作更见实效;另一方面,辅导员的职称晋升也必须具有相应层次的思政理论研究成果作支持,所以辅导员亟须向思政教育的专业教师学习理论知识,从而丰富实践内涵。从思政课教师队伍来看,教师从事学科理论研究,虽然有时会出现因为没有实践育人经历、对实际问题意识不强、研究浮于表面不接地气等情况,但从队伍的整体发展来看,教师的教学和科研过程都较为独立,并未受到该问题影响,其迫切程度远不及辅导员队伍,内生需求不足,协作的动力自然不足。[①] 社会动机以内驱力和诱因为必要条件而存在,诱因是外在条件与政策,内驱力是内部驱动力量。只有进一步激发两支队伍的协同工作需求,达到需求上的同步,才能促生原动力,从而达到"自运转、自协同"的理想状态。

3. 缺乏身份认同,协同工作流于表面

辅导员是开展大学生思想政治教育的骨干力量,是高校学生日常思想政治教育和管理工作的组织者、实施者和指导者,是大学生健康成长的指导者和领路人。思政课教师队伍主要通过开展思想政治理论课对大学生进行抽象宏观的思想观点和立场方法教育,工作的领域又侧重于在课堂上讲授思想观念、政治规范和道德规则。从现行高校的行政体制来看,两支队伍分属学生工作系统和教学系统这两个不同的管理系统,管理体制和工作机制不尽相同。而越来越细化的岗位职责分工和专业化要求也使得两支队伍在工作内容和工作方式上高度分化。虽然两支队伍的根本目标都是培养社会主义事业的建设者和接班人,但工作侧重点的差异使得彼此的身份认同产生嫌隙,容易在工作实践中产生冲突和质疑,这也使得两支队伍的协同工作流于表面,无法达到"唇齿相依"的融合。

四、辅导员与思政课教师协同工作的推进路径

随着大学生思想政治教育工作的不断深入,辅导员队伍和思想政治理论课教师队伍的联系越发紧密,两支队伍协同开展工作,成为加强和改进大学生思想政治教育工作的必然趋势。研究两支队伍协同创新的理论支撑、搭建联动机制、探索保障体系、固化行为习惯,将协同创新的工作理念注入两支队伍

[①] 刘兵勇,沈芳,程子润.辅导员与思政课教师协同的原则、现状障碍与改进路径[J].上海管理科学,2022(5):123.

的合作模式中,将会为两支队伍的协同工作注入新的动力。

1. 从理论建设的角度,研究两支队伍协同创新的理论支撑

协同创新是指围绕着自主创新的原始创新、集成创新和引进消化吸收再创新这三大形态统领下的具体创新目标,由多主体、多学科、多要素、多方位、多层次共同协作、相互契合、共同努力的组织行为及其方式。① 它的特点是参与者拥有共同目标、内在动力,进行多方位交流和多样化协作。协同创新的本质属性是一种管理创新,打破部门、领域、行业的界限,实现创新要素最大限度的整合。

辅导员队伍和思政课教师队伍分属不同部门,工作侧重点各异。思政课强调教育教学计划的系统性和教学内容的规范性,在课程设置、授课安排和教学内容上具有理论育人的特点;辅导员的思政工作强调形式的灵活性和内容的多样性,通过开展形式多样的主题教育活动与日常教育管理达到育人效果,具有实践育人的特点。可见,两者具有共同的工作目标,程度不同的合作动力以及已有的多方位交流和多样化协作的工作基础。从这个意义上讲,两者非常契合协同创新思维的实践要求,协同创新理念完全可以在这两支队伍的协同工作中加以实现。

2. 从组织构建的角度,搭建两支队伍协同创新的联动机制

辅导员与思政课教师分属于不同的部门,有不同的招聘、管理、考核制度,壁垒鲜明,因此两支队伍协同创新的组织构建的关键环节在于顶层设计,核心是协调联动。高校党委要高度重视思想政治教育工作的整体布局,将"立德树人"作为育人的根本任务,优化整合资源,建立有效的领导和组织管理机制,促进相关职能部门、院系、思想政治教育"第一课堂"与"第二课堂"间的协调联动,提升思想政治教育的实效性。

高校应组建统筹管理两支队伍的协调部门,负责人由分管学生工作的校领导担任,业务主管分别由学生工作部门、马克思主义学院的领导担任,下设办公室,负责具体组织开展理论研究、政策制定、队伍建设等相关工作。用协同创新的思想打破两支队伍之间的工作壁垒,为融合工作提供组织保证,整合资源,搭建平台,用行政组织的力量,促进资源共有,成果共享,促进两支队伍

---

① 邱柏生,刘巍.试论思想政治教育学科建设的协同创新[J].东南大学学报(哲学社会科学版),2014(6):5.

和谐发展,共同进步。

3. 从政策支持的角度探索两支队伍协同创新的保障体系

辅导员与思政课教师协同创新机制的常态化运转需要有合理的行为规则和活动秩序、制定相应的保障政策和实施细则,包括资源共享、队伍共建、考核评价,确保两支队伍协同创新的有效运转,实现"1+1>2"的育人效果。

具体来说,一是要落实已有的政策要求。2006年,教育部在《普通高等学校辅导员队伍建设规定》中明确提出,专职辅导员可兼任学生党支部书记、院(系)团委(团总支)书记等相关职务,并可承担思想道德修养与法律基础、形势政策教育、心理健康教育、就业指导等相关课程的教学工作。[①] 2008年,中共中央宣传部、教育部发布《关于进一步加强高等学校思想政治理论课教师队伍建设的意见》,提出的新任教师工作期间应兼职从事班主任或辅导员工作。[②] 2017年,教育部令第43号《普通高等学校辅导员队伍建设规定》中明确要求,高等学校要鼓励辅导员在做好工作的基础上攻读相关专业学位,承担思想政治理论课等相关课程的教学工作,为辅导员提升专业水平和科研能力提供条件保障。[③] 未达到相关要求的高校,要寻找差距,细化实施细则,让政策落地。二是要根据现实需求新增和完善保障政策。完善两支队伍的双向流动、双向兼职、结队交流机制,打通培养培训、人事考核、职称晋升等发展路径,开发专门面向两支队伍共同参与的工作培育项目、课题研究项目和联合授课平台等。在盘活"老政策"和制定"新政策"的双重保障下,促进两个主体开展多方位、多层次的共同协作。

4. 从行为再造的角度,固化两支队伍协同创新的工作习惯

两支队伍协同创新工作模式的成功与否,关键在于顶层设计,难点在于激发内在活力。大学生对思政理论课的冷漠态度消磨着授课教师的积极性,而拥有众多学生的辅导员却因事务性工作的繁多和烦琐而降低了自我认同感。要激发两支队伍的内在活力,改变现状,就需要固化两支队伍协同创新的工作习惯,不断拓展双向融合的深度和广度,打造协同育人的"共同体"环境。[④] 在

[①] 普通高等学校辅导员队伍建设规定[J].中华人民共和国国务院公报,2007(22):8-10.
[②] 中共中央宣传部、教育部关于进一步加强高等学校思想政治理论课教师队伍建设的意见[J].高教领导参考,2008(21):23-28.
[③] 普通高等学校辅导员队伍建设规定[J].中华人民共和国国务院公报,2017(34):28-32.
[④] 祝文明."大思政课"视域下辅导员与思政课教师协同育人模式研究[J].教育观察,2023(22):30-32,60.

面对新问题、新热点的时候,时刻想到借对方之力,引进、消化和吸收彼此在工作中的长处和资源,互相补足,实现创新要素最大限度的整合。

设立两支队伍的工作例会制度,由管理部门定期组织召开会议,通报大学生思想政治教育工作在各自领域中的工作情况,探讨遇到的困难和问题,两支队伍互派领导和代表参加,各抒己见,增进互信和了解;组建由优秀思政课教师和骨干辅导员为主体的思政教育智库,就新形势下高校意识形态领域和大学生思想政治教育工作的热点和难点问题进行有针对性的专门研究,各展所长,将创新理论和创新实践进行紧密结合,使得研究成果不仅"可视"更能"可用",从而让两支队伍中的最优秀群体养成彼此依赖、互相促进的行为习惯,以此来带动更大群体的相互协作。

第二节 高校思政工作队伍之间辅导员的协同作用

在2016年12月召开的全国高校思想政治工作会议上,习近平总书记指出:"长期以来,高校思想政治工作队伍兢兢业业、甘于奉献、奋发有为,为高等教育事业发展作出了重要贡献。要拓展选拔视野,抓好教育培训,强化实践锻炼,健全激励机制,整体推进高校党政干部和共青团干部、思想政治理论课教师和哲学社会科学课教师、辅导员班主任和心理咨询教师等队伍建设,保证这支队伍后继有人、源源不断。"[①]可见,思政工作队伍的协同主体已从辅导员和思政理论课教师两支队伍协同上升到了多主体协同的层面。

一、高校思想政治工作队伍协同合作的现实意义

高校思想政治工作队伍是由学校党政干部、共青团干部、思想政治理论课教师、哲学社会科学课教师、辅导员、班主任和心理咨询教师七支队伍构成的多个主体的复合型团队。加强和改进新形势下高校思想政治工作,各队伍间相互协同合作是必然要求。

---

① 习近平在全国高校思想政治工作会议上强调:把思想政治工作贯穿教育教学全过程 开创我国高等教育事业发展新局面[N].人民日报,2016-12-09(01).

1. 协同合作是新形势下大学生思想政治教育工作的发展要求

高校思想政治工作关系到高校"培养什么样的人、如何培养人以及为谁培养人"这个根本问题。当前,国际国内形势深刻变化,不同思想文化交流交融交锋,社会思潮多元多样多变。改革开放和社会主义市场经济的深入推进,互联网等新的传播渠道的迅速发展,在有力促进社会发展进步的同时,也给社会思想文化领域带来复杂影响。高校思想政治工作面临许多新情况新任务新课题,加强和改进高校思想政治任务十分紧迫。

学校党政干部、共青团干部、思想政治理论课教师、哲学社会科学课教师、辅导员、班主任和心理咨询教师是高校思想政治工作队伍的主体。但是,这七支队伍在人员构成、工作要求、管理体制、奖惩机制、职业发展等方面都有所不同。长久以来,各支队伍已经确立了各自为政的工作格局,不仅缺乏协同合作、共谋思政工作发展的行动实际,更缺乏互相合作、协同创新的思想意识,从而逐渐形成了一种故步自封的常态。

多主体性的客观存在对高校学生思想政治工作提出了更高的要求,单打独斗的时代已经过去。高校学生思想政治工作的复杂性和艰巨性决定了从事该项工作的多支队伍必须打破壁垒,只有通过协同合作,才能使得多支队伍形成合力,更好地传播马克思主义科学理论、培育和弘扬社会主义核心价值观,共同应对新时期高校思想政治工作的新挑战,开创高校思想政治教育的新局面。

2. 协同合作是高校各支思政队伍形成职业共同体的内在需求

中共中央、国务院在《关于进一步加强和改进大学生思想政治教育的意见》中不仅对大学生思想政治教育工作队伍主体构成进行了描述,还对其中每一支队伍的工作侧重进行了解释:学校党政干部和共青团干部负责学生思想政治教育的组织、协调、实施;思想政治理论和哲学社会科学课教师根据学科和课程的内容、特点,负责对学生进行思想理论教育、思想品德、教育和人文素质教育;辅导员、班主任是大学生思想政治教育的骨干力量,辅导员按照党委的部署有针对性地开展思想政治教育活动,班主任负有在思想、学习和生活等方面指导学生的职责。①

---

① 中共中央国务院发出《关于进一步加强和改进大学生思想政治教育的意见》[N].人民日报,2004-10-15(01).

工作的侧重点不同只是高校思政工作队伍多主体性的一个表征,各支队伍在思政工作和队伍建设方面都各有长处和短板。比如,辅导员专业背景不同使得队伍的学理基础不一,思政理论素养参差不齐。而思政课教师队伍,大都具有扎实的理论基础和丰富的专业知识。马克思主义理论一级学科建立以来,思想政治教育学科取得了长足发展,但是,由于思想政治教育学科建设历史不长,在学科发展中存在着一些问题,表现为学科建设基础的本科专业的局限,学科建设路径的教育学偏向,学科建设过程的形式主义特征,学科建设思路的脱离实际倾向等。① 思想政治教育学科建设对实践活动的忽略,使学科建设成为趋于相对独立于思想政治实践的一种纯粹理论构建,造成学科建设中理论与实践的脱离。而辅导员队伍由于终日与学生相处,往往能够准确把握学生特点,具有丰富的思政教育实战经验。可见,两支队伍各有优势也各有短板,若互相协同工作,不仅能够激发辅导员的专业意识和专业自觉,还能够增强思政理论教育的针对性和实效性,搭建思政教育学科理论联系实际的平台,促进学科发展。

辅导员与思政课教师队伍之间的协同优势是高校思政工作多主体协同的一个缩影。高校思想政治工作的多支力量不仅是责任共同体、发展共同体,更是利益共同体,一荣俱荣,一损俱损。七支队伍之间的协同合作,能够有效地避免大学生思政工作各主体之间的隔阂,互补短板,共谋发展,将高校学生的思想政治教育工作推向一个新的时代。

二、高校思想政治工作队伍协同合作的关键力量

高校思想政治教育工作的相关职责主体可称为思想政治教育相关者,包括高校党政干部和共青团干部、思想政治理论课和哲学社会科学课教师、辅导员和班主任。② 高校思想政治工作队伍中的学校党政干部指的是学校党委书记、校长,分管学生工作和思想政治教育相关工作的学校党委副书记和副校长等校级领导;共青团干部队伍指的是学校团委领导干部以及各级学院团委书记。思想政治理论和哲学社会科学课教师主要进行思想理论教育、思想品德教育和人文素质教育;辅导员主要负责大学生日常思想政治教育;班主任负有

---

① 余双好.思想政治教育学科发展的问题与走向[J].思想教育研究,2014(1):11.
② 杜华.高校思想政治教育相关者角色定位研究[J].思想教育研究,2014(6):34.

在思想、学习和生活等方面指导学生的职责;心理咨询教师队伍则通过心理健康教育、团体心理辅导、个体心理咨询等预防和减少大学生的心理问题和疾病。七支队伍特点各不相同,其中辅导员队伍是能够撬动整体协同的关键力量。

1. 辅导员在思政工作队伍中具备良好的协同基础与条件

辅导员是其他思政工作队伍的蓄水池。教育部在《普通高等学校辅导员队伍建设规定》(中华人民共和国教育部令第24号)中指出,辅导员是高等学校教师队伍和管理队伍的重要组成部分,具有教师和干部的双重身份。辅导员是开展大学生思想政治教育的骨干力量,是高校学生日常思想政治教育和管理工作的组织者、实施者和指导者。"双重身份"意味着多重要求,辅导员在思政教学、研究能力和管理能力等方面都有相关要求。辅导员的"双线"晋升政策,使得优秀的辅导员能够有机会晋升为党政、团干部,也让具有研究能力的辅导员有机会转岗成为思政专业课教师。辅导员流动进入其他思政工作队伍已属常态,为协同合作奠定了良好的人力资源基础。

辅导员具有更强的包容性和协作意识。《高等学校辅导员职业能力标准(暂行)》中规定,辅导员应当具备宽广的知识储备,了解马克思主义理论、哲学、政治学、教育学、社会学、心理学、管理学、伦理学、法学等学科的基本原理和基础知识。而辅导员所属的思想政治教育学科是一门以马克思主义理论为基础、综合性和实践性都比较强的科学,包含马克思主义基本原理、法学、社会学、政治学等多学科的相关知识。对辅导员综合知识储备和学习的要求,以及思想政治教育学科同其他学科,特别是哲学社会科学相关学科内容的交叉、边界的渗透,都使得辅导员能够通过相似的话语体系同其他思政队伍进行沟通和交流,为协同合作奠定了良好的互通、互信的基础。

辅导员是高校思政工作的一线信息源。从学业指导、班团建设、生涯规划、学生事务管理到学生党建、就业指导、心理咨询,辅导员的工作几乎涵盖大学生在校学习和生活的每一个角落,是大学生在校园内相对最为固定、接触最为频繁的一支教师队伍。身处学生工作第一线的辅导员队伍是开展大学生日常思想政治教育的骨干力量,具有年轻、有活力的特点,更易于同学生进行"无代沟"交流,能够了解学生思想方面的真实情况,较早地发现亟须解决的现实问题。因此,辅导员是最为了解大学生思想现状和动态的一支思政工作队伍,能够为高校思政工作的开展提供最具价值的一线信息,为协同合作奠定了信息共享、合作共赢的基础。

2. 高校思想政治工作各支队伍之间的现实关系

高校思想政治工作七支队伍的组织归属、队伍构成、工作方式、考核机制等方面都各有异同,在高校思政工作中虽然各自为政,但由于工作目标和工作对象相同,所以队伍与队伍之间都或多或少存在沟通与合作。分析七支队伍的沟通情况以及合作现状能够比较直观地判断各支队伍之间的现实关系。

沟通情况主要分析沟通方式以及沟通频度两个主要因素。其中,沟通方式主要分为上行、下行、横向、斜向四种。上行沟通是指组织成员通过一定的渠道与管理决策层进行的信息交流,常表现为下级对上级的请示汇报、申诉意见、提供建议等。下行沟通是指组织中信息从较高层次流向较低层次的一种沟通,一般体现于上级给下级发布指令、命令等。横向沟通是指组织中同一层次不同部门之间的信息交流,它能够加强组织内部同级单位之间的了解和协调。斜向沟通是指在正式组织中不同级别又无隶属关系的组织、部门与个人之间的信息交流,常发生在直线部门与参谋部门之间。[1]

沟通频度主要分为紧密配合、松散配合和零散配合三种。所谓紧密配合,指的是在日常教学、研究和育人等工作平台上有广泛而密切的合作,而且这是一以贯之、具有一定周期且有制度保障的合作形式。松散配合是指配合的形式并不紧密,但未曾间断,虽未全面铺开,但具有一定规律和周期性的合作方式。零散配合是指零星且松散的配合形式,规模较小,影响有限且未成规范和体系,具有一定的随机性和阶段性。

合作现状主要分析合作形式以及深入程度两个主要因素。合作形式主要分为单向和双向两种。单向合作指的是合作双方主要以一方主动输出、另一方被动输入的方式开展合作。双向合作指的是合作双方都互为输入和输出,合作方式更加多样。深入程度主要分为浅层、中度、深层三种嵌入程度,浅层嵌入相对而言形式大于内容,深层嵌入指的是触及制度规范、重在内容的深度合作,是两支队伍你中有我、我中有你的共融状态,中度嵌入是浅层与深层嵌入的中间状态。

---

[1] 陈春花、杨忠、曹洲涛等.组织行为学(第2版)[M].机械工业出版社,2012:216.

具体分析情况详见表6-1。

表6-1 高校思想政治工作七支队伍沟通情况以及合作现状分析

队伍	党政干部	共青团干部	思政课教师	哲社课教师	辅导员	班主任	心理咨询教师
党政干部		上行、下行,紧密沟通	上行、下行,松散沟通	上行、下行,零散沟通	上行、下行,紧密沟通	上行、下行,松散沟通	上行、下行,松散沟通
共青团干部	单向,中度嵌入		横向,零散沟通	横向,零散沟通	横向,紧密沟通	横向,零散沟通	横向,松散沟通
思政课教师	相对独立	相对独立		横向,松散沟通	横向,松散沟通	横向,松散沟通	横向,零散沟通
哲社课教师	相对独立	相对独立	双向,深层嵌入		横向,零散沟通	横向,零散沟通	横向,零散沟通
辅导员	单向,中度嵌入	双向,深层嵌入	双向,中度嵌入	相对独立		横向,紧密沟通	横向,紧密沟通
班主任	单向,浅层嵌入	相对独立	单向,浅层嵌入	单向,浅层嵌入	单向,深层嵌入		横向,松散沟通
心理咨询教师	相对独立	相对独立	相对独立	相对独立	单向,浅层嵌入	相对独立	

3. 辅导员是同其他思政工作主体协同最为紧密的一支队伍

沟通情况以及合作现状分析(见表6-1)中出现"紧密沟通"字样的表格进行标识,将合作现状中出现"中度嵌入"及"深层嵌入"的表格进行标识。这些关键字所出现的横纵字段名中所涉及的队伍既是协同现状较为紧密的队伍,详见表6-2。

表6-2 高校思想政治工作七支队伍协同现状分析

队伍	党政干部	共青团干部	思政课教师	哲社课教师	辅导员	班主任	心理咨询教师
党政干部		上行、下行,紧密沟通	上行、下行,松散沟通	上行、下行,零散沟通	上行、下行,紧密沟通	上行、下行,松散沟通	上行、下行,松散沟通

续 表

队　伍	党政干部	共青团干部	思政课教师	哲社课教师	辅导员	班主任	心理咨询教师
共青团干部	单向,中度嵌入		横向,零散沟通	横向,零散沟通	横向,紧密沟通	横向,零散沟通	横向,松散沟通
思政课教师	相对独立	相对独立		横向,松散沟通	横向,松散沟通	横向,松散沟通	横向,零散沟通
哲社课教师	相对独立	相对独立	双向,深层嵌入		横向,零散沟通	横向,零散沟通	横向,零散沟通
辅导员	单向,中度嵌入	双向,深层嵌入	双向,中度嵌入	相对独立		横向,紧密沟通	横向,紧密沟通
班主任	单向,浅层嵌入	相对独立	单向,浅层嵌入	单向,浅层嵌入	单向,深层嵌入		横向,松散沟通
心理咨询教师	相对独立	相对独立	相对独立	相对独立	单向,浅层嵌入	相对独立	

分析表6-2不难发现,辅导员所在的行和列中被重点标识的单元格最多。由此可见,在现阶段,辅导员队伍同其他几支队伍的协同面最广、协同程度最高。实际中,优秀的辅导员经过组织培养和职级晋升可以被提任成为党政领导;校级团干往往具有一线辅导员的工作经历,而院级的团委书记则基本由辅导员兼任;辅导员作为思政课教师承担"形势与政策""思想道德与法治(实践)"等思政课程的教学工作;辅导员和班主任共同合作承担一个学生群体的教育工作,日常交流紧密;经过专门培训并获得学校各级心理咨询师资质的辅导员是构成心理咨询教师队伍的一支力量,等等。由此可见,辅导员同其他思政工作队伍的沟通最为紧密,合作最为深入。

将辅导员同其他六支队伍的协同现状重新分析(见表6-3),可见辅导员除和哲学社会科学课教师的交集相对较少外,和其他五支队伍都有相对较为紧密的沟通以及合作。

表 6-3 辅导员同其他六支队伍的协同现状分析

队伍	党政干部	共青团干部	思政课教师	哲社课教师	班主任	心理咨询教师
沟通情况	上行、下行，紧密沟通	横向,紧密沟通	横向,松散沟通	横向,零散沟通	横向,紧密沟通	横向,紧密沟通
合作现状	单向,中度嵌入	双向,深层嵌入	双向,中度嵌入	相对独立	单向,深层嵌入	单向,深层嵌入

在这七支队伍中，可以实现两两协同、多头协同，但是无论哪种协同方式，辅导员都毋庸置疑地成为协同的核心力量。这不仅源于辅导员队伍年轻化、外向开朗的群体特质，更源自辅导员队伍的职业化、专业化发展的内在需求和多渠道的外展形象。可见，辅导员是高校思想政治工作多支队伍协同工作的关键力量。

三、以辅导员为核心促进思政工作队伍协同发展

高校应提升辅导员队伍与其他思政队伍间的协同层次，拓展协同范围，加深协同程度，更好地发挥辅导员队伍的关键作用，以辅导员队伍为主干力量，创建全体思政工作队伍协同合作的新模式，凝聚力量，共谋发展。

1. 深化辅导员队伍与其他队伍间的业务协同和个人协同

业务协同是将各种业务系统纳入一个统一的平台中，从而实现业务关联与协同应用。每一支高校思政工作队伍的工作方式和工作侧重各有不同，但是"育人"是共同的关键业务。辅导员队伍与其他队伍间的业务协同，就是以"育人"为工作主线，搭建协同工作平台，对各自领域的工作内容进行协调、整合和优化。发挥辅导员组织活动的专长，协调各方资源，譬如可以牵头组织思政育人沙龙，将各支队伍在各自育人领域中所遇到的问题与瓶颈带到沙龙中来，充分讨论，各取所长，共同应对，提升"育人"实效；又譬如在辅导员和思政课教师共同承担的诸如"形势与政策"课的思政课教学中，可以以教学工作的促进与提升为业务平台开展协同，辅导员学习思政课教师的理论功底，思政课教师学习辅导员的一线学生工作经验，取长补短，共同进步。积极探索高校辅导员参与思想政治理论课教学的路径，加强顶层设计，提高能

力水平,密切教学协同,发挥辅导员的队伍优势,确保辅导员参与思想政治理论课教学的实际效果。①

个人协同在业务协同之上,是指个人在开展自己承担的工作时与其他人员发生的工作联系。在"点"对"点"的个人协同工作中,辅导员源于自身专业化、职业化发展的需求而产生的协同动力相对其他几支队伍是最为充沛的。因此,可以在个人协同中,发挥辅导员的主观能动性,拓宽协同内容,加深协同程度。譬如在辅导员同专业心理健康咨询教师的个人协同中,原有的协同模式往往是由学生心理问题个案引发辅导员向心理咨询教师咨询和求助的过程,而在更高的协同要求下,辅导员不仅要"受人之鱼",更应"学人之渔",通过向专业人员的学习,掌握基本的心理学原理和心理咨询技术,从而更科学地应对学生的各类情绪和心理问题。

2. 促进辅导员队伍与其他队伍间的团组协同和管理协同

如果说个人协同是"点"上的协同,那么团组协同就是"线"上的协同,指的是不同队伍之间的有计划、有目标、有内容并且被不断推进的协同过程。辅导员队伍同其他几支队伍之间相对紧密的沟通联系为建立全面的团组协同工作模式奠定了良好的基础。以同辅导员队伍相对联系最为松散的哲社课教师队伍来说,可以创新协同模式,以达成某个目标、完成某项任务、针对某个项目而组建一个跨领域团队的方式来开展团组协同。譬如在社会学教师的社会调查项目中,辅导员可以借助紧密联系学生的特点,为教师挑选合适的学生作为调查员参与项目,并且协助社会学教师进行相关的面试、录用、培训和过程监督。通过这样的项目合作,辅导员也能学习到社会学的基本理论和研究方法,提升自身的理论修养。这样的团组协同方式可以推广到不同学科的哲学社会科学教师队伍中。

管理协同是凌驾于业务协同、个人协同、团组协同之上的最高层次的协同。在现有的高校管理体制中,应是最重要的协同。其要求不仅在于多支思政工作队伍分属主管领导之间的协同,更是一种战略协同、政策协同和制度协同。管理领导层的联席会议制度是一种不打乱原有工作节奏和工作方式的较易实现的协同方式。联席会议可以加强各支队伍管理层之间的交流和互信,更能够在宏观层面确定战略、制定政策以及创新制度。譬如在辅导员队伍同

---

① 王海宁.高校辅导员参与思政课教学的困境与突破[J].学校党建与思想教育,2020(8):55.

思政课教师队伍的协同中,由分管学生工作的校领导担任联席会议的负责人,由学工部、马克思主义学院的领导担任业务主管,设立协同办公室,负责具体组织开展理论研究、政策制定、队伍建设等相关工作,用行政的力量整合资源、搭建平台。在联席会议中,确定两支队伍的双向流动、双向兼职、结对交流机制,打通培养培训、人事考核、职称晋升的发展路径,促进两支队伍深度融合。

3. 建立高校思想政治工作队伍之间的网状协同工作模式

深化和促进辅导员队伍同其他思政工作队伍在业务、个人、团组和管理四个层次的协同,其主要目的是以辅导员队伍为主干力量,提升高校思政工作队伍的整体协同程度。这样的整体协同不仅是辅导员队伍同其他几支队伍的单线协同(见图6-1),或是两两之间的多线协同(见图6-2),更是七支队伍多维度、多层次、多角度交织而成的网状协同(见图6-3)。辅导员队伍在其中起到创建协同范式、促进协调推进的关键作用。

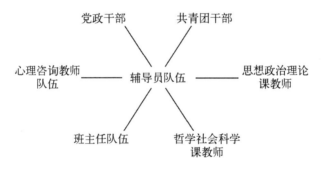

图6-1 单线协同示意图

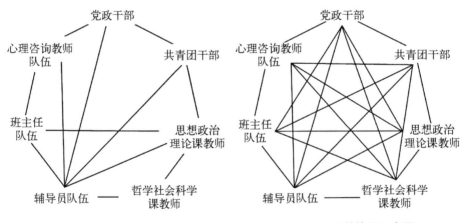

图6-2 多线协同示意图　　图6-3 网状协同示意图

以辅导员队伍作为协同前哨站,逐步建立思政工作队伍网状协同的大协同环境,对高校思政工作进行协调、整合和优化。多支队伍同心、同向、同行,共同推进高校思想政治工作改革创新,全面提升思想政治工作水平,才能在复杂的意识形态斗争中取得胜利,才能通过教育青年、引领青年,为国家培养德智体美劳全面发展的社会主义建设者和接班人。

第三节　辅导员在思想政治工作体系中的角色价值

为深入贯彻落实习近平新时代中国特色社会主义思想,2020年4月,教育部联合中共中央组织部、中共中央宣传部等八部门联合下发《教育部等八部门关于加快构建高校思想政治工作体系的意见》(以下简称《思政工作体系意见》),《思政工作体系意见》为新时代构建高校思想政治工作体系明确了工作目标、工作任务和实施路径。作为高校开展大学生日常思想政治工作核心力量的辅导员队伍,应当提高政治站位,主动分析、研究和落实《思政工作体系意见》要求,进一步明确自身的职能定位,在构建高校思想政治工作体系的过程中积极发挥作用,充分展示队伍的工作能力,增强贡献度,从而提升辅导员队伍在这个体系中的价值体现。

一、辅导员在高校思想政治工作体系中的职能定位

《思政工作体系意见》强调要健全立德树人体制机制,把立德树人融入思想道德、文化知识、社会实践教育各环节,并具体提出理论武装体系、学科教学体系、日常教育体系、管理服务体系、安全稳定体系、队伍建设体系、评估督导体系等七大体系,加强政治引领、厚植爱国情怀、强化价值引导、办好思想政治理论课等25条具体的工作要求,每一条工作要求下又有具体明确的工作任务描述。[1] 分析研究这些工作任务后不难发现,每一条、每一项都与辅导员工作有一定的相关性,并不存在任何绝对意义上的无关项。在高校思想政治工作

---

[1] 教育部等八部门关于加快构建高校思想政治工作体系的意见[J].中华人民共和国教育部公报,2020(4):23-27.

体系中，辅导员根据具体工作要求，或是组织实施，或是协同合作，或是从旁辅助，以不同的角色主动且全面地参与到思政工作体系建设的各项具体工作中，发挥着不同程度的作用。

因此，有必要对《思政工作体系意见》中的工作任务进行项目化梳理，对项目责任主体进行初步匹配和划分。将《思政工作体系意见》中的工作要求同2014年3月教育部印发的《高等学校辅导员职业能力标准（暂行）》中思想政治教育、党团和班级建设、学业指导、日常事务管理、心理健康教育与咨询、网络思想政治教育、危机事件应对、职业规划与就业指导、理论和实践研究9个辅导员职业功能领域的具体描述进行一一分析比对。根据《思政工作体系意见》中各个具体工作项目中辅导员在其中所承担的工作权重，将辅导员的职能定位初步区分为核心工作、非核心工作两类。

核心工作由辅导员对该项工作的组织、策划、实施全权负责，辅导员是该项工作推进的核心力量。比如《思政工作体系意见》在"理论武装体系"中"厚植爱国情怀"这一项工作要求中提出要"打造推广一批富有爱国主义教育意义的文化作品，定期举行集体升国旗、唱国歌仪式，有效利用重大活动、开学典礼、毕业典礼、重大纪念日、主题党团日等契机和重点文化基础设施开展爱国主义教育"，这些工作正是辅导员思想政治教育、党团和班级建设职业功能的重要组成部分，长期以来也都是由辅导员主要负责，是辅导员工作的主责主业。

而在非核心工作中，辅导员并不是开展该项工作的核心力量，只是或多或少地介入并且承担不同程度的工作任务。借鉴计算机数据挖掘中的关联分析方法，分析辅导员职业功能与思想政治工作体系分列工作项目对象之间的频繁模式、关联、相关性或因果结构，根据关联度的强弱将非核心工作进一步细分为强关联工作和弱关联工作两个类型[1]。

其中，强关联工作指的是辅导员虽不是全权负责，但是较为频繁地参与或者与其他工作团队同为主要组织力量开展该项工作。该项工作的开展效果和评价与辅导员队伍有着比较直接的相关性，并且具有一定的因果关系。譬如，《思政工作体系意见》在"管理服务体系"中的"推动'一站式'学生社区建设"这一项提出要"依托书院、宿舍等学生生活园区，探索学生组织形式……将园区

---

[1] 崔妍，包志强.关联规则挖掘综述[J].计算机应用研究，2016(2)：330-334.

打造成为集学生思想教育、师生交流、文化活动、生活服务于一体的教育生活园地"。辅导员队伍长期深入学生生活园区开展工作,根据书院、住宿学院等不同的治理形式开展各具特色的育人工作,有的还作为驻楼辅导员直接参与到社区的管理服务中去。但生活园区的工作主要由高校的后勤管理部门负责,因此,辅导员并未也不具备全权负责该项工作的能力。

而弱关联工作中,辅导员并不是该项工作的组织力量,仅是较为零散地参与其中。该项工作的最终绩效评价也和辅导员队伍没有直接的相关性且不具备显性的因果关系。譬如,《思政工作体系意见》在"学科教学体系"中的"强化哲学社会科学育人作用"这一项提出要"强化马克思主义理论学科引领作用,推出一批中国特色哲学社会科学精品力作。加强哲学社会科学教材规划编审和规范选用工作。加大哲学社会科学各学科专业中的马克思主义理论类课程建设"。辅导员的主要工作方式是基于实践的,学生的日常思想政治教育工作是其主战场。目前来看,以理论研究为主要应用基础的学科建设工作往往以专任教师为主要力量,课程建设、教材编审、学科建设等工作客观来看与辅导员队伍的关联度较弱。需要特别说明的是,弱关联并不是无关联,不是"0"和"1"的区别,只是关联程度较弱的一种表述。具有管理者和教师"双重身份",拥有"双线晋"升通道的辅导员队伍的职称晋升就是归属于哲学社会科学的思想政治教育学科。因此,哲学社会科学的发展与辅导员队伍也有关系,只是就学科建设中的作用发挥而言关联度相对较弱。

二、辅导员在具体思想政治工作项目中的责任归属

辅导员队伍在高校思想政治工作体系中的各个工作项目中分别承担核心、强关联和弱关联工作职能,需要进一步分析判断体系中分属这三种职能类型的项目清单,同时明确共同开展此项工作的其他思政工作队伍的责任归属,才能够构建出一个目标明确、内容完善、标准健全、运行科学、保障有力、成效显著的高校思想政治工作体系。

2016年12月,习近平总书记在全国高校思想政治工作会议上指出,要整体推进高校党政干部和共青团干部、思想政治理论课教师和哲学社会科学课教师、辅导员班主任和心理咨询教师等队伍建设。可见,这七支队伍是高校思想政治工作体系建设的主体力量。2018年9月,习近平总书记在全国教育大会上强调,坚持把立德树人作为根本任务,思想政治工作是学校各项工作的生

命线。随着"三全育人"、课程思政工作在高校中的深入开展,越来越多的育人力量加入思政工作中。除辅导员等七支思政教育工作主要力量之外,其他专业课程专任教师、教辅人员、行政人员等高校教职员工也都积极参加思政工作,成为与辅导员同心、同向、同行的同伴,为思政工作注入了更强劲的动力,大学生思想政治工作呈现出多主体性的特征。

多主体特征所面临的最大挑战就是权责的归属问题。在高校思想政治工作体系中,无论是辅导员的核心工作,还是强关联或是弱关联工作,都存在不同程度的多主体协同的情况。在协同中辅导员的具体责任和作用划分各有不同,可以借鉴企业项目管理中常用的"责任矩阵"工具来进一步明确辅导员的责任归属。

项目角色和职责在项目管理中必须明确,否则容易造成同一项工作多个人参与但没有人负责,最终影响目标的实现。为了使每项工作能够顺利完成,必须将每项工作分配到具体的个人或小组,明确不同的个人在这项工作中的职责,而且每项工作职能都具有唯一的负责人。具体实践中可以用责任分配矩阵表示角色与人物之间的层次关系。[①]

RASIC是一个相对直观的模型,用以明确组织中的各个角色及其相关责任。其中R是Responsible的缩写,表示谁负责,即负责执行任务的角色,具体负责操控项目、解决问题;A是Accountable的缩写,表示谁批准,即对任务负全责的角色,只有经其同意或签署之后,项目才能得以进行;S是Supportive的缩写,表示谁支持,即提供信息资源、辅助执行任务的人员;I是Informed的缩写,表示通知谁,即拥有特权、应及时被通知结果的人员,却不必向其咨询、征求意见;C是Consulted的缩写,表示咨询谁,即拥有完成项目所需的信息或能力的人员。[②]

将《思政工作体系意见》中的工作项目进行角色梳理,从而更明确地区分辅导员在其中的责任。将《思政工作体系意见》中每一项工作体系中任选一项工作要求下的一个工作项目进行RASIC责任矩阵分析,由于列表的主要目的是讨论操作层面的责任归属,所以为了减少冗余信息,暂不讨论"A",也就是"谁批准"的部分。

---

① 刘凤华.软件项目管理(第二版)[M].北京:中国铁道出版社,2018:211.
② 王伟立.华为的项目管理:一本对华为项目管理进行细致分解的图书[M].深圳:海天出版社,2016:62.

表 6-4 《思政工作体系意见》中工作项目的 RASIC 责任矩阵分析

工作体系	工作要求	工作项目	R	S	I	C
理论武装体系	加强政治引领	推动领导干部、"两院"院士等专家学者、各方面英雄模范人物进校园开展思想政治教育	辅导员	党委宣传部门	学生	党政干部、学科专家等
学科教学体系	充分发挥科研育人功能	构建集教育、预防、监督、惩治于一体的学术诚信体系	教师、导师	辅导员	—	教务部门、教师工作部门、学科建设部门等
日常教育体系	深化实践教育	健全志愿服务体系,深入开展"青年红色筑梦之旅""'小我融入大我,青春献给祖国'主题社会实践"等活动	辅导员	团干部	学生	指导教师、主管部门等
管理服务体系	加强群团组织建设	推动学生会(研究生会)改革,强化党的领导,健全骨干遴选程序	团干部	辅导员	学生干部	学工部、研工部等
安全稳定体系	强化高校政治安全	加强高校思想文化阵地管理,严格实行审批制度	各级宣传队伍	各级党组织	辅导员	宣传工作主管部门等
队伍建设体系	建设高水平教师队伍	完善教师评聘考核办法,把师德师风作为评价教师队伍素质第一标准	教师主管部门	各二级单位	辅导员	组织、人事部门
评估督导体系	构建科学测评体系	建立多元多层、科学有效的高校思政工作测评指标体系	辅导员	人事部门	全体思政工作队伍	学生工作主管部门

根据表 6-4 所示,凡是辅导员标注为"R"列的,表示此项工作由辅导员承担主要责任,是辅导员的核心工作内容;标注为"S"列的,表示此项工作辅导员承担协同责任,是辅导员的强关联工作;标注为"C"列或者"I"列的,表示此项

工作辅导员承担辅助责任,是辅导员的弱关联工作。

三、辅导员在高校思想政治工作体系中的价值体现

体系一词在《现代汉语词典》中的解释为"若干有关事务或某些意识互相联系而构成的一个整体"[①]。从思想政治教育的基本构成看,主要包括主体、客体、介体、环体等基本要素。[②] 这些要素按照一定的规律有序结合构成思想政治工作体系,体系中的各主体要素各司其职,各自"守好一段渠、种好责任田",既不缺位、也不越位,同时积极补位,这是做好高校思想政治工作,让体系科学、高效运转的前提条件。其中,辅导员队伍也应当根据各项工作要求不同分别体现主导价值、协同价值以及辅助价值,同其他思政工作队伍一道,共同构建一个不断发展完善的高校思想政治工作体系,紧跟时代步伐,为培养堪当民族复兴大任的时代新人打下坚实基础。

1. 辅导员应凸显在核心工作中的主导价值

高校思想政治工作体系中与辅导员工作的职业功能领域最为匹配的那一部分即为辅导员的核心工作。在这些工作中,辅导员承担着引导并推动其发展的主导作用,这与辅导员工作的职业描述和职业特性有关,是其他思政工作队伍无法完全替代实施的。在核心工作中,辅导员应当深入思考、主动谋划、统筹实施、科学评价、持续改进,充满职业自信地调动各种资源、各方力量,充分凸显队伍的主导价值。

主导价值的凸显,其核心不仅在于主导工作的全流程,更在于推行更加科学的工作方式来不断提升工作质量,最终在不断变化的时代背景中取得最佳的思政育人效果。

"PDCA"循环是企业管理中最常用的质量提升管理工具,值得借鉴。它是由著名质量管理专家戴明(William Edwards Deming)提出的,并在全球得到广泛应用的一种管理工作方法,其中P(Plan)为计划,指确定方针和目标,确定活动计划;D(Do)为执行,指实地去做,实现计划中的内容;C(Check)为检查,指总结执行计划的结果,注意效果,找出问题;A(Action)为行动,是对总结检查的结果进行处理,将成功的经验加以肯定并适当推广、标准化;将失败的教

---

① 中国社会科学院语言研究所词典编辑室.现代汉语词典(第5版)[M].北京:商务印书馆,2005:1342.
② 张耀灿等.现代思想政治教育学[M].北京:人民出版社,2006:235.

训加以总结,以免重现。首个"PDCA"循环未解决的问题放到下一个"PDCA"循环解决。① "PDCA"循环周而复始地进行就能够实现工作质量的阶梯式上升。

为了体现主导价值,在计划阶段,辅导员要避免陷入事务性工作的思维惯性中,避免对局部和具体工作的过分关注,应当以世界眼光、中国风范、时代特征来审视新时代的思政工作。辅导员要对上承接党和国家对高校思政工作的具体要求,用高度的政治责任感和政治敏锐性分析日益复杂的内外部环境中的工作挑战,分析现状,找出问题,通过不断学习提升来创新工作方法,根据新时代青年大学生的特质和行为习惯制订行之有效的工作计划。

在执行阶段,辅导员要避免"单打独斗"的工作习惯。主导价值的体现并不意味着需要独立完成该项工作计划,而是要懂得有效"借力"。立德树人这一教育的根本任务早已在高校所有教职员工和全社会中形成共识。辅导员应按照预定的工作计划,联合校内外的育人力量共同设计方案、操作实践,在不断推进"三个育人"工作理念的具体实践中努力实现预期目标。

检查阶段实际上就是对工作的评价和评估阶段。方案是否有效,育人目标是否实现,都需要进行效果检验才能得出结论。在这一阶段,辅导员要避免用经验代替科学、用主观代替客观。要设计和使用高效度的评价工具,用质性分析和量化测评相结合的方式客观的评价工作效果,为下一步工作总结和提升阶段做好充分准备。

行动是工作形成闭环和螺旋式上升的关键阶段,也是辅导员在工作中较为薄弱的一个环节。这个阶段,辅导员要避免工作完成就画"句号"的短视思维习惯,要用标准化、制度化的方式将工作成绩固化下来,同时更关注问题总结的部分,通过复盘全局的方式总结问题,为下一个"PDCA"循环的开始提供依据。"PDCA"是可以运用于持续改善工作质量的通用模型,辅导员科学地运用此项管理工具,不断提升思政工作质量,就能够充分凸显在高校思政工作体系核心工作中的主导价值。

2. 辅导员应彰显在强关联工作中的协同价值

强关联工作中辅导员虽不是主导者,但也是此项工作不可或缺的重要力量。辅导员既是项目核心工作队伍最有力的支持者,又是承担其中某项具体

---

① 现代管理词典编委会.现代管理词典(第3版)[M].武汉:武汉大学出版社,2012:171.

工作任务的实施者。辅导员和项目负责队伍形成团结统一、互相配合,为了达成同一目标而齐心努力的一个共同体。在这部分工作中,辅导员应当充分展现善于沟通协调、配合度高、执行力强的特点,彰显自身的协同价值。

在众多思政育人力量中,辅导员具备良好的协同基础。教师和管理者的"双重"身份以及职称和职级的"双线"晋升政策,使得优秀的辅导员能够有机会晋升为党、团干部,符合条件的也能转岗成为思政课或哲学社会科学方面的专任教师。辅导员成为这几支队伍的后备军和蓄水池,这是协同合作的组织基础。同时,辅导员具备宽广的知识储备,不同程度地了解马克思主义理论、哲学、教育学、社会学、政治学、心理学、管理学、法学等相关学科的知识,具有综合性和实践性比较强的特点,使得辅导员具有更强的包容精神和协作意识,为协同合作奠定了较好的沟通基础。此外,辅导员是最贴近学生的思政工作队伍,能够较为真实和客观地了解大学生的思想现状和动态,能够为高校思想政治工作的开展提供最具价值的源头信息,一线信息源是协同开展工作的内容基础。

在协同工作中,主要讨论以项目为驱动的业务协同。业务协同是将各种业务系统纳入一个统一的平台中,从而实现业务关联与协同。[①] 每一支高校思想政治工作队伍的工作范畴和工作侧重各有不同,"思想政治教育"是共同的关键业务,各支队伍在这一关键业务上产生关联和交集,高校思想政治工作体系就是以此业务为工作主线搭建起彼此协同的工作平台。辅导员在此平台上对自身的工作内容进行协调、优化和整合,从而能够对工作形成更有力的业务支持。

辅导员在业务协同中,应当充分展示队伍的特点与特长,体现对项目推进的贡献度;同时更应发挥辅导员的主观能动性,在协同中学习和进步,通过充实协同内容、拓宽协同渠道、加深协同程度等方式在协同的过程中不断提升队伍的专业化程度。辅导员在同其他教师和管理队伍协同的过程中,要学习党政领导干部的统筹协调能力、思政教师的课程讲授能力、哲学社会科学教师的学术研究能力、心理健康咨询师的专业实践能力等,通过持续学习其他队伍的长处来增强自身的理论修养和实践能力,提高以政治素质、道德素质、思想素质为核心的综合素质,以满足新时代高校思想政治教育体系中的各项要求为

---

① 致远协同研究院.协同管理导论[M].北京:经济日报出版社,2012.

目标,不断提升工作的科学化水平、队伍的专业化水平。

3. 辅导员应展现在弱关联工作中的辅助价值

在高校思想政治工作体系的弱关联工作中,辅导员并不扮演主导或协同角色,甚至从主导者的视野来看,这项工作并不需要辅导员的参与,独立于辅导员的工作职能之外。在某种意义上,辅导员成为完成这项工作的非充分且非必要条件。辅导员应以高度的政治责任心和大局意识去分析和对待此类工作,要充分认识到在百年未有之大变局中,面向兼具时代性、先进性、独立性和多变性等特征的青年大学生开展思想政治教育是全体思政工作者必须合力应对的挑战,任何相关工作辅导员都不是"局外人"。辅导员在弱关联工作中也要主动站位,靠前一步,充分展现队伍的辅助价值,让此项工作因为辅导员的参与得以更加顺利推进,取得更高质量的育人效果。

展现辅助价值首先体现在要主动及时地"补位"。时任教育部部长陈宝生同志在2019年全国高校辅导员优秀骨干培训班开班仪式上的讲话中,对"辅"做了全面的诠释,强调要从工作作用的角度全面认识辅导员的"辅"。"辅"是用换位思考代替故步自封,用合作精神代替本位主义,用靠前一步代替漠然旁观。更加完备有力的新时代高校思想政治工作体系应该是主体广泛激活、力量有效联结、对象全面覆盖、工作全程贯穿、要素深度融入的体系。[①] 在这样的"大思政"体系中,难免遇到百密一疏、有所缺失的情况。作为最贴近学生的辅导员,发现问题时应当第一时间补位开展工作,随后再通过相关渠道同应负主责的相关人员进行沟通或者汇报。辅导员要充分认识工作中的主辅二重性,在弱关联工作中,主动承担起辅助者的补位责任,提高思政队伍的凝聚力和思政育人体系的连续性。

增强辅助价值还体现在提高大局意识上。辅导员应学习贯彻落实习近平新时代中国特色社会主义思想,在工作中以"功成不必在我"的精神境界承载"功成必定有我"的历史担当。善于从全局的高度、用系统的眼光分析形势、看待问题。将自身视作高校思想政治体系的有机组成部分,个人利益服从集体利益,队伍利益服从于体系利益,自觉地在顾全大局的前提下做好本职工作,提升工作中的使命感、荣誉感和获得感。大局意识还体现在合理适度地参与

---

① 沈壮海,李佳俊.论新时代高校思想政治工作体系的构建[J].思想理论教育,2019(12):11-16.

到弱关联工作中。辅导员在此类工作中,要避免越职和包办,失去平衡不仅会干扰其他主导力量的工作节奏,也会因精力分散而影响自身的主责主业,适得其反。辅导员要明确自身定位,张弛有度,做一个到位但不越位的辅助者,从而实现体系的优化配置和高效运行。

第七章

辅导员在社区育人新场域中的工作创新

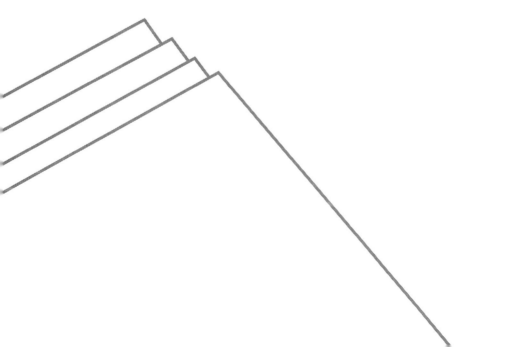

第一节　高等教育的发展与社区功能
　　　　变化的分析与考察

随着改革开放与现代化经济建设的不断深入,我国高校学生宿舍的条件与周边环境发生了巨大变革。高等教育大众化和高校教学体制改革的不断发展,促使高校改革创新大学生社区育人机制,以增强社区在高校育人大循环中的功能。如何有效地推动大学生社区育人机制改革创新是我国高等教育管理共同面对的重要课题。

一、高校学生社区物理环境与育人功能的提升

高校学生社区成为育人的新场域并非一蹴而就,而是经历了从萌芽期到发展期再到成为育人的重心场域的发展过程。这个发展过程与时代的发展同步、与社会经济的发展同步,也与我国高等教育的不同发展阶段同步。

1. 高等教育改革与社区物理环境的变化

1952年全国高等学校以前苏联为榜样,进行了大规模的院系调整与教学改革。这时的新建学生宿舍大多采取前苏联模式,仿效莫斯科大学的布局:学生宿舍建于校园内,并与教室、图书馆、商铺等分离;八人甚至几十人在一个大房间,宿舍内仅有上下床、桌椅等必备生活用品;宿舍实行严格的封闭式管理。[①]

随着改革开放的深入,我国经济发展进入腾飞期,人民群众的物质文化生活水平有了极大提高。与居民居住条件、高校的办学能力提高相适应,高校学生宿舍的功能与条件出现了第一次变革。1984年,深圳大学学生宿舍在国内首次采用公寓式的设计平面。其特点是两人共用一个带独立卫生间的基本居住单元,平面组合上采用单边走廊、内院式、底层架空的方式。管理上实行收费,鼓励不同院系的学生混合使用,促进学科的交流[②]。从学生宿舍向学生公寓这一名称的转变,不仅揭示了住宿条件的改善,更重要的是展示了学生居住

---

① 汤朔宁.大学校园生活支撑体系规划设计研究[D].上海:同济大学,2008.
② 韩奕.迈向社会化的高校学生住所设计探讨[D].重庆:重庆大学,2004.

空间功能的提升。当然,学生公寓仍然是高校自主建设的、较为封闭的学生住宿区域。

高等教育进入20世纪90年代,进入了快速发展期,高等教育由精英化向大众化过渡。1999年,第一次全国高校后勤社会化改革工作会议召开,确立了以学生住宿问题为突破口的高校后勤社会化改革。"政府政策支持,学校提供土地,企业投资建造,银行给予贷款,学生宿费还贷"的多元筹资建造学生公寓的思路得到了社会各方的认同和支持。在坚持高校后勤社会化改革不动摇的思路指导下,市场不断发挥在资源配置中的决定性作用,社会投资兴建的公寓带动了学生住宿区域向学生生活园区的转变。[①] 生活园区加强了公寓内部的硬件建设:通网,通电话,配备独立卫生间,装备热水器、空调等,让学生在宿舍有居家生活的感觉。如果说从宿舍向公寓的变化是住宿空间内部硬件的提升,那么由公寓向学生生活园区的转变则是住宿空间外部大环境的革命:学生园区更加注重教育大循环,注重在满足学生需求的前提下做好育人工作,学生生活园区的特征与功能更加趋近于城市的"社区"。

进入信息化时代,高校学生社区的建设和发展也越来越智能。门禁刷脸系统、网络报修服务平台等信息技术终端的使用不仅让学生感受到生活的便捷与服务的升级,更让学生主管部门能够更加及时和真实地了解学生的生活情况。通过大数据分析学生在社区的行为数据,更能够助力辅导员的日常工作,提升辅导员的工作效率。

2. 高等教育改革与社区育人功能的提升

从中华人民共和国成立到20世纪80年代初期,是学生宿舍成为思想政治教育平台的萌芽期。中华人民共和国成立初期,高等教育管理者比较注重课堂上的管理与院系层面的思想引导,宿舍在高校教育体系中的作用是紧张学习之余的"休息场所",教育者在这里被"宿管员"代替。学生之间的沟通主要限于同院系之间,不同学科之间的交流以及与外界的沟通渠道不甚流畅。

从20世纪80年代初到90年代末,是学生宿舍(公寓)成为大学生思想政治教育平台的发展期。1987年,中共中央明确提出改善学生的学习、生活条件是学校的一项重要任务,搞好服务育人是思想政治工作的重要方面。随着改革开放和社会主义现代化建设事业进入新阶段,中共中央于1994年提出要把

[①] 潘国忠.改革再出发:高校后勤社会化改革新探[J].高校后勤研究,2015(1):12-15.

生活管理与德育结合起来,各级管理工作、服务工作也要明确职责,管理育人,服务育人,要多途径培养学生的自我教育、自我管理、自我服务、自我约束的能力①。至此,高等教育界从学生、后勤与管理三方面全方位关注大学生住宿情况与大学生思想政治教育、人才培养之间的密切关系,并形成了明确的工作思路,为下一步明确提出把宿舍空间作为人才培养的重要平台奠定了基础。从2002年开始,中共中央和教育主管部门对学生公寓在育人过程中的重要性认识越来越充分,并对如何实施思想政治教育做了详细的规划,确保各高校有方法可依循、有目标可参照。2005年,教育部要求高校完善辅导员、宿舍和公寓管理人员、学生党员和骨干密切配合的教育管理服务工作体系。② 2007年,教育部要求继续推进思想政治教育进公寓。明确学生宿舍和公寓是开展大学生思想政治教育的重要阵地。要充分发挥现有学生工作体系的作用,充分发挥学生的积极性和主动性,以宿舍和公寓为阵地,开展丰富多彩的思想政治教育活动,为学生成长成才营造良好的环境和氛围。③ 自此,学生宿舍(生活园区)逐步成为高校思想政治教育的重要平台。

中共中央、国务院印发的《关于进一步加强和改进大学生思想政治教育的意见》中指出:"要高度重视大学生生活社区、学生公寓、网络虚拟群体等新型大学生组织的思想政治教育工作,选拔大学生骨干参与学生公寓、网络的教育管理,发挥大学生自身的积极性和主动性,增强教育效果。"④教育部等八部门《关于加快构建高校思想政治工作体系的意见》中指出:"推动'一站式'学生社区建设。依托书院、宿舍等学生生活园区,探索学生组织形式、管理模式、服务机制改革,推进党团组织、管理部门、服务单位等进驻园区开展工作,把校院领导力量、管理力量、服务力量、思政力量压到教育管理服务学生一线,将园区打造成为集学生思想教育、师生交流、文化活动、生活服务于一体的教育生活园地。"⑤上

---

① 中共中央关于进一步加强和改进学校德育工作的若干意见[EB/OL].(1994-08-31).http://www.jyb.cn/zyk/jyzcfg/200602/t20060219_55333.html.
② 教育部办公厅关于进一步加强高校学生住宿管理的通知[EB/OL].(2005-07-11).http://www.moe.gov.cn/s78/A12/szs_lef/moe_1422/s256/201209/t20120918_172192.html.
③ 教育部办公厅关于进一步做好高校学生住宿管理的通知[EB/OL].(2007-06-19).https://www.gov.cn/govweb/zwgk/2007-07/06/content_675066.htm.
④ 中共中央国务院发出《关于进一步加强和改进大学生思想政治教育的意见》[N].人民日报,2004-10-15(01).
⑤ 教育部等八部门关于加快构建高校思想政治工作体系的意见[J].中华人民共和国教育部公报,2020(4):23-27.

述文件强调了高校学生社区建设在高校思想政治工作体系中的重要性,凸显了高校学生社区独特的思想政治教育功能。2021年7月,教育部印发《关于深化"一站式"学生社区综合管理模式建设试点工作的通知》(教思政司函〔2021〕7号),指导31所试点高校深化教育培养模式,形成面向全国高校可推广可复制的经验模式。2021年12月7日,教育部召开新闻发布会介绍近5年来贯彻落实全国高校思政工作会议精神进展成效,提出进一步推广"一站式"学生社区综合管理模式创新,2021年达到100所试点高校,2022年建设1 000所试点高校,2023年力争实现全覆盖,再次强调了推进学生社区综合改革、开展学生社区思想政治教育的重要性和普遍性。可见,学生社区教育管理的改革和发展已经成为我国高等教育发展的一种战略性选择,其重要程度不言而喻。

二、基于五所高校学生社区育人机制情况分析

高校学生住宿空间随着社会发展与高校改革,经历了宿舍、公寓与社区三个阶段,其所承担的育人功能也逐渐增强。传统的以卫生、安全为核心内容的大学生社区育人机制很难适应新时期学生社区的育人要求。在此背景下,大学生社区育人机制的改革创新势在必行。国内许多高校在社区育人方面先行先试,积累了许多宝贵的经验。其中,香港中文大学、复旦大学、西安交通大学、上海大学、汕头大学等五所高校的住宿学院制改革具有一定代表性。住宿学院(Residential College)制度起源于英国的剑桥大学。每个住宿学院就像一个居住社区,允许各个专业的学生入住。学院具有完善的配套生活设施,可以满足学生课外生活的多种需求。[1] 为了区别传统专业学院概念,可以简单地将其理解为建立在学生住宿区的学院。

1. 各高校社区育人机制基本情况简介

香港中文大学:香港中文大学是香港最早采用书院制和学院制并行的大学。学校最早由新亚书院(1949年)、崇基学院(1951年)、联合书院(1956年)组成,其后于1986年成立逸夫书院。为了迎接本科四年制改革,2007年后又陆续成立了五家书院。学生通过不同书院提供的通识教育、学生住宿、文娱康乐设施、辅导服务等获得更周到的照顾。具体来说,每个学生都有一个书院身份和一个学院身份。书院是学生住宿、生活、学习、娱乐、成长的地方,学院是按照

---

[1] 王毅.剑桥的学院[J].世界建筑,2003(10):72-75.

专业组成的学生学习、实验的教学机构。所有书院都是自筹经费、自行开设通识课程。学校以培养既专且博的人才为目标,以教学上灵活的学分制和管理上的书院制为载体,通过通识教育拓宽学生视野,堪称香港高校通识教育的典范。①

复旦大学:2005年,复旦大学针对大一学生设立复旦学院,以复旦历史上德高望重的老校长的名或字命名,建设了志德、腾飞、克卿、任重四个一年制书院。志德书院,纪念复旦创始人马相伯(原名志德)先生;腾飞书院,纪念老校长李登辉(字腾飞)先生;克卿书院,纪念上海医学院创办者颜福庆(字克卿)先生;任重书院,纪念中华人民共和国成立后的第一任校长陈望道(字任重)先生。2011年,复旦大学成立四年制试点书院希德书院,以纪念复旦历史上的首位女校长谢希德先生。2012年7月,复旦大学组建新的复旦学院暨本科生院,通识教育的培养理念贯穿本科教育全过程,全面试行四年书院制教育,所有学生都在本科阶段体验完整的书院生活。书院是复旦大学通识教育体系的重要载体,是复旦大学本科人才培养的"第二课堂"。书院有各自的院徽、院训、院服以及活动场地和住宿空间。书院既是学生的生活园区,又是师生互动交流的场所,亦是不同特色文化活动的展示平台。书院按学校的住宿区域划分,物理空间相对独立。书院内的住宿安排,基本按学科交叉和大类融合的原则。书院的定位为学生全面发展的"第二课堂",是实现文化育人的住宿园区,是师生共享的公共空间,是学生自我管理的教育平台。各书院院长由学校聘请资深教授担任。书院设有院务委员会,协助院长工作,书院内由学生组建自我管理委员会,自主设立各职能委员会,履行自我管理、自我服务、自我教育的各项职能。学校充分尊重院长对书院的领导,尊重学生在书院管理和生活中的自主权,培养学生的自我管理能力。②

西安交通大学:西安交通大学以2006年成立彭康书院为标志开始进行大学生社区书院制改革,并于2008年得以全面推广。学校以各学院学生历史形成的居住区域为基础,学生按专业横向交融、年级纵向贯通的原则,成立了彭康书院、文治书院、仲英书院、宗濂书院等八大书院,后又成立了钱学森书院,涵盖大一到大四所有本科生。书院以学生社区为基本单位划定,除钱学森书院由钱学森学院独立建设外,其他成员都来自不同学院、不同年级。每个书院

---

① 蔡俊兰.继承与创新:香港中文大学书院制研究[J].高教探索,2017(5):96.
② 王懿.中国高等教育改革视域下复旦大学书院制的转型与发展[J].高教论坛,2020(9):59-62.

在育人理念与实践上均有自己的特色,书院有自己的院徽、院训等独特的书院文化,体现了多样化的通识人才培育理念。学生在书院接受通识教育,磨炼综合素质,致力于自我管理、自我教育、自我服务。钱学森书院采用学院、书院协同的"双院制"育人体系,以学生公寓为社区成立书院"第二课堂",从生活上、心灵上对学生进行精心栽培,通过学院加书院的"双院制"模式促进学生"学问与人生"协同发展。①

上海大学:2007年上海大学成立了社区学院,近5 000名大一新生被统一安排集中住宿。学院以钱伟长教育思想为指导,以培养全面发展的人为目标,依托学生生活园区,探索实践"学生培养更重要在课外"的教育思想。2011年,上海大学实行大类招生通识教育改革,大一新生无专业归属,按照人文社科、经济管理、理学工学三大类在社区学院中接受通识教育,大一结束后根据新生志愿进行专业分流。社区学院学生管理机构主要由楼宇德育中心、课外培养中心、学生事务中心和学生研究发展中心组成。2015年,上海大学在17所"国家试点学院"之一的钱伟长学院成立钱伟长住宿书院,在学生社区开展党建工作、推进导师进驻书院、打造阅读空间、组织学术沙龙。社区学院和钱伟长住宿书院是上海大学进行书院建设的有益探索,在大类学生和拔尖学生的培养上积累了丰富的经验。2019年,上海大学成为教育部首批"一站式"学生社区综合管理改革试点高校,同时全面实施本科生全程导师制,进一步推动"三全育人"改革。2020年,上海大学启动书院制改革,经过充分调研和广泛讨论,形成共识。2022年9月23日,上海大学成立伟长书院、秋白书院、宏嘉书院、青云书院、泮池书院、文荟书院、日新书院、闳约书院、自强书院、尚理书院、溯微书院、丝路书院共12家本科生书院,覆盖全学段本科生人才培养。上海大学实行专业学院建书院、"双院"协同育人的人才培养模式,将优质育人资源压实在"一线",各书院结合学科专业特点开展课外培养活动,形成特色鲜明的书院文化,促进学生全面发展,提升学生创新能力;学校选派百千导师进书院,打造有利于师生互动、温馨和谐的育人管理服务环境,形成"交以为师"的师生关系;书院实行学生"四自管理",体现学生主体性,着力培养学生主人翁意识,引领新时代青年自主成长。

汕头大学:汕头大学于2008年7月1日发文正式成立至诚书院,开始"住

---

① 李敏.书院制模式下高校学生教育管理的改进思路探索:以西安交通大学为例[J].陕西教育(高教版),2014(1):101-102.

宿学院制"的试点工作。书院借鉴美国普林斯顿大学的住宿学院模式运作,由学生自主提出申请,学校随机抽签决定入住学生,用小社区、大教育的书院建设理念,将学生生活、学习、成长融于一体。至诚书院采取专业教育和人文教育并行的模式,通过住宿学院社区活动平台的搭建和各项活动的有效开展,为住宿生提供团队、交叉学科、体能、心理和职业生涯等拓展课程项目。通过不同专业、不同年级的学生"混住"同一宿舍,男女同学同住一栋宿舍楼,促进住宿生身、心、灵全面健康发展,营造出独特的住宿学院文化。目前,汕头大学除至诚书院外,还有知行书院、思源书院、弘毅书院、修远书院、敬一书院、明德书院、德馨书院、淑德书院,书院通过给予学生专业课堂以外更多的关怀、支持和更广阔发展潜能的空间,为其提供最优质的教育环境,为学生从学校走向现实社会打下坚实的素质与能力基础。

2. 各高校社区育人机制创新的动因与主要形式

社区育人机制创新的动因之一是契合高校德育建设发展的需要。目前,我国高校学生管理的组织结构普遍采取"学校—院(系)"的两级管理模式,对学生生活园区的功能定位比较单一,生活园区一直被定义为学生生活和休息的地方。这种单一的行政化模式缺乏贴近学生生活世界的关注与育人环境的营造。大学生的成长需求日益多元化,原有的社区育人机制显然不能满足学生发展需要,未能达到育人的目标,这就急需新的理念与机制适应新环境。[①]五所高校的住宿学院制改革就是利用学生生活园区这一思想政治教育的重要平台,创新学生社区的育人机制,从而契合学校德育大循环的内在需求。

社区育人机制创新的另一个主要动因是通过通识教育改革应对教育大众化的挑战。社会的发展带来高等教育的大众化,而大众化又带来了两个问题:一是应试教育和标准化教育倾向,二是就读学生的大规模增加冲击了单纯专业化培养的竞争力。应试教育束缚了学生的学习兴趣和创造力,而单纯的专业教育培养使学生无法适应多变的社会需要。面对教育大众化的瓶颈,通识教育不约而同成了各高校改革的主要路径之一。通识教育是全人教育,是一种跨学科整合的教育,是一种涵养人文精神的教育。香港中文大学、复旦大学、上海大学和西安交通大学的住宿学院制改革都伴随着学校的通识教育改

---

① 段立.三全育人视域下高校"一站式"学生社区综合管理模式探究——基于教育部"一站式"学生社区管理模式建设试点的观察[J].高校后勤研究,2023(10):10-12.

革,其设立书院的本质都是在学生社区成立区别于专业学院的住宿学院。

为了更加清晰地对比以上五所高校的住宿学院机制改革,对其以不同要素、不同方式进行分类。一是按所辖学生分。香港中文大学、西安交通大学的书院一贯四年,覆盖所有在校生;汕头大学至诚书院住宿生为大一学生随机产生或高年级学生自主申请,约占总学生数的 1/7;上海大学社区学院所辖学生为大一新生,2022 年后扩展到大一到大四本科全学段;复旦大学的书院则以 2012 年为分界线,经历了仅覆盖大一学生到一贯四年本科生院的变化。无论是仅覆盖大一学生还是一贯四年,抑或是随机产生还是自主申请,各高校住宿学院所辖学生的不同均源自高校对住宿学院的不同建设要求。二是按教育模式分。香港中文大学、复旦大学、西安交通大学和上海大学学生在住宿学院中都接受通识教育,但在高校通识教育中所担任的角色不同。汕头大学的至诚书院以全人教育为主要目标着重学生的课外培养,学生在课堂内依旧接受专业教育。高校教育形式的不同使得住宿学院的育人侧重点也各不相同。三是按学生专业属性分。香港中文大学、西安交通大学和汕头大学各书院所辖学生都有具体的专业属性;复旦大学初期的书院、上海大学的社区学院,这两个住宿学院中的学生按"类"培养,大一结束之后再进行专业分流。两者的区别在于,前者大一学生专业分流进入大二后仍然在书院中住宿和生活,而后者只负责大一学生,专业分流后,学生就搬离社区学院,进入新的住宿空间。无论是专业属性还是大类属性,不同学科背景的学生都能够在住宿学院的大平台中互相交流学习,扩大知识面,完善知识结构。

3. 不同机制下学生社区的功能定位与队伍构成

由于改革动因和创新形式不同,各高校住宿学院的功能定位各有异同。

香港中文大学:书院承担了学生住宿管理与学生教育的功能。学生除了修读专业课程之外,主要在书院通过一些书院课程和形式各异的活动接受通识教育,以实现全面发展之目的。书院培养学生的重点在于让其对大学教育的价值、目的及方法有清晰的了解;对本科以外的学术有一般性的认识;对变动不居的世界有较成功的适应。书院提供以学生为本的全人教育和关注辅导,加强师生间的交流和互动,巩固学生对书院和母校的归属感。

复旦大学:2005 年至 2012 年,复旦学院作为实施通识教育的教学、研究和管理机构,力求汲取国内外一流大学的本科生培养经验,实现通识教育教学与书院制学生管理体制的有效结合,在一年级学生中全面推进书院制社区育人模式。2012年7月,复旦大学全面推行四年制书院,书院需确立各具特色的文化体系,设立公共活动空间,组建全方位的学习生活指导体系,构建书院文化生活课程。在书院里,鼓励教师学者与学生之间的互动交流,倡导树立良好学风,提高学生的自我管理能力和综合素养。

西安交通大学:书院主要承担教学计划以外的教育和教学任务,重在提高学生的综合素质,着力提升大学生的道德修养,使学生具有优雅的个人气质、良好的公民素质和强烈的社会责任感,同时培养他们的社会活动能力和科学民主意识,帮助他们健康成长。在这一总体功能定位下,各个书院有各具特色的育人理念,整体呈现多样化、个性化的教育形式。①

上海大学:社区学院定位于学生培养的四个有限目标,即使新生完成从高中生到大学生的转变,较好地适应上海大学的办学体制,使新生中具有明确目标和积极思考的学生比例有大幅提高,使新生的自学能力和综合素质有较大提升,使新生在学业、道德、情感和生活等方面和谐发展。在此基础上依托学生生活园区,建设学生自主学习的广阔天地、自主选择的发展平台和自主成才的和谐家园。

汕头大学:至诚书院的建设目标是"以书院为平台,为学生在校更好地成长提供更好的服务、更有利的支持,推动大学从单纯的'专业培养'向更有生命力的'全人教育'转变,培养具'有志、有识、有恒、有为'的人才"。至诚书院中的宿舍不仅是学生休息和睡觉的地方,而是一个社会小社区,学生要在宿舍即在社区中学会生活、学习和交流。

各高校社区育人中的队伍构成方面,复旦大学、西安交通大学、上海大学、汕头大学四所高校的住宿学院教师管理队伍构成基本相似,由于办学体制的不同,香港中文大学社区育人的队伍构成略有不同。五所高校住宿学院基本由以下几支队伍构成。

领导队伍:香港中文大学中舍监是每个书院的最高领导。复旦大学、西安交通大学、上海大学、汕头大学四所高校主要由院长党委(党总支)书记等党政领导班子成员负责住宿学院的管理工作。

导师队伍:五所高校都非常注重导师队伍的编配和支撑。如复旦大学各书院聘有特邀、专职、兼职三类导师,要求导师在书院全方位参与学生的学习和日常生活。特邀导师多为学校各领域名师学者,他们定期为学生开设专题

---

① 宫辉.高校书院发展报告2020[M].西安:西安交通大学出版社,2021.

讲座；专职导师为学校退休返聘教师，他们在学院导师办公室值班接待学生咨询；兼职导师多为各院系青年教授、学者，他们根据学生作息时间为学生提供个性化学业指导。西安交通大学各书院的学业导师队伍由副教授以上的专任教师担任，主要针对一年级学生进行通识教育指导，对高年级学生进行学业指导。上海大学社区学院聘有驻楼导师、学术导师、课外培养导师、体育导师等不同教师组成的多模式多类型的导师队伍。目前，上海大学施行本科生全程导师制度，以宿舍为单位配备本科生全程导师，从本科新生入学起即配备一位导师，大学本科生涯全过程陪伴。导师全员参与、全程陪伴和全方位开展指导。香港中文大学配备的是宿舍导师。至诚书院设有导师委员会。

辅导员队伍：除香港中文大学外，其余四所高校住宿学院都配备辅导员队伍，但是队伍形式各不相同。如复旦大学书院辅导员多由学校人才工程预备队员、研究生、青年教师担任，从事学生思想政治教育工作和第一课堂以外的教育管理工作；上海大学社区学院的辅导员是从各学院精心选派的专职辅导员，主动融入学校教育教学改革，在新的工作模式下秉承"零距离贴近学生需求"的服务理念，积极探索大类学生的课外培养路径。

管理服务队伍：五所高校住宿学院都设置宿舍管理和后勤服务队伍。复旦大学、西安交通大学、上海大学、汕头大学四所高校的这支队伍主要由宿管员和保洁员构成，更偏重于卫生和安全管理。香港中文大学将宿舍管理和后勤服务部门称为学生宿舍处，更偏重于对住宿学生的服务。

导生朋辈队伍：各高校充分利用朋辈群体的带动效用，引入导生制。如复旦大学书院中由研究生和高年级本科生担任的助理辅导员队伍，协助辅导员关心、关怀学生，帮助学生尽快适应大学，做好班级学生思想引导和日常事务管理工作；汕头大学至诚书院由品学兼优的高年级学生担任导生并负责带领20—30名宿生组成的小型团队；上海大学社区学院选拔优秀硕士研究生驻楼，选拔优秀本科生担任同辈导师，通过高年级学生与新生的互动辅导，发挥优秀学生的示范引领作用。

学生自主管理队伍：五所高校的社区育人都非常注重学生自我教育、自我管理和自我服务。如香港中文大学各书院成立宿生会；上海大学每个书院都成立了学生自主管理委员会；汕头大学至诚书院以楼层党支部和团总支为单位组成学生自管中型团队，团委、学生会组成学生自管大型团队；复旦大学各书院通过民主选举的方式产生书院学生自我管理委员会，在书院建设过程中,逐步打造或培育出学生自我管理、自我服务、自我教育的"书院社区"。

4. 不同社区育人机制育人成效分析

住宿学院改革的整体转变与推广,提升了社区育人功能。一年制住宿学院重点帮助大一新生尽快适应大学学习和生活、了解学科专业、树立良好的学风和提高自我管理能力。而贯穿本科教育全过程的四年制住宿学院,根据学生不同成长阶段的特点,更加注重学生完整人格的培养,更加关心学生的身心健康、学业发展和生涯规划,更好地服务于高质量人才培养目标。

社区育人机制的创新提高了学生的满意度。汕头大学至诚书院所辖学生约占全校学生总数的1/7,在对全校学生的社区满意度调查中,"学生管理与支持服务和预期相比"和"学生管理与支持服务是否满足需要"两项,至诚书院住宿生的满意度得分均比非至诚书院住宿生高。由此可见,住宿学院的学生满意度普遍高于非住宿学院,社区育人机制改革得到学生的欢迎和认可。

住宿学院学生通过自我管理、自我服务,实现自我教育。汕头大学至诚书院的学生自我管理委员会可以审批学生加入书院的申请,可以与院长、导师共同规划书院的文化特色,可以自主安排书院研讨课等活动。上海大学社区学院尊重学生个性发展,激励学生自主成才,搭建了学生事务中心、楼宇学生自主管理委员会等自主能力培养平台,致力于提升学生的自主管理能力、自主学习能力和自主创新能力。各高校住宿学院都成立了学生自我管理运作的学生团队,并取得了很好的效果。

住宿学院制改革实践推广了"全人教育"理念。香港中文大学各书院的日常事务安排与各项活动的开展,皆是按照培养"全人教育"的理念而进行。各类学术讲座、专项计划、辩论赛、参观考察、社区服务等活动,使得学子们从入校之日起,就不断在知识、道德、思维、操守、能力等方面有意识有目的地接受全方位的训练,从而丰富人生经历,为将来的进一步发展奠定了精神与专业的基础。汕头大学至诚书院也将"全人教育"作为书院的重要育人目标,其他各所内地高校的住宿学院制改革都在不同程度上实践着"全人教育"的理念。

社区育人机制改革催生课外育人的全新培养体系。高校学生社区是学生在课堂之外的栖息地和聚集地,是学生健康生活、成长、成才的重要场域,不仅是重要的物理空间,而且是具有丰富育人内涵的精神家园,是高校开展育人工作的重要阵地①。社区育人机制的改革创新,将导师资源引入学生社区,提升了高校全员育人水平。各高校在住宿学院建设中,始终注重整合各方资源特别是专业学院的育人资源,建设包括讲座沙龙、坐班答疑、学业辅导、项目指导等在内的针对学生需求的课外培养模式。建设基于课内外联动的课外培养体系,较好地解决了学生课程学习的各种需求,形成课内与课外的良性互动。

三、高校大学生社区育人机制创新的发展方向

高校学生社区作为学生日常生活学习和交流互动平台,是思想政治工作创新实践的重要阵地和提升思想政治工作质量的重要抓手。② 以上五所高校社区育人机制的改革动因、人员构成、功能定位以及育人成效各有异同,通过比较分析研究,大学生社区育人机制的改革创新可以从以下几个角度进行探索。

1. 从通识教育的角度,探索促进学科互融的育人机制

长期以来高校对专业教育的重视与突显,源于社会分工的细化和大机器时代的要求,但其间总存在一种对教育内核、大学使命及人才培养与人格养成的教育思想与之抗衡。五所高校的住宿学院制育人模式虽然各不相同,但除汕头大学外,都伴随着通识教育改革。在高等教育领域,通识教育指区别于专业教育的普通教育或一般教育。通识教育就其目标取向而言,就是为解决专业教育所带来的知识结构单一与综合素质不强的问题。③ 通识教育相对于专业教育而言,更强调学科互融,也就是不同学科知识的互通与融合。

现今,科学知识的更迭速度远远大于高等教育专业课程的更新速度,所以多学科知识的边界效应成为科学进步的重要驱动。高速发展的现代社会对复合型人才的需求日益强烈,过于强调单一学科或专业知识的高等教育将无法适应新时期教育发展的要求。大学生社区育人要建立促进学科互融的管理机制,应采用多学科交叉住宿的宿舍管理模式,为不同学科背景的学生创建更广阔的学术交流空间和平台。这种住宿形式较高校原有的按照专业学院进行集中住宿的模式有很大突破和创新,会带来管理上的现实困难。鉴于此,交叉住

---

① 刘润.论新时代高校学生社区空间育人功能的拓展[J].思想理论教育,2021(4):108.
② 王懿.高校"一站式"学生社区建设的价值意蕴、现实问题与实践理路[J].思想理论教育,2022(2):107.
③ 吕红梅.反思与重构:新时代中国式通识教育探究[J].江苏高教,2023(12):69.

宿可以不以寝室为单位,而以楼层或楼宇为单位进行。除住宿物理空间的学科交叉安排外,更要在住宿学院的学生培养过程中贯穿学科互融意识,为学科互融搭建更多的虚拟平台。

2. 从课外培养的角度,探索学生驱动、开放式培养的育人机制

大学生课外培养体系是一个体量非常大的系统工程,几乎覆盖了大学生活和学生培养的全部。五所高校住宿学院制改革都将学生课外培养作为住宿学院的主要工作内容,从复旦大学复旦学院的"大学导航""学养拓展讲座""经典读书计划"和"学术启航计划"等系列活动到汕头大学至诚书院的"ATP (Action-Teamwork-Passion)团队素质拓展训练营",从香港中文大学联合书院的"社会服务计划""美育发展计划"到西安交通大学贯穿各书院的"九州名家""思源大讲堂"等思想沙龙与学术讲坛以及"四个一百"即阅读100本经典、认识100位老师、听取100场报告、参加100场活动,都是住宿学院学生课外培养职能的重要体现。而上海大学的社区学院更是设立了课外培养中心,整合资源,大力拓展学生课外培养。

从人才培养的角度来看,大学生课外培养以促进大学生共同发展、全面发展、主动发展的"发展性"工作理念为目标,是创新教育、素质教育的重要载体和平台,是以巩固知识为出发点,以能力培养为主线,以素质拓展为目标,实现由重知识学习向知识学习与能力培养并重转变的重要教育实践活动。[①] 社区育人要探索学生驱动、开放式培养的管理机制,才能激活学生课外培养活力,开拓学生课外培养空间。所谓学生驱动,就是以激发学生内在需求为导向,以满足学生需求为目标,开发真正受学生欢迎、能解决学生实际问题的课外培养项目。所谓开放式培养,指的是在课外培养中建立课内外联动机制,将课内与课外有机结合,从而形成较为完整的学生培养体系。两者结合以建设充分尊重学生成长的特点与规律,激发学生成长的内在动力,充分研究教育环境的发展与变化,融知识传授、能力培养和素质拓展为一体的课外培养体系。

3. 从全人教育的角度,探索契合新时代学生发展需求的育人机制

同住宿学院一样,全人教育也是"舶来品"。全人教育关注每个人的智力、

---

① 马国艳,王金萍.大学生课外创新实践活动体系构建与实施策略的思考[J].长春理工大学学报(社会科学版),2011(10):97.

情感、社会性、物质性、艺术性、创造性与潜力的全面挖掘。全人（Holistic Person）教育理念是20世纪80年代由罗恩·米勒（Ron Miller）在《全人教育评论》（Holistic Education Review）中提出的，认为"全人"即是完整的人。他提出"全人教育"不能被定义为一种特定的方法或技术，而需理解为一种范式，一套以不同方式应用的教育基本假设和准则。"全人教育"的重点在于教育"整个孩子"，即意识到学生发展的全面性，涵盖个人学习和成长的所有方面。学习被认为是一种贯穿一生的经历，是为学生的终身学习做准备，教育的重心应转移到学生在日益复杂的世界中需要养成的生活技能、态度和个人意识。① "全人教育"寻求人类之间的理解与生命的真正意义，鼓励自我实现，但同时也强调真诚的人际交往和跨文化的人类理解，强调学生人文精神的培养，主张在学校教育中更多地渗透人文精神。鼓励跨学科的互动与知识的整合，强调跨学科的整合学习。主张学生精神世界与物质世界的平衡，注重生命的和谐与愉悦。"全人教育"培养的是具有整合思维的地球公民，其最大特色就在于"全"，不仅意味着培养人的全面素质，更蕴涵着广阔而博大的世界观。②

香港中文大学各书院的日常事务安排与各项活动的开展，都是按照培养"全人"的理念进行。汕头大学的至诚书院也将推动大学从单纯的"专业培养"向更有生命力的"全人教育"转变作为建设目标。大学社区育人应从"全人教育"的视角出发，才能适应新时代学生需求。大学生对住宿空间的需求已经从简单的休息和睡觉的地方转化为学习、生活和交流的重要场所，学生社区的功能也相应的从最基本的宿舍管理上升到育人。在少有"专业教育"介入的学生社区，正是开展"全人教育"的最好平台。

4. 从全员育人的角度，探索提出更高育人要求的育人机制

2012年，教育部印发《高等教育专题规划》并对高校提出了全员育人的要求。2017年中共中央、国务院印发《关于加强和改进新形势下高校思想政治工作的意见》，明确要坚持全员全过程全方位育人，把思想价值引领贯穿教育教学全过程和各环节。"全员育人"指高校全体教职工都应该参与育人工作，强化育人意识和育人责任，自觉将育人要求和育人要素落实到各群体、各岗位上

---

① 余雅兰,匡瑛.全人教育视角下美国生涯与技术教育的理念意涵与实践路向[J].比较教育学报,2023(4)：98.
② 张东海.全人教育思潮与高等教育实践研究[D].上海：华东师范大学,2007.

去,通过多种途径方式对学生进行思想政治教育。① 这里的"全员"既包括党员领导干部、思想政治理论课教师、辅导员、心理健康教育教师等党建和思想政治工作人员,也包括直接对学生进行知识教育的全体专业课教师和间接对学生产生价值影响的教辅人员和后勤服务人员等,同时也应涵盖学生、校友等。

为了推进全员育人,五所高校的住宿学院都设置大量导师岗位,如复旦大学复旦学院的特邀、专职、兼职三类导师,汕头大学至诚书院的导师委员会,上海大学社区学院由驻楼导师、学术导师、课外培养导师、体育导师等不同教师组成的多模式多类型的导师队伍等。虽然五所高校在住宿学院制的改革探索中都着力推进导师进社区的工作,但目前住宿学院的主体力量仍是行政管理人员、辅导员以及教辅人员,导师多为聘任,从编制体制上并未真正实现全员育人。大学社区育人机制改革必须以全员育人为目标,建立更高要求的管理机制,应设置多层次、多形式、多任务的导师制,吸引更多的任课教师、专家学者进入学生社区,参与学生课外培养。更应从政策体制上进行大胆改革,从根本上提高导师进社区的积极性和主动性,打造全员育人的社区环境。

第二节 新时期辅导员"新三同"工作机制的内涵和意义

随着高校入学率提升,学分制、选课制的普及,学生社区日渐成为学生聚集、交流、互动的最经常、最稳定的课堂之外的教育重点,学生社区不再是传统意义上的休息场所,而是融合学习生活和思政教育于一体的重要场域。2019年10月,教育部实施"一站式"学生社区综合管理模式建设,这是深入学习贯彻习近平总书记关于教育的重要论述精神、适应新形势新情况、加强高校党的建设和思想政治工作的重要体制机制创新。2020年4月,《教育部等八部门关于加快构建高校思想政治工作体系的意见》中指出,要推动"一站式"学生社区建设。依托书院、宿舍等学生生活园区,探索学生组织形式、管理模式、服务机制改革,推进党团组织、管理部门、服务单位等进驻园区开展工作,把校院领导

---

① 梁伟,马俊,梅旭成.高校"三全育人"理念的内涵与实践[J].学校党建与思想教育,2020(4):36.

力量、管理力量、服务力量、思政力量压到教育管理服务学生一线,将园区打造成为集学生思想教育、师生交流、文化活动、生活服务于一体的教育生活园地。①

一、"一线规则"是"新三同"的核心

为全面贯彻习近平新时代中国特色社会主义思想和党的二十大精神,进一步推动全国高校思想政治工作会议精神落地落实,加快构建高校思想政治工作体系,深化高校"三全育人"综合改革,着力打通育人"最后一公里",建好"一站式"学生社区,推动高校思想政治工作往深里走、往实里走,上海高校探索在工作实践中形成了"同场域、同频率、同成长"的"新三同"工作机制。

"新三同"工作是指"同场域"践行"围绕学生"的理念,要求思想连线、行动在场,做到"眼中有人";"同频率"践行"关照学生"的理念,要求同理共情、排忧解难,做到"心中有爱";"同成长"践行"服务学生"的理念,要求同行共进、教学相长,做到"脚下有路"。②"新三同"工作要践行"一线规则",做到人在一线、心在一线、思在一线、干在一线,实现育人空间在一线整合、育人队伍在一线融合、育人功能在一线耦合、育人资源在一线聚合。要求育人队伍要坚持以学生为中心,及时把握学生成长成才需求,全面提升"精准思政"工作质量,将同场域、同频率、同成长的"新三同"理念与围绕学生、关照学生、服务学生相对应。"新三同"工作机制的创新转型是根据高校教育教学和管理服务方式变革、适应"00后"学生思想行为特点而进行的主动探索。新时期高校辅导员"新三同"工作机制的理论研究和实践探索具有一定的现实意义和应用价值。

随着时代的进步和学生成长成才的需要,高校思想政治工作出现了新情况、新问题、新挑战。"新三同"是新时期高校全面贯彻习近平新时代中国特色社会主义思想、坚持和加强党对高校的全面领导、不断深化"三全育人"综合改革、把立德树人根本任务落到实处、构建高校思想政治工作体系的应然之举。"新三同"是学生成长"同场域"变化的必然要求,是与学生"同频率"成长的现实需要,为师生"同成长"提供了重要保障。

---

① 教育部等八部门关于加快构建高校思想政治工作体系的意见[J].中华人民共和国教育部公报,2020(4):23-27.
② 李昕.营造"三全育人"生态圈:高校思政工作"新三同"的理念与实践[J].中国高等教育,2020(17):24.

二、主动适应学生成长场域变化

学生社区空间功能需求与日俱增。高校在学分制、选课制等制度的推动下,强化了学生个体的时间和空间的支配主动权。学生可以跨院系、跨专业进行课程选择,加之互联网的发展、各种学生组织的兴起,院系、专业、年级、班级之间的边界日渐模糊,师生之间、学生之间、学生与学生组织之间的关系互动日益增多。原本以班级为单位的聚合频率逐渐减少,"同班不同学、同学不同班"现象越来越普遍。学生社区成为大学生相对集中、相对稳定的活动场所,不仅是学生的日常生活空间,也是学生学习成长的空间,学生在学生社区生活、学习、交流、价值养成。学生社区的功能性、空间性、共享性、服务性等改造升级诉求与日俱增,这就对学生社区的功能需求和管理水平提出了更高要求。

辅导员要积极适配学生思想生活频率。在生活上同频,要做学生社区中的"压舱石"。学生社区是学生成长成才、获取信息、交流思想、沟通感情的最佳区域。辅导员驻扎在学生社区,生活在学生身边,能及时了解学生在社区生活中遇到的困难与问题,并第一时间反馈到有关负责部门协商解决,为学生创造更温馨舒适的学习生活环境。此外,通过引入党员驿站、辅导员工作室、心理咨询室、职业生涯规划咨询室等专业力量,满足学生的个性化需求。辅导员应常驻学生社区,建立经常性谈心谈话制度,第一时间发现苗头性问题,全面把握共性问题,精准研判个性问题,有效化解处置涉稳事件,全方位、全覆盖、全时段为学生提供保障,维护平安校园。在思想上同频,要做学生社区中的"吸铁石"。"00后"学生是网络原住民,是与互联网时代共同成长的一代人。他们通过互联网娱乐、学习和生活,其生活方式、思维方式、学习方式等都深深受到了互联网的影响。"00后"学生有追求自由和平等、喜欢标新立异的个性需求,这种需求客观上要求思想政治教育工作者予以个性化、差异化的教育引导。辅导员要进驻在学生社区,做学生社区中的"吸铁石",增强师生黏性互动,更好地聚焦大学生德智体美劳全面发展的多元需求,在思想价值引领、学业发展规划、艺术素养培养、心理健康教育等方面帮助学生,将校内校外、线上线下的资源转化成为学生触手可及的育人资源,促进课内与课外、学习与生活、教育与自我教育的协同,帮助学生更好地成长成才。

三、有效促进师生共成长齐进步

习近平总书记指出:"没有需求,供给就无从实现,新的需求可以催生新的供给;没有供给,需求就无法满足,新的供给可以创造新的需求。"① 当前信息网络化、师生关系平等化、文化多元化等教育环境呈现新特点,学生工作的特点在不断变化,育人主体在对学生思想政治引领方面呈现出主动性、针对性和实效性不足,育人的内在需求需要不断提高。

促进辅导员职业生涯成长与发展。辅导员队伍是一支具有专业知识背景的重要师资队伍,是学校发展的重要力量,只有始终保持锐意进取、永不懈怠的精神状态,才能做好新时代育人工作。辅导员工作要更多地与社区管理人员接触、与专业导师接触、与学生接触,不断提高职业素质能力,有助于更好地形成规范的工作解决方案以及自身的工作特长和品牌。这是辅导员队伍专业化、职业化、专家化建设,成长为学生工作专家的需要。

促进教育力量协同育人教学相长。"新三同"机制下促使学生教育力量管理主阵地下沉、前移至学生社区,将学校的培养目标、培养理念、模式嵌入到社区思想政治教育中,推动学术力量、管理力量、行政力量、校外力量近距离与学生深层次的互动。聚焦学生社区安全、文化、学风、"第二课堂"等方面,将日常管理、思想政治教育、党建工作融为一体相互交融。在育人方位上实现"物理空间"与"虚拟空间"相统一,在育人供给上实现"显性产品"与"隐形产品"相统一,在育人方式上实现思想引导与人文关怀相统一。② 围绕学生自我教育、自我服务和自我管理的主线,进一步充分发挥学生主动性。不同教育群体力量要协同聚力,结合自身岗位职责,从问题视角出发,一起营造温馨和谐、积极向上的社区文化氛围。党政领导、行政干部和专业教师要践行"一线规则",走进学生社区,主动联系学生,开展谈心谈话和陪伴成长,及时掌握学生所思所想,关注学生学业发展和生涯规划,进一步强化"以生为本、爱生如子"的育人理念,在教学相长中提升服务管理、教学科研能力。

---

① 习近平.在省部级主要领导干部学习贯彻党的十八届五中全会精神专题研讨班上的讲话(单行本)[M].北京:人民出版社,2016.
② 王鑫,陶思亮,齐久祥.大学生思想政治教育"新三同"线上线下协同探析[J].思想理论教育,2021(10):108.

第三节 "新三同"工作机制推进过程中面临的现实问题

学生社区是以学生宿舍为最小单元的学生生活区,住宿是其基础功能也是第一功能。但当下将学生社区作为育人重要阵地的理念在学校师生中的认同度尚未达成一致。学生社区治理在主体结构、管理层级以及制度设计上都呈现出一定的现实问题。

一、场域功能供给与学生发展需求不平衡

新时代大学生个性化的成长成才需求与学生社区的空间功能供给方面存在一定的供需不平衡,要在升级改造软硬件条件、强化空间赋能提级、增强科学智能共享等方面纾解。

一方面,学生社区的硬件配置功能不足。一是不能满足大学生对"家居"功能的需求。2019年我国常住人口城镇化率为60.6%,已经步入城镇化较快发展的中后期,城市发展进入城市更新的重要时期。[1] 换言之,约60%的大学生都来自城镇。拥有独立房间、配备卫生间、热水淋浴、提供网络几乎是多数大学生家庭生活的必备。目前高校的宿舍大多为4—8人间,人均居住面积小,相当一部分宿舍不具备独立卫生间、热水等条件,无法满足大学生对生活质量的要求。在这种情况下,大学生宿舍空间要从"住宿"向"家居"转变就显得十分迫切。二是不能满足对舒适、文化、娱乐、交往等方面的需求。教育公共空间的创设凝聚着生活空间、文化空间与教育空间,建构着一种主客体双向对象化的效应场。[2] 有数据显示,约45%的大学生都有一定的文艺特长,几乎每一个大学生都要参加一个学生社团。同时,基于尊重学生主体性,培育自主意识,加强学生自我管理、自我教育,高校学生社区会组建学生自我管理的学生组织。所以,从学生个性化的成长需求考虑,学生社区需要规范自运营组

---

[1] 王蒙徽.实施城市更新行动(深入学习贯彻党的十九届五中全会精神)[N].人民日报,2020-12-29(09).
[2] 曾汉君,伍婷婷.高校思想政治教育公共空间的价值意蕴及其创设反思[J].高教探索,2020(4):116.

织、配备相应的设备条件,提供多元共享的空间保障。

另一方面,学生社区的管理服务有待提升。目前,社区育人与学生期望之间存在差距。从学生对宿舍的定位来看,学生把宿舍作为在校园中相对私密的生活场所,回到宿舍就应有回到家一般的放松和自在,并不希望管理人员过多地介入和干涉,并介意其进入宿舍"个人距离"空间。从管理理念来看,新时代大学生对个体隐私与权益的重视程度越来越高。"00后"群体中独生子女是主体,占2/3左右,父辈最高学历为大学(高职)学历的比例也超过了半数。这一代大学生由于生活经历和环境的影响,更加重视个体的权益。但是高校宿舍毕竟与家庭住宅不同,介于公共空间和私人空间,如何在社区育人规范制度与学生的"放松自由"保持合理尺度,是社区育人面临的一个现实难题。

二、学生成长发展与育人资源融入不适配

目前,高校管理层面以及各职能部门和院系已经有意识地将育人资源输入学生社区,但在资源的配置过程中,由于缺乏整体性统筹安排,各单位之间或是出现资源配置的真空区,或是出现重复性的叠加和浪费,同时学生因为没有统一的信息获取渠道而无法系统性地了解全部教育资源的供给情况,其选择和参加也出现了碎片化,教师、经费预算以及空间等教育资源的科学高效配置能力亟待提高。

一是育人资源供给仍有滞后性,主要体现在资源供求不匹配、满足不充分。传统的思想政治教育出现吸引力和认同感不断减弱的现象,网络信息传播倾向于碎片化,短、频、快是其主要的传播特点。而目前高校网络资源平台,如高校院系网站、微信公众号等主要承担日常宣传、通知公告和服务管理等作用,内容与大学生的实际生活存在一定偏差,平台在成长收获性、内容丰富性、特色鲜明度等方面不够突出,与微信、微博、抖音、小红书等网络信息平台相比,对时事热点的追踪不够及时。另外,学生社区的可利用育人资源有限,与学生的实际需求之间存在时间滞后和供给不匹配,尚未达到资源配给和管理服务的全方位同频率。

二是育人效果尚未实现同频共振。在"新三同"背景下,辅导员在社区思政中需要协同好线下传统育人空间和线上网络虚拟育人空间,将学生社区打造成为价值引领、知识传递的育人阵地。就线上育人空间而言,当代大学生多为"网生一代",思想政治教育应当用他们听得懂的语言、乐于接受的方式加以

开展。但目前高校的融媒体传递知识信息、价值观念、规章制度等方面的图文搭配还不够生动,还没有完全与学生的网络行为模式和习惯同步,教育效果还不够明显。就线下育人空间而言,要如何协调好社区文化、楼宇文化、宿舍文化、院系文化等多个方面,还要在做好多维度育人空间的"整合者"上下功夫,需要进一步夯实社区文化底蕴,形成文化特色鲜明、文化浸润内容丰富、学生喜闻乐见的社区文化氛围,增强文化育人实效。

三、育人资源力量聚集与育人协同不充分

习近平总书记强调:改革越深入,越要注意协同,既抓改革方案协同,也抓改革落实协同,更抓改革效果协同,促进各项改革举措在政策取向上相互配合、在实施过程中相互促进、在改革成效上相得益彰,朝着全面深化改革总目标聚焦发力。① 在高校学生社区"新三同"的工作格局下,高校强调开门办思政,注重调动各领域、各环节、各方面资源和力量参与到高校思政工作中,将校院领导力量、管理力量、服务力量、思政力量、朋辈力量以及各类育人资源压实到社区育人一线,让这些育人资源走进学生发展的最近场域。但是也存在一线育人力量如何形成共识、如何形成合力、如何统筹协调等方面的问题。

一是育人力量的协调不足。习近平总书记强调:"学校思想政治工作不是单纯一条线的工作,而应该是全方位的。""推动思想政治工作贯通人才培养体系,发挥融入式、嵌入式、渗入式的立德树人协同效应。"②思想政治教育工作,不是辅导员的"单打独斗",独木不成林。高校思政在"新三同"探索与实践中,需要辅导员、专业课教师、党政干部、社区管理员、后勤工作人员等各类育人力量、各支思政队伍在育人一线聚合发力。目前,有高校学生社区存在育人力量导入维护机制整体性设计不足、统筹规划欠佳、重视程度不够、多头管理、职能不清等问题,导致没能形成系统的教育合力和工作合力,一定程度上影响了育人合力的发挥。这就需要各高校在党委的集中统一领导下,协同好各类育人力量在"人、时、域"的有效整合,形成一股力量,同向同行,共同发力。

二是育人环节衔接还不够顺畅。学生导师的优势是在学科和专业发展方面给予学生指导,而在对"00后"学生的学习行为与心理了解相对较弱。辅导

---

① 习近平.习近平谈治国理政(第二卷)[M].北京:外文出版社,2017:109.
② 习近平.思政课是落实立德树人根本任务的关键课程[J].求是,2020(17):16.

员队伍的优势在于对学生的思想状况、特点更为了解，但是由于学习经历、专业等方面的欠缺，不能在学科和专业发展方面给予学生更为专业的指导。如何发挥组织管理优势，如何在课堂教书育人环节、"第二课堂"素质能力拓展环节、社区行为养成环节进行有效衔接已成为高校学生社区育人的重要课题。因此，高校要进一步发挥学工队伍思政工作优势，发挥社区管理者后勤保障优势，发挥导师的学业指导和科研指导优势等，加强统筹管理，理顺协调机制。

第四节　新时期高校辅导员"新三同"工作机制创新方向

新时期高校"新三同"工作机制创新，要坚持党委统一领导，凝聚共识，总体布局，提升思政育人空间能级；优化协调部门功能，整合育人资源，打造特色品牌；发挥学生自身的积极性和主动性，让学生充分参与，自主管理，构建教师指导下的社区学生自治自管体系，促进学生自主成长。

一、优化空间阵地，改善硬件基础，提升思政育人空间能级

校园空间并非单纯的居住和活动的物理场景，其本身也具备服务育人的属性。[①] 对校园空间的活化利用，不仅指校园内建筑空间的活化利用，同时也涵盖了校园空间中的人文精神、道德伦理的突显和统一，由此展现校园空间的育人价值和效果。学生社区作为育人场域，空间是最基本的、也是非常重要的育人载体。优化社区空间，为社区育人提供基本空间保障是辅导员开展"新三同"工作的必要条件。

一方面，要加快空间改造，盘活空间潜力，积极打造师生交流新空间。构建"新三同"人才培养生态圈，必须着眼于空间的改造升级。合理规划社区公共区域，以宿舍楼群为单位，围绕生活保障、思想引领、行为养成、学业辅导、文化浸润、安全防范等方面，因地制宜建设功能齐全、富有特色、类型多样的育人空间，将社区打造成为集生活学习、思想引领、文化浸润、规范养成等多功能于一体的综合性育人场域，增进师生对社区公共空间的体验感、获得感。提供完

---

① 李益.校园空间的育人逻辑及其活化利用[J].中国教育学刊,2023(2):99.

善的生活设施设备是社区服务的先决条件,硬件环境的不断改善与生活设施的不断更新,满足学生基本需求,让学生切身感受到学生社区的周到服务。[①]

以上海大学为例,新世纪学生宿舍建成于20世纪末,其房型为每单元含三室(或四室)一厅,由于学生都习惯在宿舍个人小空间中,致使客厅渐渐成为大家堆放行李杂物的场所。改造后的新空间,客厅两侧墙面安装了书架、折叠式活动书桌,客厅中央布置了可分可合的书桌,盘活空间潜力,加大共享空间的比重,突出了人际交往和空间共享,可兼容自修、讨论等行为模式,动静皆宜,功能多元。新空间的设计保证了每个学生的私人储存空间、学习空间不少于原配置,但打破了个人"领地"的界限,扩大了共享空间的面积,提升了空间服务质量。

又如,华东师范大学创设乐享乐活、健康温馨的社区空间。书院社区设有研讨室、谈话室、学习室、图书室、音乐房、咖吧等不同功能的房间,满足了学生中小型会议座谈、一对一深入交谈、阅览学习、休闲音乐、轻松聚会等多方面需求。同济大学在学生社区成立"梦想嘉园"社区中心,设置五星级的阅读空间、沙发椅、小圆桌、读书空、免费咖啡服务、自助打印机,学生社区含有多媒体设备,可供日常读书讨论、小组组会、小型报告、座谈演出、展览等活动使用。学校通过汇集各类育人资源,引导学生自我管理,丰富社区文化建设,优化物理空间设施,促进人才培养的有效整合。

另一方面,要尊重学生主体性,指导学生开展自我教育、自我服务、自我管理。依托团委、学生社团、班团组织、社区学生自管会等学生组织,在社区指导学生开展自我教育、自我服务、自我管理,探索学生"社区—楼栋—楼层—宿舍"四级覆盖,从专业学习、精神成长、日常生活、社会活动等方面为学生提供多方面的思想引领和服务指导,扎实做好社区学生的引领、培养和服务工作,将学生社区打造为思政工作的重要课堂。尊重学生作为社区主人翁的体验性感受、主体性表达和参与性分享,让学生在师生共同体中养成健康人格。

同济大学在学生社区激发学生自我劳动锻炼的主动性,倡导学生进行自我服务与管理,鼓励学生在宿舍内制定劳动公约、制定每日劳动常规任务单等,进行内务整理大赛、劳动达人评比等活动,提升劳动技能,感受劳动乐趣、享受劳动收获。[②] 同时,同济大学在学生社区打造了一支作风优良、爱岗荣校、

[①] 杨海燕,解小宇.高校"一站式"学生社区育人模式探究[J].高校后勤研究,2023(9):2.
[②] 王小莉,蔡艳丽.高校学生社区在日常生活劳动教育中的功能探索与实践[J].高校辅导员学刊,2021(6):44.

服务学生、锐意创新的社区辅导员队伍,其成员每学年在优秀研究生中公开选拔产生。社区辅导员是辅导员队伍的重要组成部分,他们与学生一同生活在学生社区,配合学生处、学院和后勤集团社区中心,在学生楼里深入开展思政教育、党团建设、文体活动和劳动教育等,已经成为活跃在学生工作第一线的生力军。

二、注重文化浸润,打造特色品牌,营造零距离全景式空间

高校学生成长处于多维度立体空间中,需要充分考虑育人场域的复杂性,多方面拓展育人空间;要营造良好育人环境,将思想政治工作向学生课余时间及生活空间延伸,注重文化浸润,打通育人"最后一公里",打造"手牵手"零距离育人。

首先是要凸显名师队伍示范效应。铸魂育人,教师队伍是关键。"新三同"背景下,驻楼导师要从专业教师中选聘,以著名专家教授、知名学者或者学科带头人、骨干教师优先,同时校领导以及院系领导做表率,带头进驻学生社区,极大地发挥"名师"引领作用和示范效应,开展社区讲堂、学术沙龙、成长问诊和师生对话,将"名师授课"与思想政治教育有机结合,提高社区思政工作感染力。上海高校在"新三同"育人实践中进行了许多有益的探索。例如,复旦大学以德智体美劳"五维育德"为目标,学校根据本科生"适应—提升—拓展"的阶段特点和成长规律,依托书院平台,逐步整合学工等职能部处院系的学生活动,每年开展"思想引领、文化涵养、创新实践、领袖人才"等六大计划项目,探索德育生活化。又如,同济大学打造驻楼导师工作站"四个一"品牌活动——开展一次综合知识教育的"社区讲堂"、开展一期专业认知的"学术沙龙"、开展一项近距离把脉的"成长问诊"、开展一场"贴近生活"的师生对话,将育人力量和育人资源有机融入学生日常学习生活的第一线,打造"全方位、立体式、浸润式"育人时空。

其次是要凸显媒介价值引领作用。构建功能互补的融媒体宣传矩阵平台,一是内容上要站在学生的视角,从功能角度出发,以 Q&A 的形式反馈学生在学校遇到的事务性问题,调研不同群体在不同时间节点需要的内容,及时予以提醒,让学生离不开融媒体宣传平台。二是形式上除常规性思想政治教育内容外,可增加互动性、知识性等板块,从趣缘、业缘等角度进行线上线下协同并进的宣传。三是强化品牌塑造和学生社区特色活动宣传,实

现课堂内外综合融通的全域性育人景象。通过拓展育人空间打造集课堂、生活、学习、审美于一体的"新三同"空间支持体系，将思政育人空间延伸到学生生活的一线，发挥隐形课堂作用，达到"春风化雨、润物无声"的效果。

再次是要凸显楼宇文化浸润作用。一是文化上墙。白色的墙总是缺少色彩和韵律，在社区用图文并茂的墙壁语言营造充满生机、浓郁文化气息的育人氛围，建立文化识别系统，精心设计楼宇文化，让每一面墙壁润泽心灵，让每一寸空间渗透文化，让学生在潜移默化中养成个人修养。开展传统文化教育，让学生在社区中传承和弘扬中华优秀传统文化；开展校史校情教育，强化学生的爱国荣校情怀。打造特色的、蕴含思想政治教育内涵的学生社区文化，让学生在耳濡目染的环境中接受思想洗礼和熏陶。① 二是楼宇内设活动室。在学生社区统一建立党建活动室、谈心室、朋辈工作室、学生事务工作室、辅导员工作室等空间，推动知名教授、专家学者进驻学生社区，开展社区讲堂、学术沙龙、"成长问诊"和师生对话，将育人力量和育人资源有机融入学生日常学习生活。三是创新社区管理。通过人性化的社区建设、个性化的住宿安排、自主化的社区管理、民主化的社区氛围，为学生打造一个与专业院系不同又与之互补的生活学习环境，将学生社区作为开展学生文化浸润的重要空间载体，全面提升学生综合文化素养。

最后是要凸显综合管理科技赋能。高校要不断创新学生工作形式，改善因部门分置所导致的碎片化问题，以学生为中心，建立全覆盖、综合性的"一站式"学生社区综合管理数据信息平台，开展信息集成共享，提升学生社区治理能级，实现部门实体之间的业务协调和整合，从而有效为学生提供"一站式"的教育服务。以学校信息化工作部门等技术供应部门为单一网站入口来进行数据整合，建设以学生为中心，涵盖学生学习情况、党团（社团、学生组织）参与情况、校园消费记录、社区生活表现等的大数据信息平台，在保障信息安全和隐私的前提下，对海量学生数据进行可视化分析。来自不同部门的数据得以互相耦合验证，从而得到更加完整且真实的学生"画像"，让育人工作实现精准识别、分析、预测、实施、评价和追踪，形成工作闭环。在此过程中，各部门既是数

---

① 贾森惠.思想政治教育视域下高校学生社区文化建设研究[J].高校后勤研究，2020(10)：67-69.

据的提供方,更是数据共享的获益者,从而增强数据共享的积极性,实现数据共赢的良性循环。①

三、强调全程陪伴,提升协同育人,满足学生全面发展需求

思想政治工作要想做到学生的心坎上,做出实效,就要落实全员育人的要求,各种育人力量要主动引导学生,在思维模式、思想深度、行为逻辑上与学生保持同一频道。在"新三同"思政工作模式下,辅导员要做好同场域教育资源的"协调者"、同频率思想教育的"引导者"和与学生同成长的"陪伴者",推动"三全育人"工作落地落实。

一方面,切实做到育人力量守土有责、守土尽责。例如,在驻楼导师工作站开展过程中,辅导员发挥联络协调作用,了解学生需求,对接导师学者,统筹各类活动的开展。协同创新的辅导员团队,对于提高辅导员整体素养和人才培养质量、推进高校学生思想政治教育工作具有重要的现实意义和实践价值。② 因此,辅导员要成为全方位育人力量的"协同者"。一是横向育人力量的"协同者"。如何利用好这些育人资源和育人力量为工作提质增效,提升新时代高校思政工作的针对性和有效性是亟待解决的问题。二是纵向院系、班级育人力量的"协同者"。在高校思政工作"新三同"背景下,除了育人力量的介入外,还涉及学校、学院、系别专业、班级纵向管理方面的协同。辅导员作为专业院系与社区协同育人的纽带,要整合优质育人资源,把学校的培养目标、院系专业的培养理念、模式嵌入到社区思政工作中,推动学术力量、管理力量、行政力量、校外力量近距离与学生深层次互动,形成育人合力。辅导员为驻楼导师工作的开展提供空间保障和服务保障,从而围绕驻楼导师工作站形成社区思政育人共同体。

另一方面,切实提升育人力量育人水平。在百年未有之大变局的时代背景下,高校思想政治教育面对更加复杂的局面,这对高校思政工作队伍的素质能力提出了更高的要求。要紧紧围绕学生的个性化需求和个性化发展,分类施策、精准投放,促进学生的全面成长成才。在启发学生、引导学生、服务学生的过程中,充分尊重学生主体地位,不断学到活知识,练就真本领,真正做学生

---

① 马成瑶.整体性治理视域下推进高校"一站式"学生社区综合管理的思考[J].思想理论教育,2022(3):96-101.
② 徐敏华,熊琼.协同与创新:高校辅导员团队建设探析[J].高教探索,2017(7):115.

全面发展的同行者,让习近平新时代中国特色社会主义思想入耳入脑入心入行。一是持续提升辅导员职业能力。提升辅导员队伍的整体素质,优化辅导员队伍结构,加强各类各级培训,常态化开展学生社区思想政治教育工作,鼓励辅导员常驻学生社区,开展党团建设、学业指导、心理辅导等活动,持续开展联建共享品牌活动,把思政工作做实做细,推动辅导员角色转换。二是加强骨干学生培养能力。高校学生虽然是成年人,但缺乏必要的社会经验,其公共事务的参与能力有限,仍需在有经验的教师指导下实行自治,这是一种以培养学生自主能力为目标的有限自治。学生社区主管部门应根据社区事务的不同情况进行分级自治。在学生社区安全卫生检查、日常事务办理这些具有较强流程性和已标准化的工作,可以完全放手让学生自主完成。但是,在学生社区文化建设、党团组织建设工作中,需要指导教师对意识形态方面的内容严格把关,将原则性与学生的创造性充分结合。指导教师需要运用恰当的工作方式方法,寻找既能有效引导又不会降低学生积极性的平衡点,充分发挥学生的主体作用,培养学生的自主意识。

四、健全管理服务,强化制度供给,推动形成科学治理体系

习近平总书记指出:"改革开放以来,我们党开始以全新的角度思考国家治理体系问题,强调领导制度、组织制度问题更带有根本性、全局性、稳定性和长期性。"[①]高校要不断改革创新,做到因事而化,因时而进,因势而新,以最贴近学生的方式把思政工作做到学生日常、学习生活中去。高校"新三同"工作模式取得育人的成效关键在于落实,抓手在于制度和工作机制。

第一,推动建设"一站式"协同育人中心建设。为学生提供勤工助学、日常事务办理与咨询服务;建设社区智能化平台,通过智能化管理及云平台服务等方式,开拓云端社区育人空间;设立学生自助服务区,引入学生事务自助一体机等设备,让数据多跑路,让学生少跑腿,拓宽服务学生渠道,提升社区学生智能化精细化管理服务水平。

第二,打造"学生社区服务圈"。推动社区服务下沉,形成"新三同"管理服务体系,探索开展学生社区"网格化"管理,推动学生社区教育培养模式,管理

---

① 习近平.在省部级主要领导干部学习贯彻十八届三中全会精神全面深化改革专题研讨班开班式上的讲话——完善和发展中国特色社会主义制度推进国家治理体系和治理能力现代化[N].人民日报,2014-02-18(01).

服务体制,协同育人体系、支撑保障机制改革,践行"一线规则",做到学习生活相结合,"第一课堂"与"第二课堂"相结合,网上线下相结合,将学生社区作为便捷化的社区服务管理和实践平台,服务学生成长发展需求。

第三,着力推动书院建设。结合书院育人特色,做好育人资源整合,强化思想引领、价值塑造和行为养成,创新书院思想政治教育模式,构建书院思想价值引领体系。做好书院、学院双院治理的协同育人工作,探索本科生书院与专业学院整体性思政育人的新思路、好方法,鼓励以个人探索、团队推广、项目申报等方式探索协同路径,构建双院协同育人的工作体系。开展书院网格化管理,全面掌握书院学生的信息数据,快速建立联系,畅通互动渠道,形成书院网格化管理体系。定期走访学生宿舍,了解学生日常状态,全面精准掌握学生情况,做到和学生心连心,形成"一人一册"。依托书院、宿舍等学生生活园区,探索学生组织形式、管理模式、服务机制改革,推进党团组织、管理部门、服务单位等进驻园区开展工作,将园区打造成为集学生思想教育、师生交流、文化活动、生活服务于一体的教育生活园地,帮助学生全面成长成才。

第八章
数字化转型时代辅导员工作的未来发展

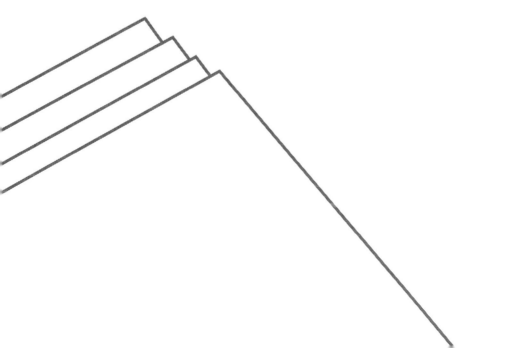

第一节　大学生思想政治教育数字化转型的背景意义

大学生思想政治教育的数字化转型,是在数字时代背景下,一系列教育方式的数字化技术转变,对数字化中国建设和高校思想政治教育的高质量发展都有重要意义。当今的时代是数字化的时代,数字技术、数字服务渗透到社会生活的方方面面,数字化变革无处不在,催生新业态,激发新动能。以习近平同志为核心的党中央高度重视数字化发展,明确提出数字中国战略。2021年3月发布的《中华人民共和国国民经济和社会发展第十四个五年规划和2035年远景目标纲要》中提出,迎接数字时代,激活数据要素潜能,推进网络强国建设,加快建设数字经济、数字社会、数字政府,以数字化转型整体驱动生产方式、生活方式和治理方式变革。① 这是党中央站在战略和全局的高度,科学把握发展规律,着眼实现高质量发展和建设社会主义现代化强国作出的重大战略决策。

一、高校思想政治教育数字化转型的提出背景

数字化转型赋能百业。在数字化转型的时代浪潮中,大学生思想政治教育工作也应当前置思考,主动对接,同步推进,用数字化的战略思维统筹谋划,运用数字化技术提升工作效率和科学化水平,不断提升思想政治教育效果,在"百年未有之大变局"中应对挑战,在"第二个百年目标"的奋斗中不负期待,为中国特色社会主义培养全面发展的建设者和接班人。

数字时代是由包含信息、知识、思想和创新的连续数据流所定义的。它的特点是创新技术的快速发展,人工智能、自动化和数字平台普及。全球数字化深入渗透到公共生活的各个领域,不仅改变了世界的经济愿景,也改变了世界的社会愿景。② 新技术的应用促进了生产要素和生产方式的变化,极大地提高

---

① 中华人民共和国国民经济和社会发展第十四个五年规划和2035年远景目标纲要[EB/OL].(2021-03-13).http://www.gov.cn/xinwen/2021-03/13/content_5592681.htm.
② Aleksei V. Bogoviz. Complex Systems: Innovation and Sustainability in the Digital Age (Volume 1)[M]. Springer International Publishing, 2021.

了生产效率，也改变了社会结构和社会整体运行方式，促进了不同组织间的协同整合。数字化转型就是在信息技术应用不断创新和数据资源持续增长的双重叠加作用下经济、社会和政府的变革和重塑过程。①

思想政治教育是指社会或社会群体用一定的思想观念、政治观点、道德规范，对其成员施加有目的、有计划、有组织的影响，并促使其自主地接受这种影响，从而形成符合一定社会一定阶级所需要的思想品德的社会实践活动。② 高校思想政治教育要牢牢把握社会主义办学方向，坚持马克思主义指导地位，全面贯彻党的教育方针，坚持为人民服务、为中国共产党治国理政服务、为巩固和发展中国特色社会主义制度服务、为改革开放和社会主义现代化建设服务，培养一代又一代拥护中国共产党领导和我国社会主义制度、立志为中国特色社会主义奋斗终身的有用人才。③ 大学生思想政治教育的数字化转型，是在数字时代背景下，教育开展相关组织和个人的重大变化，是一系列深入的教育方式的数字化技术转变，这些转变使新的教育和管理模式成为可能，并改变着高校思政教育组织的战略方向、组织形式和实践路径。

二、数字中国建设要求各行业探索数字化转型

当今世界正处于百年未有之大变局，以人工智能为核心驱动力的第四次工业革命风起云涌，工业 4.0 将人类社会带入智能时代，同前三次工业革命一样，只有掌握和普遍运用核心科技才能完成生产力升级革命，从而引领世界潮流。目前，我国经济已经由高速增长阶段转向高质量发展阶段，正处在新旧动能转换的关键历史时期。国家提出通过高科技基础设施建设，加快新兴科技突破和落地应用的新型基础设施建设，为千行百业广泛运用人工智能、云计算、大数据等技术加速数字化、智能化转型升级提供公共基础设施基础保障，为全行业的数字化转型创造了契机。数字中国的建设着眼于中华民族伟大复兴的国家战略，其核心价值和意义绝不仅仅局限于走在数字化前端的互联网企业，也不仅仅是能在数字化转型中收获数字红利的各类高新技术企业，而是各行各业在思维转型的基础上共同探索和创新，全行业、全周期、全覆盖的数字化转型，这才是数字中国建设应有之意。那么，引领社会发展的高等教育自

---

① 翟云，蒋敏娟，王伟玲.中国数字化转型的理论阐释与运行机制[J].电子政务，2021(6)：68.
② 陈万柏，张耀灿.思想政治教育学原理(第三版)[M].北京：高等教育出版社，2015：4.
③ 冯刚，彭庆红，佘双好等.新时代高校思想政治教育学原理[M].北京：人民出版社，2012：3.

然应是数字中国建设的桥头堡和实验田,高校学生思想政治教育也应成为高等教育数字化转型的先行者。

三、高质量思想政治教育发展呼唤数字化转型

高质量的大学生思想政治教育是建设高质量高等教育体系的重要组成部分甚至是核心组成部分,是关乎国家的未来建设发展交给什么人、民族命运由谁来掌控的政治性、原则性问题。全面建设社会主义现代化强国新征程上充满风险变化和挑战,赋予大学生思想政治教育工作新使命,呼唤新气象。新时代思想政治教育高质量发展应以效率、效益、效期为出发点,以创新、协同、精准、开放、高效为关键词。① 数字化转型是工作理念、内容、方法上的一种变革,是一种集成式的系统创新发展;网络技术的运用、数据平台的建设共享等都是协同开展工作的基础保障;数据挖掘能够通过客观信息描绘学生画像、精确定位学生偏好与需求,是个性化开展精准思想政治教育的前提条件;区块链等技术的内涵就是数据在可追溯前提条件下的开放共享,其技术运用能够大大促进思想政治教育的开放;人工智能等高科技数字化集成技术在不同的应用场景中都能为工作者分担事务性、格式化的工作内容,大幅提高教育者的工作效率。可见,数字化转型是高质量的思想政治教育发展的有效途径,从数字化发展的大趋势来看,更是必经之路。

第二节 辅导员工作在数字化转型背景下的推进思路

数字技术的应用不仅是一场技术革命,更是一场认知与思维模式的变革。推进数字技术在大学生思想政治教育领域的创新应用,其进程绝非一蹴而就,而是需要正确认识数字革命带来的机遇和挑战,在思想政治教育体系内达成战略共识,在思维方式上完成从传统思维到数字思维的转变,不断优化数字技术的现实应用,才能逐步实现数字技术在推进大学生思想政治教育的高质量发展。

---

① 沈壮海,刘灿.论新时代思想政治教育的高质量发展[J].思想理论教育,2021(3):4.

一、以战略高度看待数字化转型达成认知共识

数字化转型不仅仅是一场技术革命，更是一场认知与思维模式的变革。在新发展阶段、新发展理念、新发展格局下，大学生思想政治教育为什么要进行数字化转型，需要怎样的变革才能实现数字化转型，其带给原有思想政治教育体系的冲击、挑战和机遇又是什么，建设目标和未来发展愿景又是什么……这些问题都需要站在战略高度去思考和解释。只有管理者下定战略转型的决心，执行者和参与者达成战略共识，数字化转型才能顺利开展。

数字化战略是思想政治教育数字化转型的核心前提，是转型活动的系统性顶层设计，为抢占发展先机加速转型变革提供方向性、全局性的发展方略，以此战略为指引推进数字化转型能够提高转型效率，有效获取数字化效能。贯穿始终的数字化战略是数字化转型成功的前提，将在很大程度上决定数字化转型的成败。对于大学生思想政治教育来说，若干门精品思政网络课程的建设、用信息化的手段增强课堂教育的吸引力，抑或是建立全方位的学生信息管理系统，这些只是信息化技术的基础应用，而运用数字化技术、数字化思维、数字化认知对高校思政教育的学科体系、教学体系、教材体系、管理体系的系统性重塑才是数字化转型的战略重点。

任何一场变革都会经历从无到有、从有到优、从不解到接受的过程，辅导员工作是人对人的工作，在变革的过程中势必会面临更大的情感认同压力。在全球数字化发展的大势中，数字化转型是一种主动的战略选择，同时也是一种必须被动接受的发展潮流，从战略高度看待数字化转型并在体系内达成战略共识才能取数字化发展之势，做到因时而进、因势而新。

二、从线性思维到生态思维升级思政教育形态

线性思维最初来源于数学领域中对于线性系统的思维逻辑分析，通常是在思维客体线性发展的基础上，以时间或其他给定的逻辑变量为轴线，沿着确定可预见的方向发展，是一种简单直接的思维方式。[1] 线性思维意指思维模式类似于线性函数，输入输出之间呈现不间断的连续性特点，其变化、累加呈现

---

[1] 强月新,陈星.线性思维、互联网思维与生态思维——新时期我国媒体发展思维的嬗变路径[J].新闻大学,2019(2)：3.

均匀的增减,具有单向性、单一性和较为明显的因果关系。这样的思维模式体现在思想政治教育的组织过程中即是相对传统的、保守的、局限性的工作方式。这一类工作组织形态就是管理者常说的条线工作。就大学生思想政治教育来说,其表现为不同思想政治教育工作队伍之间相对独立、各自为政的工作模式,比如思政课教师和辅导员队伍之间尚待进一步提升的深度协同问题;也表现在工作模式仍然较为传统,比如思政课程教学仍然以课堂讲授为主,辅导员的时间仍被大量重复性、事务性的工作所占用等。

生态思维是建立在生态学和生态哲学理论基础之上的一种思维方式,最初目标是为了解决人类社会的生态危机,应对人与自然之间复杂、不稳定的关系,随后被运用到不同学科领域中,便具有了普适的方法论意义。[①] 生态思维相对于线性思维而言是一个开放、动态、强调系统和要素,要素和要素之间的能量交互,虽有竞争但更多的是和谐共生的思维模式。这是建立在自然界生态学理论的一种思维模式,也成为认知世界的一种新的价值坐标。数字化转型源自技术发展与变革,但更深层次的是认知与思维的革命。数据的共采共享、信息的智能互联,组织成员之间、组织与组织之间的破界融合都是数字时代的特征。

只有将线性思维转化为生态思维,升级思想政治教育的组织开展形态,才能前瞻性的洞见数字化时代的未来,应对数字技术应用带来的阶跃式的、不连续的发展挑战。比如,在提升思政课程育人实效方面,线性思维模式会从提升教师的授课能力以及学生的到课率等方面着手,而生态思维模式的数字化工作方式则从学生的行为数据着手去采集信息、分析需求,再用信息互动的数字化教学方式展开教学工作,其教学载体也是线上与线下相结合、理论与实践相结合,最后再分析学生行为数据去判断教育效果。原始数据来自共享信息平台,通过教育行为产生的数据又反馈给平台进一步于系统内共享。

三、以人为本,不断迭代数字技术应用逐步转型

数字化转型的推进最终仍然要落脚在新技术的运用上。集成电路、大数据、物联网、云计算、人工智能、5G 这些创新科技的高速发展和革命性进步使

[①] 强月新,陈星.线性思维、互联网思维与生态思维——新时期我国媒体发展思维的嬗变路径[J].新闻大学,2019(2):8.

数字技术从最初的信息通信领域应用转向人类生产生活的各个领域,开创了一个一切皆可数字化、万物皆可互联化的数字化时代。创新技术应用的持久生命力必须以人为本,这源于人的需求又以满足人的需求为目标。数字时代更是如此,智能手机、可穿戴智能设备、广泛的互联网平台应用都在随着人的使用而自动产生和传输信息。随着云技术、5G这些数据底层技术的迭代,数据的传输速率不断提升,存储能力不断增强,人的个体早已不再是信息的消费者,更是信息的生产者,这一变化使得"以人为本"这一概念成为数字化转型的充分且必要条件。

大学生思想政治教育数字化转型的以人为本体现在"以学生为中心"。随着时代的进步,学生的自我意识进一步觉醒,成长需求快速增长,能够帮助育人全渠道触达,实现精准交互。新时代青年成长于互联网时代,作为网络原住民,他们对基于互联网技术的数字化技术应用有着天然的学习力、接受度和依赖性,甚至产生了存在形态硅基化、人际关系数据化、认知方式技术化、价值观念双重化、知识构成分布化等"数字孪生现象"。[①] 要引导和指导大学生不断提高思想水平、政治觉悟、道德品质和文化素养,教育组织实施的方式方法、使用的技术工具也必须具有牵引的张力。从数字化技术的应用层面来看,大学生作为思想政治教育资源的消费端早已先行,但作为供给侧的教育者反而起步较晚、基础较弱。这其中既有传统工作模式的惯性因素,也有数字化技术应用长期以来带给人们的应用成本和技术壁垒双高的刻板印象因素,还有对数字化转型后未知成效的不确定性等因素。随着新基建的实施、面向对象的技术优化,数字化应用的门槛也将随之降低。思想政治教育可以将数字化技术引入一批新的应用场景,然后以此催生技术变革,产生新的模式,并且围绕"以学生为中心"这一教育理念,不断迭代技术应用,逐步实现转型。

第三节 大学生思想政治教育数字化转型的应用场景

数字技术正在以各种方式对大学生思想政治教育的主体、客体、教育方

---

① 王海建.大学生"数字孪生"现象分析与思想政治教育治理[J].高校辅导员,2022(4):31-35.

式、教育内容、教育环境等产生诸多影响,驱动思想政治教育理论范式、学科样式、话语形式、运行模式、实践方式等实现数字化发展。[①] 思想政治理论课和日常思想政治教育作为大学生思想政治教育的主渠道和主阵地,应当成为数字技术首先应用的重要场景。同时,在构建"大思政"育人体系的要求下,多主体协同成为大学生思想政治教育高质量发展的核心要素之一,而数字技术在信息交互等方面的先天优势能够达成此场景应用的高适配性,从而凸显数字技术的应用价值。对以上三重场景的数字化应用,能够为数字技术在大学生思想政治教育中的广泛应用拓展思路、提供参考,形成可借鉴的工作范式。

一、为思想政治理论课的改革创新注入新动能

2019年3月18日,习近平总书记主持召开学校思想政治理论课教师座谈会并发表重要讲话,强调思想政治理论课是落实立德树人根本任务的关键课程,在大学生思想政治工作发展中发挥着主渠道的作用,是最核心的着力点。推动思想政治理论课改革创新,要不断增强思政课的思想性、理论性和亲和力、针对性。[②] 在增强亲和力和针对性这方面,数字化技术应用大有可为。

亲和力和针对性是相辅相成的两个概念,根据学生的教育需求有针对性地匹配教育资源、选用合适的教育方式方法才能提升思政课教学的亲和力,而具有亲和力的教学才能取得良好的教育效果、提升教学的针对性。在获取学生需求方面,相对于问卷调研、交流座谈等学生主观陈述自身需求的方法,利用大数据分析的技术手段,从采集学生的海量客观行为数据特别是网络行为数据着手,通过算法分析得出学生的真实思想政治状况将会是数字化时代更加科学的一种技术应用。明确学生需求后,构建以学生为中心的、注重师生交互、学生体验的生动活泼、符合新时期大学生认知规律和接受特点的信息化课堂教学模式,运用新媒体的教学技术,用图片、动画、视频等教学内容展现形式同经过长期积累形成的课堂讲授教学方法进行有机结合,提升教学的亲和力。数字化课堂教学在思想政治教育的数字化转型中属于较为普遍和相对传统的应用方式,已经经过了较长时间的实践探索,其应用模式较为成熟。不妨畅想

---

① 于祥成,杨莉.思想政治教育数字化:内涵、特征与进路[J].国家教育行政学院学报,2023(9):61-68,84.
② 习近平.用新时代中国特色社会主义思想铸魂育人 贯彻党的教育方针落实立德树人根本任务[N].人民日报,2019-03-19(02).

更具有创新性和革命性的数字化课堂应用场景。例如,在课堂教学中应用人工智能范畴的人脸识别技术,实时监测学生听课的抬头率、专注度以及面部表情。根据以上信息及时调整教学方式,并且科学统计判断哪一类教学内容、哪一种教学方式、什么样的教学节奏更能时刻抓住学生的注意力,得到学生的认同和共情,真正做到教师和学生的同频共振,让教学内容入耳入脑入心,随后将课程教学中必须要通过讲授、灌输等方式传递的理论知识穿插、融入其中,增强学生的接受度,在潜移默化之中达到教学目的。

数字化技术在推动思想政治理论课改革创新的过程中需要注意三点。一是新媒体、新技术在课堂上的应用是传统教育方式的补充,并不是替代,再强大的技术、再丰富的知识呈现方式,也无法替代教育者和受教育者在实体课堂空间中的思想碰撞和互动。二是数据的采集分析需要有统筹思想、通盘考虑,数据孤岛一旦形成,就失去了大数据分析的起始要求,分析结果也会呈现片面性。数字化时代,必须用生态思维让数据运用更加开放,打破数据壁垒,做到"以学生为中心"的所有数据的共用共享,才能实现大数据技术的应用价值。三是要进一步解放思想,用数字化战略思维去诠释思政课教学的全方面、全过程,不要因其政治性而束缚其创新性,既要坚持原则,又要大胆想象,让思政课教学引领数字化课程改革。

二、为日常思政教育工作转型升级开辟新路径

日常思想政治教育是大学生思想政治教育的主阵地。辅导员作为高等学校学生日常思想政治教育和管理工作的组织者、实施者、指导者,必须做好党团和班级建设、学风建设、学生日常事务管理、心理健康教育与咨询工作、网络思想政治教育、校园危机事件应对、职业规划与就业创业指导等工作。日常思想政治教育工作的数字化转型能够极大程度地提高日常事务管理工作的效率,将辅导员从重复性劳动中解放出来,让辅导员更加精细、精确地关注到每个学生个体的成长需求,更加科学的、有的放矢地做好学生的个性化培养,为育人工作赋能升级。[1]

比如在学生日常事务管理方面,资助育人是占比较大的一块儿工作。奖

---

[1] 马成瑶,闫坤如.数字技术赋能大学生思想政治教育的意义、进程与场景[J].高校辅导员,2023(5):22-27.

学金、助学金的发放、助学贷款的办理、勤工助学以及困难补助等都需要精准对接学生需求,将国家、学校和社会资助用在切实需要帮助的学生身上,实现资助效益最大化。目前,学生的经济困难情况还是通过学生自述、文件佐证、同学评议、认定困难等级后公示等程序进行评定,在认定过程中难免会出现认定结果与家庭真实经济情况不相符的现象。采集家庭经济困难学生的生源信息、户口类型、家庭成员、家庭结构等个人信息,校园生活行为数据特别是校园消费情况数据信息,同家庭经济困难程度建立模型、生成算法,通过深度学习技术不断迭代提升算法的科学性,最终生成能够自动预判学生家庭经济困难程度的人工智能算法。采用这种算法形成的判断结果能够帮助辅导员迅速、准确锁定工作对象,开展一对一的关心和服务,做好政策解读,让学生感受到支持和温暖。利用区块链概念和技术去记录和甄别学生的经济困难程度或将是一种更具创新性的数字化技术应用。区块链技术具有不可篡改、全程留痕、可追溯、集体维护、公开透明和匿名性的特点,学生的客观行为数据以及周围同学的真实评价等相关信息都可以数据块的形式记录在数据链中,相关部门授权调用就能获取学生的信息,相对于通过纸质证明材料,更能够客观反映学生家庭的真实经济情况,让资助更具实效。

在党团和班级建设中可利用网络平台开展云活动,打破时间和空间的限制;利用大数据进行学业预警、校园危机事件预警;利用人工智能回复学生各类常规、高频问题;利用大数据提升大学生心理健康教育的精准化水平;探索运用 AI 机器人进行心理咨询,在职业规划与就业创业指导中引入"猜你喜欢"等人工智能算法做到高效信息推送,等等。数字化技术在日程思想政治教育的各个领域都有非常广泛的应用前景,但在此类应用中仍然要特别注意人机耦合的重要性。数字化技术的应用可以有效提高工作效率,把辅导员从重复性事务性工作中解放出来,但是数据和算法是没有温度没有感情的,有了数字化技术的辅助,辅导员应当更加贴近学生、关爱学生,科学把握学生成长规律,引导学生成长成才。

三、为思政工作队伍深度协同育人提供新方案

中共中央、国务院印发的《关于加强和改进新形势下高校思想政治工作的意见》(中发〔2016〕31 号)中指出要坚持全员全过程全方位育人原则,把思想价值引领贯穿教育教学全过程和各环节,形成教书育人、科研育人、实践育人、管

理育人、服务育人、文化育人、组织育人长效机制。[①] 多主体、多线程、多场域的客观存在对高校思想政治工作提出了更高的要求,协同合作成为新形势下大学生思想政治教育的必然要求。随着"三全育人"工作的持续推进,包括思政课教师、辅导员、导师、党政干部等在内的不同育人主体已经基本达成了互相协同、凝聚力量共同育人的思想共识,但由于长期以来的线性工作思维和工作机制,思政育人队伍之间的深度协同仍未达成,而数字化时代的到来为协同育人描绘了一幅崭新的图景。

不同育人队伍之间充分的沟通交流、信息的深度交互是协同的首要条件。在线性化的工作模式中,不同工作条线内部多是金字塔型的组织结构,组织内部的信息通过自下而上的传递聚合到管理层,管理者通过联席会议等传统模式进行信息互通和交换,再将相关信息带回组织内部进行自上而下的层层传递。相对于此类串联式的沟通方式,运用数字化技术搭建网络协同育人平台能够大幅降低沟通成本、提高沟通效率、缩减传递损耗,形成扁平化的信息交互网络,让组织内的每一个个体都能在各自权限范围内开展信息交互。有了充分的信息交互,彼此的关切和需求便能够得到及时响应和满足,组织个体在系统中有获得感,协同的自驱力自然而生,深度的、自觉的、有持续生命力的协同也将实现。

数字化协同平台的构建和使用在技术上已经能够实现,类似于钉钉、企业微信等相对成熟的数字化产品可以直接提供相关的服务,高校利用自身拥有人才和技术的优势自行开发和维护数字化协同平台也可实现。协同的关键还在于管理者能够意识到数字化战略的重要意义,用生态思维去诠释组织和组织之间的关系,用完全开放的心态主动打破组织间的壁垒。在数字化协同的初期,信息之间的充分交互,短期内会使得组织内部、组织与组织间的关系产生短时的失序,呈现出偏离平衡态的开放状态。但是经过一段时间的信息交互,在协同的作用下,组织内部和组织与组织间都会趋于稳定,自发地出现时间和空间上的有序结构和自组织行为。[②] 个体和组织都将在这种新的平衡态下获取更高质量的资源,在更高效地实现"育人"这一共同目标的同时,组织和个体也将得到更快速的发展,这就是数字化协同带来的红利。

[①] 中共中央国务院印发《关于加强和改进新形势下高校思想政治工作的意见》[N].人民日报,2017-02-28(02).
[②] (德)赫尔曼·哈肯译.大自然成功的奥秘:协同学[M].上海:上海译文出版社,2018.

附录 1
高校辅导员思想政治素质现状调查问卷

尊敬的老师：

您好！我们正在开展高校辅导员思想政治素质研究调查。本问卷采用匿名形式，相关数据仅用于课题研究，您填写的信息将严格保密。希望您根据实际情况选择相应题目拨冗作答，谢谢您对本课题的支持！

课题组

您的性别是？（   ）
- □ 男
- □ 女

您的年龄是？（   ）
- □ 20—30 岁
- □ 30—40 岁
- □ 40—50 岁
- □ 50 岁以上

您从事辅导员工作的年限是？（   ）
- □ 3 年以下
- □ 3—5 年
- □ 5—8 年
- □ 8 年以上

您的学历是？（   ）
- □ 专科
- □ 本科
- □ 硕士
- □ 博士

您的职称是？（   ）
- □ 助教
- □ 讲师

☐ 副教授　　　　　　　☐ 教授

您最高学历毕业的专业是？（　　）
☐ 哲学　　　　　　　　☐ 经济学
☐ 法学　　　　　　　　☐ 教育学
☐ 文学　　　　　　　　☐ 历史学
☐ 理学　　　　　　　　☐ 工学
☐ 农学　　　　　　　　☐ 医学
☐ 管理学　　　　　　　☐ 艺术学
☐ 体育学　　　　　　　☐ 其他＿＿＿＿

下面说法您比较赞同的是？限选三项（　　）
☐ 中国要搞好，必须坚持中国共产党的领导
☐ 一个人应该遵守法律
☐ 爱国是人最基本的品质
☐ 一个国家要有民主和自由
☐ 国家利益高于一切
☐ 共产党代表人民利益
☐ 政府要为人民服务
☐ 公民的合法权利不可侵犯

您对提升高校思想政治工作者思想政治素质的态度是？（　　）
☐ 亟待提高　　　　　　☐ 有必要提高
☐ 无所谓　　　　　　　☐ 没有必要提高

2018年是马克思诞辰多少周年？（　　）
☐ 150年　　　　　　　☐ 200年
☐ 250年　　　　　　　☐ 220年

您认为以下哪些因素会影响到您的共产主义信仰？限选三项（　　）
☐ 市场经济的负面影响

- ☐ 西方民主政治体制及其价值观的输出
- ☐ 党内不正之风,特别是腐败现象
- ☐ 周围党员没有树立良好形象
- ☐ 其他_____

您对马克思主义发展前途的态度如何?(　　)
- ☐ 充满信心
- ☐ 比较有信心
- ☐ 一般
- ☐ 不看好

您参与过下列哪些活动?(可多选)(　　)
- ☐ 看相
- ☐ 到寺庙烧香拜佛
- ☐ 算命
- ☐ 做礼拜
- ☐ 无

您感觉在日常思想政治教育过程中,您的政治理论知识储备够用吗?(　　)
- ☐ 足够用
- ☐ 还可以
- ☐ 非常匮乏

在政治理论知识学习方面,您认为以下哪种途径最有效?(　　)
- ☐ 自学
- ☐ 讲座
- ☐ 专题培训
- ☐ 民主生活会
- ☐ 实地参观
- ☐ 其他_____

您对贵校对辅导员思想政治素质重视程度的评价是?(　　)
- ☐ 非常重视
- ☐ 比较重视
- ☐ 不太重视
- ☐ 很不重视

您是否常常感觉学生掌握信息、咨询比自己要新和早?(　　)
- ☐ 不是,我比他们更超前
- ☐ 是的,我常常从学生那里获取新信息
- ☐ 不一定,对新鲜事物关注点不同,我和学生不分伯仲

以下哪种是您对工作时常会有的感受？限选三项（　　）
- ☐ 工作烦琐，薪酬平平
- ☐ 拼搏几年，抓紧进步
- ☐ 人已到中年，但还想努力做科研
- ☐ 晋升机会少，占用时间多
- ☐ 谋生手段，无所谓
- ☐ 只求带好学生，为祖国培养人才，不看重小我

您在思政工作中，是否会自发寻求校内外资源？限选三项（　　）
- ☐ 经常跟任课教师联动，开展联合培养
- ☐ 经常跟宿舍管理员合作，搞活住宿平台
- ☐ 经常跟校外企业、校友合作，开设讲座，输送学生实习就业
- ☐ 经常跟创业孵化基地联系，培养学生双创能力
- ☐ 跟各部门都是一般业务往来，尚无深入合作的经历

您日常的消费观如何？（　　）
- ☐ 勤俭持家，收入不多但善于积累，花销不足个人收入30%
- ☐ 小拜金，老夫有颗少女心，每月工资花销50%
- ☐ 热爱买买买，每月工资花去3/4
- ☐ 月光族，现在还年轻，攒钱等将来需要再说

您认为辅导员的道德素质包括哪几方面的内容？限选三项（　　）
- ☐ 大公无私，乐于奉献
- ☐ 热爱思想政治教育事业和教育对象
- ☐ 以身作则，为人师表
- ☐ 清正廉洁，艰苦奋斗

您认为目前自身的道德素质？（　　）
- ☐ 非常高
- ☐ 比较高
- ☐ 不够高

☐ 比较低

你对目前的辅导员工作的喜爱程度如何？（　　）
☐ 非常喜欢　　　☐ 比较喜欢
☐ 无所谓　　　　☐ 不喜欢

您认为高校辅导员的道德素养对大学生的德育有无影响？（　　）
☐ 有　　　　　　☐ 无所谓
☐ 没有

当学生对您指出错误时，您会如何处理？（　　）
☐ 虚心听取，加以改正
☐ 无所谓，听之任之
☐ 与学生争吵，并指出其错误

您觉得所在高校对辅导员的激励机制如何？（　　）
☐ 有不少奖励、激励机制，很能激励大家勤奋工作
☐ 有一些奖励、激励办法，都是套路，帮助不大
☐ 较少有奖励、激励措施，工作提不起情绪
☐ 无所谓

您对辅导员的社会地位评价如何？（　　）
☐ 在校内外都受人尊敬
☐ 受尊敬程度并不理想
☐ 校外较高，校内不高
☐ 校外较低，校内较高

您觉得您所在学生工作团队人际关系如何？（　　）
☐ 团队相处很舒服、融洽
☐ 一般工作关系，没有深交
☐ 关系不太好，影响工作心情
☐ 无所谓

您觉得您所在工作环境风气如何？（　　）
- ☐ 风气很正，大家价值观一致
- ☐ 马马虎虎，大方向较为一致
- ☐ 风气不好，对很多事情不认同
- ☐ 无所谓

您对您所在团队的领导者评价如何？（　　）
- ☐ 领导者正气、有能力、善于引导和帮助下属
- ☐ 领导者比较看重个人名利，不关心下属发展
- ☐ 领导者高高在上，跟下属关系比较远
- ☐ 领导者办事有失公允，大家难以认同

您觉得目前所处环境的晋升渠道是否畅通？（　　）
- ☐ 畅通，很利于辅导员职业规划和个人发展
- ☐ 比较畅通，需要经过坚持不懈的努力
- ☐ 不太畅通，需要努力但希望较小
- ☐ 不畅通，已丧失发展的可能，看不到希望

您认为您所处工作环境的管理模式如何？（　　）
- ☐ 专制型管理，完全需要服从上级指示
- ☐ 民主型管理，上下沟通顺畅，上级注重激发下级的主观能动性
- ☐ 放任型管理，纪律涣散，大家各自为政
- ☐ 混乱型管理，上级不能服众，下级不听指挥

您认为您所处工作环境对您开展思政教育工作产生何种影响？（　　）
- ☐ 积极影响
- ☐ 消极影响
- ☐ 无甚影响
- ☐ 无所谓

您认为对您目前的思想政治素养影响最大的是？（　　）
- ☐ 家庭
- ☐ 领导
- ☐ 同辈群体
- ☐ 自身

您身边的辅导员群体对您的价值观和行为方式有哪方面的影响?(　　)
- [ ] 积极影响大于消极影响
- [ ] 消极影响大于积极影响
- [ ] 影响很小
- [ ] 没有影响

附录2
高校辅导员职业核心能力的调查问卷

尊敬的老师：

您好！我们正在开展高校辅导员职业核心能力的研究。本问卷采用匿名形式，相关数据仅用于课题研究，您填写的信息将严格保密。希望您根据实际情况选择相应题目拨冗作答，谢谢您对本课题的支持！

课题组

请填写您的基本信息：

姓名_____   年龄_____   学校_____

从事辅导员工作年限_____年

以下表格横坐标为职业能力，纵坐标为《高等学校辅导员职业能力标准（暂行）》的辅导员工作领域，请您用1—6来为每个工作领域中辅导员所必须具备的能力加以权重标识。

比如说在思想政治教育领域，您觉得所列六种职业能力中的**与人交流能力**最为重要，那么就请您在此空格中填写**6**，您认为**信息处理能力**相比较其他五种能力来说要求最低，那么就请您在此空格中填写**1**。以此类推，举例如下：

职业能力 工作领域	自我学习能力	信息处理能力	数字应用能力	与人交流能力	与人合作能力	解决问题能力
思想政治教育	3	1	2	5	6	4

请您按照例表逐一填写下表，您的参与十分重要，再次表示感谢！

附录 2　高校辅导员职业核心能力的调查问卷

职业能力 工作领域	自我学习能力	信息处理能力	数字应用能力	与人交流能力	与人合作能力	解决问题能力
思想政治教育						
党团和班级建设						
学业指导						
日常事务管理						
心理健康教育与咨询						
网络思想政治教育						
危机事件应对						
职业规划与就业指导						
理论和实践研究						

参考文献
REFERENCES

一、经典文献
《马克思恩格斯选集》(1—4卷),人民出版社2012年版
《马克思恩格斯文集》(全十卷),人民出版社2009年版
《列宁选集》(1—4卷),人民出版社2012年版
《毛泽东选集》(1—4卷),人民出版社1991年版
《邓小平文选　第一卷》,人民出版社1994年版
《邓小平文选　第二卷》,人民出版社1994年版
《邓小平文选　第三卷》,人民出版社1993年版
《江泽民文选》(1—3卷),人民出版社2006年版
《胡锦涛文选》(1—3卷),人民出版社2016年版
《习近平谈治国理政　第一卷》,外文出版社2018年版
《习近平谈治国理政　第二卷》,外文出版社2017年版
《习近平谈治国理政　第三卷》,外文出版社2020年版
《习近平谈治国理政　第四卷》,外文出版社2022年版
《习近平著作选读》(1—2卷),人民出版社2023年版
《十八大以来重要文献选编(上)》,中央文献出版社2014年版
《十八大以来重要文献选编(中)》,中央文献出版社2016年版
《十八大以来重要文献选编(下)》,中央文献出版社2018年版
《十九大以来重要文献选编(上)》,中央文献出版社2019年版
《十九大以来重要文献选编(中)》,中央文献出版社2021年版
《十九大以来重要文献选编(下)》,中央文献出版社2023年版
《深入学习习近平关于教育的重要论述》,人民出版社2023年版
《习近平关于社会主义文化建设论述摘编》,中央文献出版社2017年版
《习近平关于青少年和共青团工作论述摘编》,中央文献出版社2017年版

《决胜全面建成小康社会夺取新时代中国特色社会主义伟大胜利——在中国共产党第十九次全国代表大会上的报告》,人民出版社 2017 年版

《高举中国特色社会主义伟大旗帜为全面建设社会主义现代化国家而团结奋斗——在中国共产党第二十次全国代表大会上的报告》,人民出版社 2022 年版

二、中文专著

翁铁慧:《高校辅导员队伍建设论纲》,人民出版社 2014 年版

陈万柏、张耀灿:《思想政治教育学原理》,高等教育出版社 2007 年版

冯刚、沈壮海:《中华人民共和国学校德育编年史》,中国人民大学出版社 2010 年版

冯刚、郑永廷:《思想政治教育学科 30 年发展研究报告》,光明日报出版社 2014 年版

冯刚:《改革开放以来高校思想政治教育发展史》,人民出版社 2018 年版

冯刚、彭庆红、佘双好等:《新时代高校思想政治教育学原理》,人民出版社 2021 年版

冯刚:《大学生思想政治教育工作概论》,北京师范大学出版社 2020 年版

冯刚:《高校思想政治教育工作质量评价研究》,人民出版社 2020 年版

教育部思想政治工作司组:《加强和改进大学生思想政治教育重要文献选编(1978—2014)》,知识产权出版社 2015 年版

李德芳、李辽宁、杨素稳:《中国共产党思想政治教育史料选编》,武汉大学出版社 2009 年版

李忠军:《高校辅导员主体论》,光明日报出版社 2011 年版

林崇德、杨治良、黄希庭:《心理学大辞典》,上海教育出版社 2003 年版

林晶、邱德亮、张澍军:《思想政治教育中角色道德问题研究》,人民出版社 2015 年版

刘建军:《中国共产党思想政治教育的理论与实践》,中国人民大学出版社 2008 年版

沈壮海、王培刚、段立国等:《中国大学生思想政治教育发展报告 2014》,北京师范大学出版社 2015 年版

沈壮海:《新编思想政治教育学原理》,中国人民大学出版社 2022 年版

史仁民:《高校辅导员专业发展论》,中央编译出版社 2018 年版

史宗恺:《"双肩挑":一项大有出息的负担:清华大学辅导员校友访谈录》,清华大学出版社 2014 年版

滕云:《高校辅导员职业化研究》,上海交通大学出版社 2013 年版

王希永:《思想政治教育基础理论专题研究》,红旗出版社 2005 年版

王小红:《高校辅导员工作的理论与实践》,北京大学出版社 2010 年版

徐光春:《马克思主义大辞典》,崇文书局 2017 年版

张耀灿、郑永廷、吴潜涛等:《现代思想政治教育学》,人民出版社 2006 年版

张耀灿:《中国共产党思想政治教育史论》,高等教育出版社 2006 年版

张再兴等:《高校辅导员队伍建设理论与实践》,人民出版社 2010 年版

赵国祥:《组织行为学》,东北财经大学出版社 2016 年版
郑永廷等:《思想政治教育方法论》,高等教育出版社 1999 年版
朱正昌:《高校辅导员队伍建设研究》,人民出版社 2010 年版
周良书、朱平、俞小和等:《中国高校辅导员工作史论》,人民出版社 2016 年版
吴巧慧:《高校辅导员标准研究》,北京交通大学出版社 2017 年版
陈雪频:《一本书读懂数字化转型》,机械工业出版社 2021 年版
蒋敏娟:《中国政府跨部门协同机制研究》,北京大学出版社 2016 年版
孙迎春:《发达国家整体政府跨部门协同机制研究》,国家行政学院出版社 2014 年版
张再兴等:《高校辅导员队伍建设理论与实践》,人民出版社 2010 年版
朱正昌:《高校辅导员队伍建设研究》,人民出版社 2010 年版
陈春花、朱丽:《协同:数字化时代组织效率的本质》,机械工业出版社 2019 年版

三、中文译著

［美］斯蒂芬·罗宾斯、蒂莫西·贾奇:《组织行为学》,孙健敏、李原译,中国人民大学出版社 2005 年版
［德］赫尔曼·哈肯:《大自然成功的奥秘:协同学》,凌复华译,上海译文出版社 2018 年版
［法］皮埃尔·布迪厄:《社会学的问题》,曹金羽译,上海文艺出版社 2022 年版
［美］戴维·尤里奇:《人力资源转型为组织创造价值和达成成果》,李祖滨、孙晓平译,电子工业出版社 2015 年版
［法］亨利·列斐伏尔:《空间的生产》,刘怀玉等译,商务印书馆 2021 年版
［美］温斯顿:《学生事务管理者专业化论》,储祖旺、胡志红译,科学出版社 2010 年版

四、中文期刊

曾汉君、伍婷婷:《高校思想政治教育公共空间的价值意蕴及其创设反思》,《高教探索》2020 年第 4 期
陈翠峰、梁文能、卢朗滢:《"一站式"学生社区视域下"三全育人"的实践探索与经验总结——基于华南理工大学"一站式"学生社区建设试点》,《高教探索》2023 年第 6 期
戴秀丽、程琳琳、王露霏:《新时代大学生法治素养培育的现状分析及模式探究——基于四个维度的分析框架与调研数据》,《思想教育研究》2022 年第 8 期
丁柏铨:《十八大以来中国共产党新闻舆论思想:发展背景及主要内涵》,《当代传播》2022 年第 5 期
董世坤:《观念·制度·文化:高校管理育人再思考》,《江苏高教》2019 年第 7 期
冯刚、成黎明:《改革开放以来高校思想政治工作的实践与理论发展》,《思想理论教育》2018 年第 10 期
冯刚、严帅:《改革开放 40 年高校思想政治教育管理的发展历程》,《北京师范大学学报(社

会科学版）》2019 年第 1 期

冯刚、钟一彪：《高校辅导员角色紧张的舒缓与职业理想建构》，《学校党建与思想教育》2022 年第 1 期

冯刚：《改革开放 40 年来高校思想政治教育发展的经验与展望》，《中国高等教育》2018 年第 Z2 期

冯培：《高校辅导员新时代角色定位的再认知》，《思想教育研究》2019 年第 5 期

付强、辛晓玲：《空间社会学视域下的学校教育空间生产》，《山东社会科学》2019 年第 4 期

韩宪洲：《整体把握"三大规律"的主要特征 推进高校思想政治工作改革与创新》，《思想教育研究》2018 年第 4 期

靳玉军、李晓娟：《高校辅导员近 30 年来的角色演变及其启示》，《高等教育研究》2010 年第 1 期

李建伟：《"大思政"视域下的高校辅导员角色探析》，《国家教育行政学院学报》2017 年第 5 期

李昕：《营造"三全育人"生态圈：高校思政工作"新三同"的理念与实践》，《中国高等教育》2020 年第 17 期

林伟毅：《高校辅导员职业能力的现状及提升路径》，《思想理论教育导刊》2017 年第 1 期

刘建军：《习近平对高校思想政治工作解惑功能的全面阐述》，《思想理论教育导刊》2017 年第 10 期

刘宗灵：《中华民族现代文明与中华民族共同体的三维契合向度——基于习近平文化思想的整体性审思》，《社会科学辑刊》2023 年 12 期

赵健：《论新媒体时代高校辅导员开展网络思想政治教育的路径选择》，《教育理论与实践》2019 年第 3 期

罗本琦：《以立德树人为中心推进高校思想政治工作创新》，《红旗文稿》2017 年第 10 期

吕红梅：《反思与重构：新时代中国式通识教育探究》，《江苏高教》2023 年第 12 期

潘青：《论高校辅导员的角色定位和工作创新》，《思想理论教育导刊》2010 年第 6 期

彭庆红、耿品：《新中国成立 70 年来高校辅导员队伍建设的历史进程、总体趋势与经验启示》，《思想理论教育导刊》2019 年第 8 期

寿新宝：《论高校辅导员的本质内涵及其实践向度》，《思想理论教育》2022 年第 8 期

舒立春：《推进校园文化提能增效着力培养时代新人》，《中国高等教育》2023 年第 Z3 期

万美容：《论高校思想政治工作的科学发展》，《中国青年社会科学》2017 年第 4 期

王迪：《社会主义先进文化融入思想政治教育的路径》，《中学政治教学参考》2022 年第 44 期

王刚：《抓好高校思想政治工作应处理好的六个关系》，《思想理论教育》2017 年第 3 期

王敏：《协同视阈下高校"全员育人"的推进机制》，《山西财经大学学报》2022 年第 44（S2）期

王鑫、陶思亮、朱惠蓉：《"三全育人"视域下高校辅导员的育人角色与实现路径》，《思想理论教育》2020 年第 5 期

魏金明：《"三全育人"背景下高校辅导员新使命与角色定位》，《思想理论教育》2020 年第 2 期

习近平：《思政课是落实立德树人根本任务的关键课程》，《求是》2020 年第 17 期

杨冬梅：《习近平文化思想的核心要义、鲜明特质与实践路向》，《学校党建与思想教育》2023 年第 24 期

余雅兰、匡瑛：《全人教育视角下美国生涯与技术教育的理念意涵与实践路向》，《比较教育学报》2023 年第 4 期

俞国良、王浩：《高等学校心理健康教育效能的认知与评价：多主体视角》，《西南民族大学学报（人文社会科学版）》2023 年第 44 期

詹小美、赵晓营：《习近平总书记新闻舆论工作群众路线的三维话语空间》，《西北工业大学学报（社会科学版）》2023 年第 1 期

张利英：《新闻舆论工作必须过好互联网这一关》，《红旗文稿》2017 年第 5 期

赵魔：《高校辅导员角色定位与专业化发展研究》，《学校党建与思想教育》2013 年第 3 期

周谷平、王胡英：《高校优秀辅导员基本角色形象及其特征——基于全国高校辅导员年度人物评选事迹的文本分析》，《高等教育研究》2015 年第 1 期

朱平：《高校"三全育人"体系协同与长效机制的建构——以全员育人为中心的考察》，《思想理论教育》2019 年第 2 期

五、中文报纸

《做党和人民满意的好老师——同北京师范大学师生代表座谈时的讲话》，《人民日报》2014 年 9 月 10 日第 2 版

《在哲学社会科学座谈会上的讲话》，《人民日报》2016 年 5 月 19 日第 2 版

《习近平在全国高校思想政治工作会议上强调：把思想政治工作贯穿教育教学全过程开创我国高等教育事业发展新局面》，《人民日报》2016 年 12 月 9 日第 1 版

《中共中央国务院印发〈关于加强和改进新形势下高校思想政治工作的意见〉》，《人民日报》2017 年 2 月 28 日第 2 版

《习近平在北京大学考察时强调：抓住培养社会主义建设者和接班人根本任务努力建设中国特色世界一流大学》，《人民日报》2018 年 5 月 3 日第 1 版

《习近平在全国教育大会上强调：坚持中国特色社会主义教育发展道路培养德智体美劳全面发展的社会主义建设者和接班人》，《人民日报》2018 年 9 月 11 日第 1 版

《习近平主持召开学校思想政治理论课教师座谈会强调：用新时代中国特色社会主义思想铸魂育人 贯彻党的教育方针落实立德树人根本任务》，《人民日报》2019 年 3 月 19 日第 1 版

六、中文网站

中华人民共和国教育部令(第 24 号)《普通高等学校辅导员队伍建设规定》,中华人民共和国教育部网站,2006 年 7 月 23 日,http://www.moe.gov.cn/jyb_xxgk/gk_gbgg/moe_0/moe_1443/moe_1463/tnull_21506.html

教育部关于印发《高等学校辅导员职业能力标准(暂行)》的通知,中华人民共和国教育部网站,2014 年 3 月 27 日,http://www.moe.gov.cn/srcsite/A12/s7060/201403/t20140327_167113.html

普通高等学校辅导员队伍建设规定,中华人民共和国教育部网站,2017 年 9 月 29 日,http://www.moe.gov.cn/srcsite/A02/s5911/moe_621/201709/t20170929_315781.html

中共教育部党组关于印发《高校思想政治工作质量提升工程实施纲要》的通知,中华人民共和国教育部网站,2017 年 12 月 5 日,http://www.moe.gov.cn/srcsite/A12/s7060/201712/t20171206_320698.html

教育部等八部门关于加快构建高校思想政治工作体系的意见,中华人民共和国教育部网站,2020 年 4 月 28 日,http://www.moe.gov.cn/srcsite/A12/moe_1407/s253/202005/t20200511_452697.html

七、外文期刊

MacDonald CJ, Backhaus I, Vanezi E, et al. European Union Digital Education quality standard framework and companion evaluation toolkit[J]. Open Learning: The Journal of Open, Distance and e-Learning, 2021, 39(1): 1-16.

Alenezi M, Akour M. Digital Transformation Blueprint in Higher Education: A Case Study of PSU[J]. Sustainability, 2023, 15: 8204.

Wibowo C F, Budi S A, Iswanto H B, et al. Mobile Digital Education (MDE) for increasing competence of students based on E-Characters Mental Revolution (E-CMR)[J]. Journal of Physics: Conference Series, 2019, 1402(6): 66-75.

八、外文专著

Perri, Leat D, Seltzer K, Stoker G. Towards Holistic Governance: the New Reform Agenda [M]. New York: Palgrave, 2002.

后记
POSTSCRIPT

2002年,我在上海大学机电工程与自动化学院完成本科学业,直研留校开启了辅导员职业生涯。彼时,我满脑子的齿轮和电机,只是凭着一腔热血想要把学弟学妹们"带好",从未想过有一天,自己可以出版一本关于辅导员队伍建设的专著。

回想一路走来,二十余年学生工作,十六年一线专职辅导员工作经历,虽然平凡,但我同全国24万辅导员同仁们一样,是辅导员队伍建设发展的受益者。党和各级政府、高校对辅导员队伍的关爱和重视,如春日暖阳般照拂着我们的成长。

我所求学、工作的上海大学,辅导员队伍配备齐全,学校给予辅导员极大的支持和充分的发展空间。在工作实践的过程中,辅导员如何实现专业化、如何提高自身的核心能力、在思政工作体系化发展背景下辅导员工作该如何求变……基于对这些问题的思考,我的研究也逐渐聚焦到辅导员队伍这一日常思想政治教育的主体上。历经数年的工作实践、理论探索和经验反思的积累,我便有了成书的基础和打算。

本书从动笔到成集历经2年光阴,恰好调任学生工作部门任职,日间的繁忙让我毫无动笔之暇。休息日和平日的零散时光,我总与敲击键盘的声音相伴。终于,小作即成,感慨于心。

感谢所有师长的提携与鼓励,感谢我的博士研究生导师岳爱武教授的倾心指导,感谢学生工作办公室主任孟祥栋老师的点拨与支持,感谢马克思主义学院叶海涛教授的提携眷顾,感谢身边所有小伙伴的鼎力相助,感谢上海大学出版社对此书出版的帮助。最后,还要感谢我的家人,在我气馁之时,他们的

后　记

鼓励是我前进的最大动力。

本书在撰写过程中,借鉴和参考了许多思想政治教育学科专家和学者的研究成果,引用的相关文献资料在文中均有标识,同样对他们致以诚挚的谢意。

本书最终能够付梓,内心喜悦的同时还有隐忧,喜悦于研究成果能够供更多同仁参考,不安于书中难免有错漏之处,还请学界专家、辅导员同仁和读者朋友们能够批评指正,不吝赐教。

辅导员是我真心热爱并愿为之奋斗终身的职业,让我们共同努力去建设一支高素质、专业化、创新型的辅导员队伍。"惰者发奋以跞勤,懦者自强以齐壮,成之不日",以此共勉。

马成瑶

2023 年 12 月